MW01677962

# LES PEINTRES IMPRESSIONNISTES ET LEUR TECHNIQUE

# LES PEINTRES IMPRESSIONNISTES ET LEUR TECHNIQUE

Anthea Callen

Éditions Inter-Livres

Ce livre a été conçu et réalisé par
QED Publishing Limited
32 Kingly Court,
London Wl

*Avec la collaboration de :*
Alastair Campbell
Edward Kinsey
Jeremy Harwood
Kathy Rooney
Nicola Thompson
Caroline Courtney
Anne-Marie Ehrlich
Janel Minors
Sally Launder

*Traduction :*
Solange Schnall
Robert Bré
André Noël

*Composition :* Grou-Radenez et Joly

© by QED Publishing Limited,
by Orbis Publishing Limited,
London 1982.

© 1994. Éditions Inter-Livres,
46 bis, passage Jouffroy, 75009 Paris,
pour la version française.

Imprimé à Singapore
par Saik Wah Press Pte Ltd

QED remercie les photographes des détails des tableaux, Mike Fear pour la Grande-Bretagne et Hubert Josse pour la France. Leurs remerciements vont également à toutes les galeries d'art, aux collections publiques et privées qui ont participé à cet ouvrage.

# Sommaire

# Avant-propos

IL est curieux d'observer que les critiques ne s'intéressent presque jamais à l'aspect technique de l'art du peintre et qu'ils ne parlent le plus souvent que du style, du sujet ou de la composition du tableau. L'histoire de l'art comporte pour cette raison nombre d'erreurs et de méprises qui se sont perpétuées de générations en générations. En effet, toute œuvre d'art dépend du matériel dont disposait l'artiste et de l'habileté avec laquelle il en a usé. Il faut donc, si l'on veut juger des conceptions esthétiques et de la place qu'il convient d'accorder à un artiste, tenir compte des limites que lui imposait sa condition sociale et matérielle. C'est persuadée de l'importance de cette vérité que j'ai entrepris, il y a une dizaine d'années, cette étude des œuvres et de la technique des maîtres qui constitue le secret de la compréhension de l'art. J'espère que cet ouvrage amènera ses lecteurs à examiner les créations des peintres avec un enthousiasme neuf et à comprendre encore mieux comment et pourquoi elles ont été conçues. Je dois une immense reconnaissance à mes amis et à mes collègues, trop nombreux pour être cités un à un. Je voue une reconnaissance particulière au Professeur R. W. Ratcliffe, du *Courtauld Institute of Art* de l'université de Londres, ainsi qu'à Monsieur Marc Havel, de Lefranc Bourgeois, à Paris. Le *Leverhulme Trust Fund* a fourni l'appui financier qui m'a permis de poursuivre mes recherches en France. Je dois également remercier mes parents qui m'ont soutenue jusqu'au bout. Je dédie cet ouvrage à mon ami James Barret, persuadé, comme moi, que c'est l'étude approfondie de la manière dont une œuvre est techniquement réalisée qui permet de la comprendre pleinement.

Anthea Callen.

Claude Monet avec sa femme à bord de son atelier flottant, *par Edouard Manet (1874).*

"A âge nouveau, techniques nouvelles. C'est simple affaire de bon sens" écrivait en 1879 avec une rare perspicacité, G.-K. Huysmans, alors jeune écrivain et critique d'art, pour saluer l'arrivée des Impressionnistes. Il avait pourtant fallu presque un siècle de rébellion sociale, politique et artistique contre l'implacable carcan de l'Académie des Beaux-Arts pour que le fait soit enfin reconnu dans certains cercles. C'est que la convention artistique était solidement établie et que la hiérarchie tout entière du monde des arts s'opposait férocement au changement, à l'innovation et aux exigences de l'ère qui s'ouvrait. Depuis la révolution de 1789, trois générations de jeunes peintres épris d'indépendance avaient été contraintes de lutter contre le tout-puissant monopole de l'Académie pour tenter de faire accepter leurs solutions personnelles aux problèmes de style, de formation, de technique et de rétribution. L'avènement de l'Impressionnisme avec sa technique et ses objectifs radicalement nouveaux ne peut se comprendre que si l'on tient compte de l'antique tradition qui régentait alors le goût artistique et contre laquelle ces jeunes artistes entendaient réagir.

**La naissance des Académies**

Tout au long de la Renaissance italienne, des hommes comme Léonard de Vinci (1452-1519) et Michel-Ange (1475-1564) avaient lutté pour élever la condition de l'artiste au-dessus de sa position d'humble artisan. On etimait en effet, à l'époque, que la peinture était un travail manuel malpropre, aussi ne lui accordait-on pas le statut que l'on réservait à la musique, aux mathématiques et à la littérature. Afin de remédier à cette situation et lorsque les premières académies furent fondées au XVI^e^ siècle, on y enseignait seulement les disciplines les plus relevées de l'art du peintre : l'étude minutieuse de l'anatomie, les lois géométriques de la perspective qui créent l'illusion de l'espace et, au premier chef, le dessin. Si la couleur est, en effet, présente dans la nature, le trait, lui, ne s'y rencontre pas. Le trait, le contour et l'ombre sont des artifices qui offrent à l'artiste un moyen de créer sur une surface plane, l'illusion des trois dimensions. En mettant l'accent sur l'importance du dessin, les artistes soulignaient l'aspect le plus spirituel et abstrait de leur art, qui montre le mieux les qualités humaines et rationnelles de l'esprit. La peinture, ou coloriage, était confinée dans un rôle secondaire en raison de ses relations avec le physique et avec l'imitation de la nature brute, comme avec le côté malpropre et manuel de cette discipline.

La rupture entre le spirituel et le physique, entre le trait et la couleur, entre l'artiste

A droite : *Ce lavis du XVI^e siècle,* La leçon d'anatomie, *de Bartolomeo Passarotti (1529-1592) montre l'intérêt des artistes de la Renaissance pour les aspects techniques et spirituels de leur métier. Un catalogue manuscrit du Cabinet de dessins du Musée du Louvre explique qu'il s'agit d'un cours d'anatomie donné par les Maîtres italiens les plus célèbres de l'époque. On peut reconnaître ici Michel-Ange, Raphaël, Sebastiano del Piombo, Jules Romain, le Titien et Andrea del Sarte.*

et l'artisan, fut consommée dans la France du XVIIe siècle, avec la fondation de l'Académie royale, en 1640. Les artistes les plus célèbres de l'époque, comme Nicolas Poussin (1594-1665) et Claude Lorrain (1600-1682), passèrent la majeure partie de leur existence en Italie, en vertu du privilège généralement accordé alors aux plus grands talents. Les théoriciens renommés de cette période rouvrirent le débat entre le spirituel et le physique et créèrent la démarcation entre les partisans du classicisme de Poussin et ceux de Rubens, le Flamand aux couleurs éclatantes. L'Académie avait été créée pour améliorer la condition sociale des artistes, soumettre l'art au contrôle absolu du monarque Louis XIV et libérer les artistes de ce qu'ils considéraient comme l'emprise rétrograde des anciennes confréries. Alors que ces corporations, établies au Moyen Age, privilégiaient la formation pratique et l'apprentissage manuel de leur art, l'Académie favorisait surtout le dessin et notamment celui du corps humain qu'elle tenait pour l'expression supérieure et l'incarnation de l'idéal humain le plus élevé.

La forme humaine ne devait pas être simplement “copiée” par le dessin, mais idéaliste — conformément à l'art ancien des Grecs, des Romains et de la Renaissance — pour représenter les aspects les plus purs d'un idéal de vérité et de beauté pour amener l'homme à réfléchir et à élever son esprit.

Ces considérations dictaient le choix des sujets qui s'inscrivaient dans une hiérarchie distincte selon le degré d'élévation spirituelle qu'ils étaient censés représenter. Au bas de l'échelle étaient la nature morte, la peinture animalière, le paysage et les scènes de genre ou d'intimité. Le tableau d'histoire, avec son sujet grandiose, son thème moral ou classique, ainsi que le portrait et les sujets religieux, étaient mieux considérés. Mais le genre de peinture prisé par excellence était le tableau représentant les hauts faits de l'histoire des Grecs et des Romains. C'est dans ce genre que l'artiste pouvait le mieux démontrer son habileté à traduire le nu et le drapé. L'Académie encourageait donc ses élèves à se familiariser avec l'histoire classique, la mythologie, ainsi qu'à étudier et à copier les œuvres des grands maîtres anciens et reconnus.

En vertu de cet idéal sublime, les peintres de l'Académie — à l'inverse de leurs collègues des conféries — avaient pour interdiction première de vanter ou d'exhiber leurs œuvres. Cette activité vulgaire et mercantile était jugée au-dessous de la dignité du véritable artiste. C'est ainsi que naquit un événement classique, le Salon — qui tire son nom du *Salon carré* du Louvre où se tinrent les premières expositions — le Salon, donc, considéré comme le seul marché convenable pour les artistes de l'Académie. La réputation du Salon grandit rapidement et il conserva son monopole jusqu'à la fin du XIXXe siècle.

**L'enseignement à l'Académie**

Au XIXe siècle, l'éducation académique de l'artiste était une sorte de rituel strictement défini qui ne se modifia que très lentement pour se conformer aux exigences des esprits plus modernes. L'Académie était devenue l'Ecole des Beaux-Arts sous le règne de Napoléon Ier et elle n'acceptait que les élèves qui justifiaient d'un véritable talent de dessinateur. L'enseignement du dessin était donné à l'école par les membres de l'Académie, corps honoraire d'artistes nommés à vie par leurs aînés académiciens et qui conseillaient le gouvernement pour toutes les questions artistiques. Ces académiciens ne contrôlaient pas seulement l'enseignement dispensé à l'école, mais aussi les examens que devaient affronter les élèves. Les mêmes académiciens formaient également le jury qui acceptait les envois et accordait les médailles aux expositions du Salon. Ainsi l'Académie régnait totalement sur la création artistique et pouvait imposer perpétuellement son style et ses goûts conservateurs.

Cette phase parfaitement assimilée, l'étudiant passait à la copie de bas-reliefs. Là, le jeu de la lumière et de l'ombre sur la forme impliquait l'utilisation du noir. L'ombre était soumise à de strictes conventions et constituait une partie importante de l'étude

A gauche : *Né en Hollande, Scheffer (1795-1858) fut, avec Delacroix et Géricault, l'un des trois élèves les plus célèbres de l'atelier Guérin (1774-1833) où il s'était inscrit en 1812. Cette étude d'après nature, dessinée en 1807 sur papier au crayon noir et à la craie, est visiblement une œuvre de jeunesse, probablement réalisée en Hollande. Si la date est exacte, l'artiste a commencé son apprentissage à un âge encore tendre. La technique académique de hachures parallèles cernées s'y voit nettement ; elle crée un dégradé subtil rehaussé ensuite à la craie blanche. Ces dessins d'après nature étaient une partie tellement intégrante de l'enseignement académique qu'ils furent appelés* académies. *Le titre de ce dessin est d'ailleurs* Académie dessinée d'après nature.

de la peinture telle que la concevait l'Académie. On l'appelait le *chiaroscuro* — clair-obscur. Pour obtenir les subtilités du clair-obscur, un ensemble de traits parallèles indiquait les parties obscures sur le papier laissé vierge en d'autres points pour représenter les parties éclairées. Pour obtenir cet effet et pendant la première moitié du siècle, on employait de préférence le crayon ou la mine de plomb, matière dure et précise. Lorsque l'enseignement devint moins strict, on adopta la craie et le fusain plus tendres et mieux adaptés à la reproduction des nuances dégradées.

Dans l'étape suivante, les élèves passaient au dessin de la sculpture proprement dite. La statue, généralement empruntée d'un modèle antique, devait être reproduite dans

A droite : Esclave grecque *(1869) de Jean-Léon Gérôme (1824-1904) est un exemple d'ébauche à l'huile sur toile. Le titre de cette étude de nu suggère immédiatement qu'elle devait être vue selon la tradition classique bien que les traits du visage ne soient pas classiques. La noblesse du titre et la légère idéalisation de la silhouette justifient le sujet. Le personnage a été entièrement travaillé et l'ébauche est achevée. Les nuances de la chair soigneusement graduées ont été poncées et les coups de pinceau sont invisibles. Le contraste est éclatant avec le fond qui reste traité librement. Un glacis transparent a été passé à grand coups au début du travail. On distingue les marques de la large brosse dure et l'enduit clair du fond transparaît. On voit également des lignes tracés à la règle, qui indiquent le décor dans lequel sera situé le sujet dans le tableau définitif.*

la partie choisie par un ensemble de traits, afin de donner sur le papier l'illusion de la forme dans l'espace. Comme les bas-reliefs et les sculptures étaient des plâtres, nulle couleur ne venait distraire le regard : la forme se présentait simplement en gradations de tons allant du blanc au noir. Et comme ces modèles étaient déjà des œuvres d'art idéalisées, elles étaient un autre moyen d'inculquer aux élèves une vision maniérée de la nature, qui les formait à représenter les sujets vivants sous une forme conventionnelle, idéalisée et impersonnelle. Ainsi, au moment où l'élève en venait à travailler d'après nature, son style était-il déjà formé.

Même si la couleur naturelle et les imperfections du corps humain provoquaient d'abord un choc chez l'élève habitué à des images stylisées, sa tendance à reproduire la forme de manière abstraite était déjà bien ancrée. On donnait généralement au modèle une posture noble, copiée sur l'antique, qui facilitait le passage du modèle de plâtre à la nature, tout en maintenant le souci de la tradition classique. Ces exercices étaient supposés donner à l'élève les connaissances nécessaires pour attaquer des compositions plus complexes, inspirées des thèmes classiques, c'est ainsi également qu'on le préparait pour le Prix de Rome, épreuve finale et objectif suprême de ses études.

Lorsqu'on estimait qu'il était réellement apte à dessiner d'après nature, l'élève était enfin autorisé à employer la couleur. Le maître faisait généralement un bref exposé sur le matériel et son entretien ; puis l'élève commençait par la copie d'un portrait. Il s'agissait souvent d'un tableau exécuté par le maître, à moins que l'élève ne soit envoyé au Louvre pour copier l'œuvre d'un Ancien. On choisissait alors des Maîtres vénitiens ou flamands, parce que leur manière vivante et leur palette colorée étaient plus faciles à copier. L'élève travaillait ensuite au portrait d'un modèle d'après nature avant de passer au nu complet. Il fallait commencer par le délicat tracé des lignes, des volumes et des demi-teintes qui allaient former la base de l'œuvre. C'était l'ébauche. La première couche de peinture devait être maigre, c'est-à-dire contenir moins d'huile que la couche finale, afin de se conformer à la règle du "gras sur maigre", essentielle à la bonne peinture à l'huile. C'est une règle importante car si l'on applique une couche grasse sur un fond gras, celui-ci continuera de sécher alors que la couche supérieure sera déjà sèche, ce qui l'amènera à se rétracter, à se fendiller et à laisser apparaître l'enduit.

L'étudiant apprenait à préparer sa palette d'avance, en utilisant surtout des terres d'ombre ainsi que le bleu de Prusse, le noir et le blanc de céruse. Au cours du XIX$^{e}$ siècle, à l'utilisation des terres d'ombre chimiquement assez stables, on préféra la beauté provisoire des couleurs goudronneuses, comme le bitume, responsable de la disparition de nombreuses œuvres. Les couleurs, soigneusement et longuement mélangées au couteau sur la palette, étaient disposées en rangs distincts, alignées à l'aide du tranchant d'une palette — teintes claires, sombres et intermédiaires. La palette prête, on dessinait légèrement au fusain les contours du sujet. L'élève saisissait alors sa toile et la tapotait — à moins qu'il ne souffle dessus — pour chasser les particules indésirables de fusain et empêcher qu'elles ne gâtent la couleur fraîche.

L'élève soulignait ensuite les traits de fusain au moyen d'un fin pinceau de martre trempé dans une dilution de brun rouge obtenue en ajoutant de l'essence de térébenthine à un mélange de terres d'ombre. Puis il couvrait de ce liquide, appelé "la sauce", les grandes zones d'ombre avec une brosse de soies de porc large et dure et en se guidant sur le tracé au fusain. Les fonds étaient généralement traités dès que possible, pour dissimuler l'enduit dont le brillant aurait pu empêcher l'élève de juger convenablement des valeurs de son travail.

Puis, au moyen d'une brosse plus dure et de peinture plus épaisse, on ajoutait les teintes claires sur les parties du sujet frappées par la lumière. Venait ensuite la prudente application des demi-teintes entre les parties lumineuses et sombres pour donner le relief. Les nuances étaient peintes côte à côte, en touches distinctes et finalement mêlées jusqu'à ce que les changements de tonalité soient imperceptibles et les traits de

Ci-dessous : *Cette série de pinceaux grandeur nature représente la gamme classique utilisée au XIX$^{e}$ siècle ; elle a été extraite d'un catalogue commercial de l'époque. La brosse de martre en éventail (1) était utilisée sèche pour mélanger les touches de couleur fraîche dans l'ébauche. La plupart des techniciens en critiquaient l'usage jugeant ses effets trop mous et trop faciles. Au contraire, les peintres étaient censés opérer par touches successives pour obtenir les tons dégradés de la chair. Les petites brosses dures de soies de porc (2 à 9) sont montées sur viroles rondes ou plates. Leurs poils longs donnent une touche précise et souple. Elles présentent une extrémité ronde, pointue ou droite et elles gardent le fuselé et la courbure naturels du poil ; ainsi, la brosse conserve-telle sa*

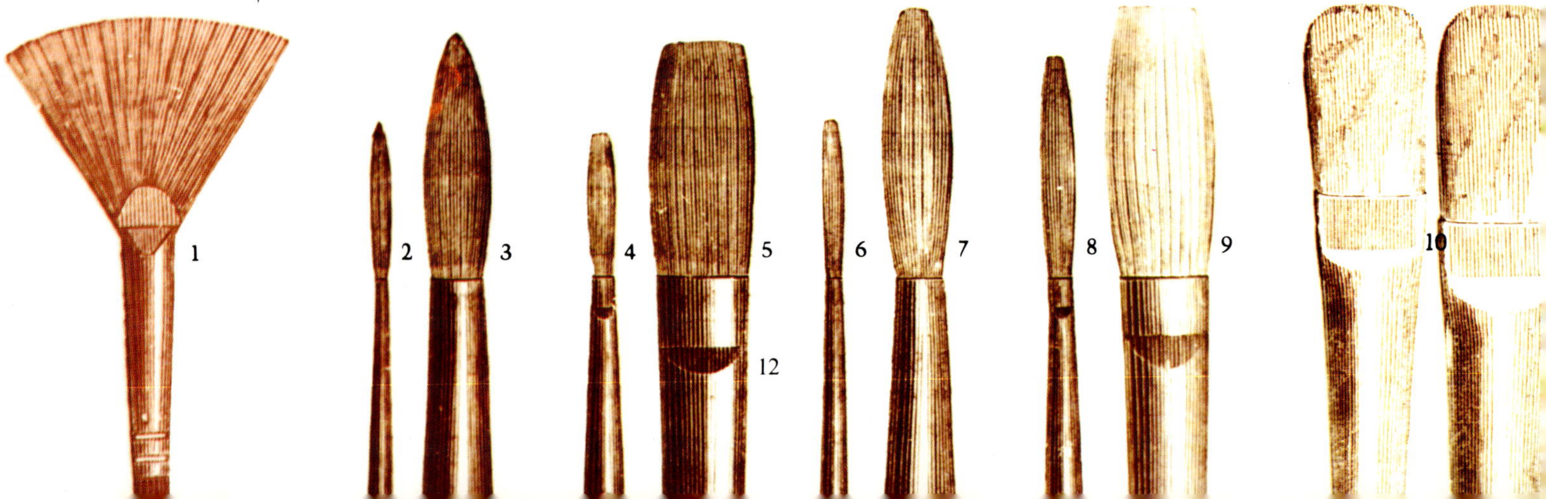

*forme quand elle est chargée de couleur et elle la reprend aussitôt, même après une application vigoureuse. Une brosse de qualité inférieure perd rapidement sa forme et son aptitude à retenir la peinture. Il devient alors difficile de contrôler le coup de pinceau. Chaque brosse laisse une trace caractéristique. Les six brosses à poils courts et ras (10 à 15) présentent une extrémité tronquée et carrée. Elles étaient parfaites pour l'emploi de la couleur dense que préférait la majorité des Impressionnistes. Elles sont de taille graduée, pour différents usages et adaptées au format des toiles. La brosse large et plate (16) est utilisée pour le vernis. Le gros pinceau en poils de blaireau (17) à virole ronde est une autre brosse à mélanger. Il a le même emploi que la brosse en éventail que l'on voit à l'extrême gauche.*

pinceau invisibles. Après ce mariage des demi-teintes on passait quelques coups de pinceau enlevés et expressifs aux ombres et aux lumières afin que le travail conserve un aspect spontané.

Cette opération terminée, il fallait attendre que la toile fût absolument sèche. Les parties les moins couvertes, celles où avait été appliquée "la sauce" — les ombres et les fonds — séchaient assez rapidement avec l'évaporation de l'essence de térébenthine. Les notations plus profondes et les rehauts ne séchaient souvent qu'au bout d'une semaine et plus généralement de deux. On terminait l'ébauche en raclant la toile sèche afin d'en enlever les irrégularités qui auraient pu s'opposer aux souples coups de pinceau du travail suivant. On repassait sur la mosaïque des demi-teintes, on donnait toute leur force aux rehauts, enfin les ombres étaient fouillées et enrichies.

Lorsqu'il peignait un nu, l'élève disposait de peu de temps pour en terminer l'ébauche. Il devait donc employer une peinture relativement maigre car elle n'aurait pas séché dans la semaine accordée pour chaque pose. On trouve encore aujourd'hui bien des ébauches inachevées qui montrent combien il était difficile de les terminer dans un délai aussi bref. Les fonds restent généralement esquissés et vagues, la plus grande part du travail étant consacrée aux tons et aux valeurs du nu.

La technique la plus généralement recommandée pour l'exécution de l'ébauche était de peindre les taches de lumière en pleine pâte et, par contraste, les ombres en couche légère et transparente. Cette technique, retenue également pour la phase finale, permettait de créer la forme de deux manières également importantes. D'abord, la transition subtile entre les parties éclairées et les ombres créait une parfaite illusion de la forme dans l'espace et lui donnait l'aspect solide d'une sculpture. La surface finie, avec ses lumières ressortant en pleine pâte et ses à-plats sombres, donnaient un relief réel à la toile. Le relief des parties claires était destiné à accrocher la lumière et à restituer au regard le véritable éclairage de la pièce dans laquelle le tableau était exposé.

**La vie de l'élève**

Les élèves commençaient habituellement leurs études à l'Ecole vers l'âge de 15 à 18 ans. Ces études duraient au minimum cinq ans. La journée débutait de bon matin. Les longues heures des jours d'été permettaient aux classes de dessin d'ouvrir dès sept heures. Les rapins — les nouveaux élèves — se présentaient même plus tôt afin de nettoyer et mettre de l'ordre dans l'atelier ou, en hiver, pour allumer le poêle. La classe se tenait le matin seulement et se terminait généralement vers midi ou une heure. Les maîtres ne rendaient normalement visite à leurs élèves qu'une fois ou deux au plus par semaine, pour donner des conseils, faire leurs critiques et prescrire le "devoir à la maison" : exercices de composition ou de reproduction, qui devaient préparer l'élève aux examens de l'Ecole.

Les après-midi se passaient à peindre ou dessiner d'après les collections du Louvre, à copier les Maîtres Anciens. La copie était destinée à familiariser l'étudiant avec les techniques du passé et à l'encourager à imiter les sujets et la manière des grands maîtres dont il copiait également gravures ou lithographies.

Les classes de dessin, pour les élèves plus avancés, commençaient tard dans l'après-midi, le plus souvent à quatre heures. L'élève travaillait d'après plâtre ou d'après nature. Au cours des mois d'été, la plupart des étudiants étaient encouragés à peindre ou dessiner des paysages en plein air. La connaissance de la technique du paysage était jugée indispensable même pour l'élève qui se destinait à la peinture de nus : il fallait qu'il puisse peindre d'authentiques paysages pour servir de fond à son sujet.

Enfermé dans un programme strictement organisé, l'élève devait apprendre à dessiner ou à peindre vite pour passer les nombreux examens minutés qui jalonnaient son apprentissage. Chaque examen marquait une étape plus ardue sur la longue route qui conduisait à la récompense la plus convoitée : le Prix de Rome qui assurait à son lauréat la célébrité après quatre ou cinq nouvelles années d'études à la villa Médicis, l'Académie de France de la capitale ita-

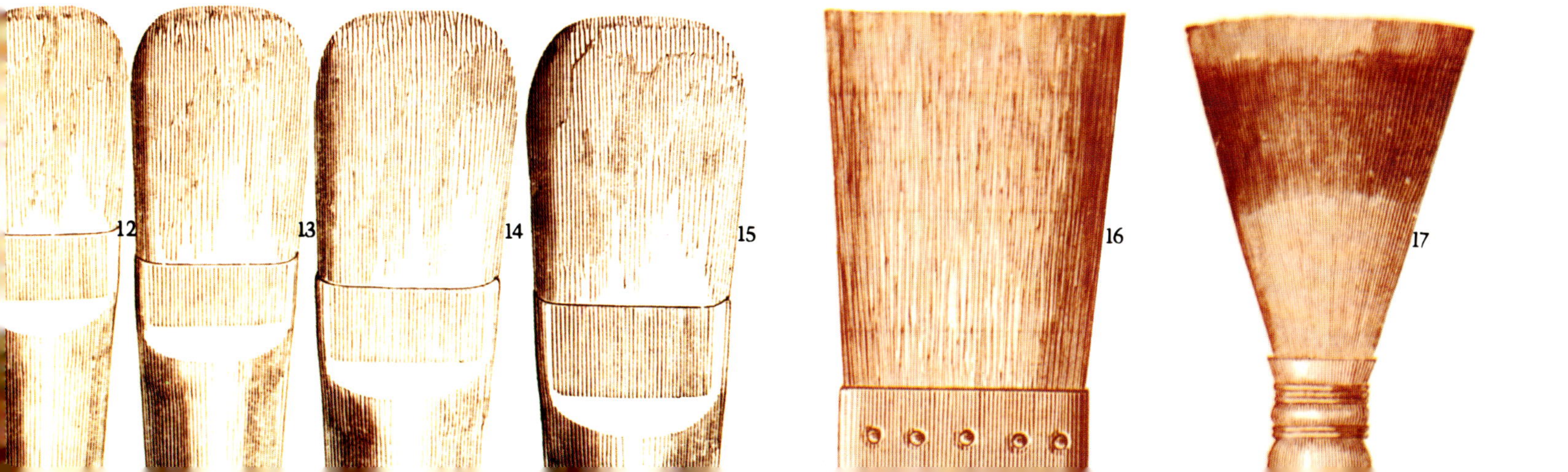

12 13 14 15 16 17

lienne. Jusqu'au début du XIX^e^ siècle, il n'était décerné chaque année qu'un seul Prix de Rome, de peinture historique.

**L'autorité de l'Académie contestée**

Bien que le programme général d'enseignement de l'Ecole eût peu changé entre le XVII^e^ siècle et les réformes de 1863, de nouvelles tendances apparurent au XIX^e^ siècle. La puissante personnalité de David (1748-1825) provoqua un nouvel engouement pour le dessin d'après nature et l'utilisation de la demi-teinte dans la création de formes "sculpturales". Ingres (1780-1875), son élève le plus célèbre qui suivit ses traces mais avec des idées différentes, eut une influence capitale sur la peinture. Etant donné que nombre d'artistes indépendants plus anciens, comme Delacroix (1798-1863) ou Corot (1796-1875), ne donnaient pas de cours dans leur atelier, ils n'ont formé aucune "école" proprement dite.

Un autre facteur de nouveauté fut l'augmentation marquée de la concurrence provenant de la prolifération des artistes peintres vers la fin du XVIII^e^ siècle. L'apprentissage et la formation en commun dans les ateliers, encore en honneur au XVII^e^ siècle, ont disparu. Un individualisme nouveau, inspiré par la Révolution de 1789 et l'apparition de la classe bourgeoise, influent sur la carrière des artistes. Le caractère professionnel, appuyé sur la formation rigoureuse qu'il a suivie, donne à l'artiste une place respectable dans la classe moyenne.

Au début du XIX^e^ siècle, devant la dissension et le mécontentement d'artistes à l'esprit indépendant, le système académique doit, pour survivre, accepter des changements. Il faut bien que l'Académie reconnaîsse les tendances nouvelles car les révolutions ont amené une nouvelle classe de dirigeants sociaux et économiques, dont les exigences et les goûts sont souvent en désaccord avec l'idéal académique. En 1816, l'Académie crée officiellement quatre grands Prix de Rome annuels de peinture historique, afin de satisfaire le goût du public et des artistes pour ce genre de plus en plus populaire et pour les maintenir dans le giron de l'Académie. Mais cette décision ne fait que perpétuer la tradition du paysage classique. Elle conduira bientôt les écoles naissantes de paysagistes romantiques et réalistes à une rébellion ouverte. Cependant, en 1863, alors que la plupart des Impressionnistes sont encore des étudiants, le Prix de Rome de paysage est aboli.

Chose curieuse, certains aspects de l'enseignement académique sèmeront les ferments des innovations des indépendants d'où naîtra l'Impressionnisme. L'enseignement académique obligeait l'élève à consacrer la plus grande part de son temps aux disciplines les plus libres : l'ébauche d'après nature et l'esquisse, compositions à l'huile destinées aux

A droite : *Cette version de* "La Mort de Sardanapale", *par Delacroix, est une ébauche à l'huile sur toile (1827). C'est un exemple d'esquisse, petite toile librement traitée où l'artiste essaie sa composition et ses couleurs en vue de l'œuvre finale. Elle était généralement précédée de dessins, également nés de l'imagination, d'idées de personnages, comme dans le petit dessin à l'encre de la page opposée. Les détails plus précis de personnes étaient étudiés à part ou peints d'après nature.*

A droite : La Mort de Sardanapale *dans sa version finale exécutée par Delacroix, en 1828, à l'huile sur toile. Le sujet de ce vaste tableau a été inspiré par le poète anglais Byron, dont le* Sardanapale, *tragédie sur un thème classique, a été publié à Londres en 1821 et en français en 1825. Pourtant Byron ne décrit aucune scène telle que celle peinte par Delacroix. Ce tableau a été réalisé pour le Salon de 1828. C'est un excellent exemple du style romantique. De subtils détails naturalistes, exécutés d'abord au pastel, se fondent dans la chaude harmonie dominante qui donne au tableau sa puissance d'émotion.*

examens. Elles furent acceptées sous cette forme pour l'examen préliminaire à la nomination du Prix de Rome de 1816, révélant la nouvelle attitude officielle à l'égard des compositions préparatoires, par opposition à l'ancienne rigueur qui exigeait un travail achevé.

L'esquisse prévue pour l'examen était traitée librement et avec expression. Les volumes clairs, l'ombre, la couleur du tableau traduisant la conception initiale de l'artiste. On n'attendait pas que cette ébauche soit une œuvre finie ; au contraire, la spontanéité et l'originalité étaient les premières qualités recherchées. L'ébauche présentée avait été précédée d'études dessinées. Lorsque le projet devait être suivi d'exécution, l'artiste faisait une série d'études, soigneusement dessinées et peintes d'après nature, des différents éléments de la composition qui raffinaient et cernaient l'idée originale. Le thème de la composition était alors reporté sur la toile et la lente et méticuleuse exécution de l'œuvre finale commençait. Les adversaires de la méthode académique prétendaient que ce minutieux travail finissait par produire une œuvre stérilisée et maniérée. Ils estimaient que l'inspiration originale de l'artiste se perdait inévitablement parce que les marques de sa touche personnelle étaient éliminées sur la surface lisse où ses coups de pinceau étaient devenus invisibles.

La grande question de l'originalité fut longuement débattue dans le monde artistique du XIXe siècle. D'un côté, les traditionnalistes conservateurs associaient l'originalité à l'idée élitiste du génie, à l'étincelle créatrice qui place un individu hors du commun. De l'autre côté, une nouvelle définition de l'originalité, née de l'esprit démocratique révolutionnaire et post-révolutionnaire, en faisait un caractère inné — le caractère unique de chaque individu.

A gauche : *Ce petit croquis de Delacroix pour* La Mort de Sardanapale *montre l'artiste jouant avec des idées de postures de personnages qui seront dessinés en détails par la suite. La puissance du style de Delacroix apparaît aussi bien dans ce croquis que dans son ébauche à l'huile et dans la toile finale.*

En termes techniques, la conception académique du génie apparaissait dans les dernières étapes de l'exécution d'une peinture, lorsque l'artiste raffine et perfectionne sur l'idée première de son inspiration. L'idée nouvelle et plus "démocratique" de l'originalité voulait que le caractère unique de l'artiste fût le plus apparent pendant la phase préparatoire, quand l'expression personnelle et l'inspiration plutôt que l'intelligence guident sa main. Ainsi, en créant un programme qui mettait l'accent (pour ce qui est du temps, au moins) sur les phases préparatoires de la peinture — sur l'ébauche et l'esquisse, notamment — l'Académie avait favorisé fortuitement la définition nouvelle de l'originalité.

**Les Indépendants et les nouvelles techniques**

C'est parmi les artistes et dans leurs différents mouvements que le concept nouveau d'originalité fut volontairement recherché et adopté, ce qui les opposait naturellement à l'idéal défini par l'Académie. Des maîtres, nullement convaincus que le programme de l'Académie exclusivement orienté vers le Prix de Rome fût le meilleur moyen de faire de bons artistes, favorisaient les nouvelles techniques et les talents originaux. Au nombre des maîtres qui ouvraient ainsi d'autres horizons, il faut compter Charles Gleyre (1806-1874) et Thomas Couture (1815-1879) qui n'étaient ni l'un ni l'autre de l'Académie. C'est pour cette raison qu'on les a appelés "indépendants". Gleyre, dont les élèves dans les années 1850 comprenaient Monet, Renoir, Sisley et Bazille, encourageait ses élèves à aller travailler en plein air "sur le motif", leur communiquait son amour du paysage, son goût pour l'exécution, qui se révélèrent particulièrement féconds chez Renoir. L'élève le plus célèbre de Couture fut Edouard Manet (1832-1883) qui fréquenta son atelier de 1850 à 1856, où il perfectionna sa conception de la lumière et des ombres, sa manière et sa spontanéité.

Couture encourageait ses élèves à travailler vite et simplement afin de "conserver vivante la première impression". Il supprimait souvent quelques détails et demi-teintes dans l'intérêt de la spontanéité. Son coup de pinceau était vif, ses tonalités souvent en touches franches et ses larges volumes cernés de solides contours. Couture communiqua son amour des Maîtres Anciens à Manet et leurs relations amicales ne prirent fin qu'en 1859, lorsque Couture s'aperçut que Manet avait abandonné le goût que nourrissait son maître pour les scènes historiques et qu'il leur préférait des sujets anecdotiques. Sous l'influence d'écrivains comme le poète Charles Baudelaire (1821-1867), Manet en vint à marier les thèmes des Maîtres Anciens et les scènes prises sur le vif. C'est à cette époque qu'il exposa dans son atelier *Le buveur d'absinthe,* envoi que venait de refuser le Salon.

De nouveaux horizons s'ouvraient aux étudiants à mesure que le siècle avançait. A l'époque de la Restauration, en 1815, Suisse, un ancien modèle de l'atelier de David, ouvrit un atelier avec modèles vivants au coin du quai des Orfèvres. Là, libérés des contraintes de l'enseignement et des examens, des artistes aussi différents que Courbet, Ingres, Manet et Cézanne, allaient poursuivre leur propre apprentissage et appliquer leur esthétique personnelle. L'atelier de Rodolphe Julian, qu'on allait vite appeler l'Académie Julian, ouvert en 1868, connut une renommée internationale parmi les artistes indépendants. S'il préparait certains élèves à l'Ecole des Beaux-Arts, le programme libéral de Julian devint pour nombre d'élèves une alternative à la formation classique. Les cours d'Horace Lecoq de Boisbaudran offrirent de 1841 à 1869 une autre voie pour l'apprentissage du dessin. Lecoq de Boisbaudran avait inventé une méthode, le dessin de mémoire, qui favorisait l'originalité d'une manière encore inconnue de ceux qui copiaient servilement d'après nature. Ses élèves les plus célèbres furent le sculpteur Auguste Rodin (1840-1917) et le peintre et graveur Henri Fantin-Latour (1836-1904).

Un autre personnage joua un grand rôle dans l'opposition à l'Académie : Eugène Delacroix, que l'on tenait pour Indépendant. Delacroix, lui, se considérait comme un peintre qui apportait simplement une nouvelle puissance, une nouvelle vitalité à une tradition classique fatiguée. Pourtant, les conservateurs critiquaient en lui l'innovateur alors que les jeunes peintres aimaient ses œuvres pour leur couleur expressive et leur coup de pinceau audacieux. La trace du pinceau, qui disparaissait dans la finition académique, en vint à représenter pour la génération des Impressionnistes le signe distinctif de la personnalité de l'artiste — calligraphie personnelle qui marquait l'originalité. Delacroix n'a pas fondé d'école comme l'ont fait Ingres et les maîtres académiques, mais son exemple a compté pour de nombreux jeunes peintres indépendants et, en particulier, pour les Impressionnistes.

Corot est un autre exemple frappant de l'école des indépendants qui, s'il n'a pas donné de cours, enseigna et encouragea souvent de jeunes artistes, notamment les grands Impressionnistes Camille Pissarro (1830-1903) et Berthe Morisot (1841-1895). Corot avait été formé dans la tradition du paysage classique mais il avait abandonné le clair-obscur pour rendre la lumière et les ombres dans le paysage d'Ecole. Il fut un novateur et exerça une grande influence en favorisant la spontanéité et en insistant sur l'importance capitale de la première impression, marques les plus vraies de la réaction personnelle de l'artiste devant le sujet.

**Une nouvelle manière de traiter le paysage**

Dans la France du XIXe siècle, la peinture de paysage subissait peu le joug de la tradition académique. Pour cette raison, elle devint le domaine des innovations de style et de technique qui atteignirent leur point culminant avec les Impressionnistes.

A droite : Horace et Lydie, *exécuté en 1843 par Thomas Couture. Ce peintre n'appartenait pas à l'Académie mais il fut un maître extrêmement influent. Son élève le plus célèbre fut Manet ; on retrouve d'ailleurs l'influence de Couture dans certaines œuvres de Manet. Son style est enlevé, avec des contrastes marqués entre les valeurs claires et sombres et peu de demi-teintes. Comme dans* Le Déjeuner sur l'herbe *et* l'Olympia *de Manet, les teintes sombres dessinent le contour des personnages. Toutefois, à l'inverse de Manet, Couture emploie le brun dans ses ombres, selon la technique traditionnelle, alors que Manet utilise le noir, ce qui était révolutionnaire.*

D'autres artistes plus âgés, comme Delacroix et Corot ne rompirent pas complètement avec la tradition académique mais continuèrent de défendre l'importance du travail parfaitement achevé. Ils innovèrent pourtant par le caractère spontané de leur style. Ainsi Corot adopte les ombres opaques enseignées par ses maîtres néoclassiques pour représenter plus fidèlement les nuances délicates qu'il perçoit dans la nature. Dans ces études de plein air, Corot insiste sur l'effet général de la lumière et des ombres et il choisit des sujets éloignés afin que l'abondance des détails ne nuise pas à l'impression reçue. Il ajoute du blanc à toutes ses teintes pour accentuer la luminosité générale de sa peinture et lui faire rendre plus fidèlement les jeux de la lumière du plein air. A l'inverse, la technique conventionnelle du clair-obscur académique exigeait que l'artiste assombrisse artificiellement l'harmonie claire des couleurs de la nature et qu'il éclaircisse les valeurs sombres des scènes d'intérieur.

La peinture académique de paysage ne se souciait guère des effets réels de la lumière naturelle. Au contraire, la méthode classique disposait arbitrairement les valeurs sombres au premier plan — amorces d'arbres ou de construction, à gauche et à droite de la toile — le sujet s'éclairant progressivement vers un horizon lumineux. Les lumières et les ombres étaient un artifice d'école destiné à guider le regard dans l'es-

Ci-dessous : Deux peupliers à la villa Farnèse *(1783) de Pierre-Henri de Valenciennes (1750-1819), huile sur papier. Valenciennes termina sa formation académique à Paris par un séjour en Italie, de 1777 à 1786, au cours duquel il étudia les Maîtres italiens et fit aussi des études à l'huile en plein air. Elles étaient destinées à parfaire les dons d'observation, à faciliter la rapidité d'exécution et à servir d'aide-mémoire pour le travail à l'atelier. Au cours du XIX*[e] *siècle, les études de plein air remplacèrent progressivement les paysages à l'atelier.*

pace pictural. L'ensemble était conçu pour représenter une idée, un idéal et non pas la nature véritable — en fait, l'imitation fidèle de la nature était condamnable : on la jugeait basse et vulgaire. Alors que dans le portrait académique, l'esquisse était la phase du travail la plus libre et la plus spontanée, et les éléments de la composition lentement et soigneusement exécutés à la lumière froide et statique de l'atelier, dans la peinture de paysage, l'étude constituait le moment de liberté, dans lequel s'exprimait la réaction naturelle de l'artiste devant son sujet. La rapidité d'exécution était essentielle, en raison des effets de lumières changeants, éphémères, qu'il fallait traduire sur la toile.

Pour l'Académie, ces petites études d'après nature fournissaient la matière brute et la référence visuelle qui allaient venir en aide à la mémoire de l'artiste lorsqu'il entreprendrait le tableau définitif à l'atelier. L'exécution de la toile monumentale soumettait alors les idées initiales notées dans les études au processus technique habituel de l'Ecole, selon lequel la composition formelle dictait la structure picturale. Cette opération, à son tour, dictait la répartition et l'harmonie des valeurs claires et sombres ; ainsi la plupart des accents originaux se perdaient dans la recherche de la cohérence picturale intrinsèque. Le thème héroïque, noble, historique ou biblique était, on le sait, une autre exigence du paysage académique. A mesure que l'observation précise des paysages de plein air prit de l'importance, les artistes abandonnèrent le travail à l'atelier d'après l'étude, préférant celui plus fidèle, terminé en pleine nature.

**Disparition des connaissances techniques traditionnelles**

Delacroix fut l'un des nombreux artistes du XIXe siècle qui attribuèrent à David non seulement la renaissance du classicisme mais — et ce fut autrement important — la rupture définitive avec les techniques anciennes. Il est vrai que David déconseillait à ses élèves d'étudier ou de suivre l'exemple de leurs prédécesseurs de la période rococo, en fait, la rupture avec la méthode traditionnelle était déjà consommée.

A gauche : *C'est à Pierre-Henri de Valenciennes que l'on doit la renaissance (vers 1780) du paysage historique dans le style du XVII*[e] *siècle. Ici* L'Antique cité d'Agrigente : paysage idéal *(1787),* huile sur toile. *Valenciennes publia en 1800 un important traité sur la peinture de paysage et ses conceptions inspirèrent la peinture française de paysage pendant des décennies. Ses travaux amenèrent la fondation d'un Prix de Rome de peinture de paysage en 1816. L'éclairage du paysage historique exécuté à l'atelier était purement imaginaire et le tableau comportait généralement de petits personnages et des ruines antiques.*

Le mépris qu'affichait David pour cette technique ravivait simplement la vieille opposition entre les deux aspects — spirituel et manuel — de la peinture. L'abandon du savoir-faire ancien était allé de pair avec la naissance de l'enseignement académique au XVIIe siècle. Les confréries fondées sur l'enseignement pratique du métier développaient l'habileté manuelle transmise par le maître à l'élève pendant l'apprentissage. A l'origine, les apprentis devaient connaître toutes les disciples manuelles du métier avant de donner le premier coup de crayon ou de pinceau, aussi étaient-ils parfaitement versés, par exemple, dans la composition des couleurs.

Aux premiers temps des Académies, la technique de la peinture était transmise par le maître dans son atelier. Mais lorsque la confection des couleurs échappa aux apprentis pour devenir l'affaire des marchands et des spécialistes, il devint inutile de l'apprendre et le peintre perdit la connaissance de cette alchimie. Rien dans son apprentissage ne vint remplacer cet élément essentiel de son métier.

Cette évolution ne peut surprendre lorsqu'on connaît l'attitude des peintres à l'égard des servitudes matérielles qui avaient si longtemps associé leur métier à celui de l'artisan. Mais ce n'est pas seulement la fabrication des couleurs qui se perdit, la manière de les utiliser ne survécut que pour se définir en règles purement formelles, vides de sens et mal comprises de ceux qui les employaient. Ces problèmes se compliquèrent encore plus au XIXe siècle avec le début de la fabrication en série du matériel, qui transforma complètement l'équipement du peintre.

Les auteurs de l'époque ne sont pas d'accord sur les causes du mal. Certains traditionnalistes accusaient un mauvais apprentissage. Les fabricants de couleurs, comme le fameux chimiste anglais George Field, adoptèrent aussitôt cette position pour défendre leur profession. Field écrivait en 1835 que "l'emploi de mauvais matériel est à imputer à l'artiste qui ne s'adresse pas à bonne source ou se sert maladroitement de son matériel".

Couture, lui aussi, pensait que les artistes et non le matériel étaient responsables de la disparition de la peinture de qualité. Il écrivait qu'il était grand dommage de prétendre que les couleurs modernes étaient moins bonnes que celles dont se servaient les Anciens Maîtres. Il estimait pour sa part que les meilleures couleurs étaient les plus simples, comme celles dont usaient les peintres en bâtiment et que, par conséquent, la fabrication nuisait au résultat. Pour Couture, la résistance des tableaux anciens venait non de la qualité supérieure de leurs couleurs mais simplement de la meilleure technique du peintre. Renoir (1841-1919) pensait comme lui et il ne se gênait pas pour l'exprimer souvent avec énergie.

**L'apparition du marchand de couleurs**

A partir du milieu du XVIIIe siècle, les artistes crurent que le talent des Maîtres Anciens s'était perdu à cause d'une sorte de secret qu'ils auraient jalousement gardé. Cette idée prit corps avec la publication de brochures intitulées "Secreti". Il s'agissait

A droite : *Cette boîte de flacons de pigments en poudre a été préparée et vendue vers 1800 par le marchand de couleurs Alphonse Giroux. La note fixée au dos du couvercle donne la liste des couleurs fournies.*

d'ouvrages réunissant certaines formules chimiques et médicales dont quelques-unes dataient du Moyen Age. En fait, malgré leur titre, ces ouvrages étaient au contraire destinés à répandre ces connaissances. Les recettes traditionnelles et le tour de main s'étaient donc perdus non en raison de la malice délibérée des Anciens Maîtres mais à cause de la transformation de l'apprentissage, qui laissait le peintre dans l'ignorance de ces prétendus "secrets" et de leur signification pratique. Lorsque des usages des vieilles confréries furent supplantés par les marchands de couleurs, le souci premier devint le profit plutôt que la qualité du produit. La préparation des couleurs tomba entièrement aux mains de commerçants qui, disait Mérimée : "songent davantage au profit immédiat qu'à la préservation des tableaux." C'est ainsi que bien des toiles du XVIII^e^ siècle changèrent rapidement d'aspect quand elles ne se gâtèrent pas entièrement.

Vers le début du XVII^e^ siècle et jusqu'au milieu du XVIII^e^, le commerce des couleurs relevait de la pharmacie, voire de l'épicerie. Bien que Roger de Piles, théoricien de la fin du XVII^e^ siècle, fasse déjà mention de "marchands de couleurs", ce n'est apparemment pas avant le milieu du XVIII^e^ que les marchands de couleurs "pour artistes" firent leur apparition comme véritable classe de commerçants. La plupart de ces marchands se spécialisaient dans la confection d'un seul produit : couleurs à l'eau, vernis, couleurs à l'huile ou pastels par exemple, et se procuraient souvent leur matière première chez des fabricants différents. Mais tous fournissaient l'attirail complet du peintre : supports, cadres, pinceaux, fournitures de dessin, papier, palettes et chevalets fabriqués par d'autres spécialistes. Ainsi un marchand de couleurs se cantonnait-il parfois dans la confection et l'amélioration d'un certain produit — comme les crayons inventés à la fin du XVIII^e^ par Conté — que l'on retrouvait alors dans la gamme des produits vendus au détail par d'autres marchands. Nombre d'entre eux, qui avaient débuté en fournissant les artistes, en arrivèrent au commerce des tableaux ou à leur restauration. L'un des exemples de marchands les plus célèbres est celui de la famille Durand-Ruel. Ils avaient débuté comme fournisseurs de papier avant de devenir les premiers marchands les plus importants et les plus honnêtes des œuvres des Impressionnistes. D'autres commencèrent comme petits fabriquants ou détaillants pour devenir de grands entrepreneurs ou de gros producteurs et approvisionner le commerce de détail.

**Nouvelles techniques**

Les artistes étaient d'autant moins encouragés à poursuivre l'étude de la fabrication des couleurs et de l'aspect technique de leur métier que celui-ci continuait d'être assimilé à l'artisanat et au travail manuel. C'était une flétrissure d'autant plus grave à une époque où la majorité des artistes, académiques comme indépendants, aspiraient à se faire accepter par la classe bourgeoise. On peut ajouter à cela le fait que l'habileté manuelle, au XIX^e^ siècle, semble avoir été étroitement et faussement associée dans l'esprit de nombreux indépendants à la laborieuse élaboration finale de la peinture académique. Ainsi l'habileté manuelle, dans le dernier tiers du XIX^e^ siècle, en arriva à paraître comme une entrave à l'expression et au don de création personnels. Or, c'était précisément ce que les indépendants tenaient pour essentiel. Dans une conférence sur l'importance de l'habileté manuelle dans le traitement de la peinture, Vibert, peintre et surtout théoricien, prend grand soin de souligner que l'habileté ne nuit pas à l'inspiration mais qu'au contraire elle ajoute à l'originalité en fournissant une assise solide à l'expression de la personnalité de l'artiste.

Vibert recommande l'exécution "alla prima", l'exécution en une seule séance, comme la méthode la plus sûre et la plus durable, mais jugeant cette technique extrêmement ardue et accessible seulement à quelques-uns, il insiste sur l'importance de la couche de base. Par ailleurs, la technique enseignée à l'Académie était contradictoire. D'une part, elle demandait la rapidité d'exécution, car l'élève était pressé par le temps. Mais, d'autre part, cette rapidité d'exécution était incompatible avec l'interminable finition en plusieurs couches longuement travaillées que l'Ecole préconisait : en effet, la longévité de la peinture à l'huile dépend essentiellement du long séchage de chaque couche. Ces reprises successives donnaient finalement une matière complexe, extrêmement vulnérable en raison du nombre croissant de réactions chimiques imprévisibles qu'elle provoquait. Le paysagiste indépendant qui travaillait d'après nature et les Impressionnistes découragèrent ces reprises successives au profit du travail *alla prima* et des études exécutées rapidement d'après nature. Ce qui démontre clairement qu'ils tiennent aussi à la pérennité de leurs œuvres.

Ainsi, à partir des années 1850, la faveur croissante de la technique *alla prima,* rapide, enlevée de l'étude d'après nature — qui facilitait la reproduction des effets naturels — révéla pleinement ses avantages pratiques. Outre l'attrait artistique qu'offrait l'originalité de l'œuvre, cette technique convenait à l'utilisation des nouvelles couleurs manufacturées. Bien des Indépendants, comme Manet dans les années 1860, allaient tenter d'arriver à un compromis entre l'ancienne et la nouvelle technique, essayer d'unir dans leur style les éléments traditionnels et la recherche de la spontanéité. C'est à cause de ces études d'après nature, dominante de la décennie, que l'ancienne technique du clair-obscur céda finalement le pas devant la nouvelle technique que mirent au point les Impressionnistes.

A gauche : *Ingres a peint à l'huile sur toile cette œuvre,* Baigneuse *en 1826. Il s'essaie ici à combiner le paysage de l'arrière-plan avec des personnages peints en atelier. Le personnage principal révèle notamment combien il est difficile d'intégrer un sujet vu à la lumière de l'atelier à un paysage imaginaire : le flot de lumière dure et les tonalités précises, chaudes des ombres ne peuvent provenir que d'un éclairage intérieur. Toutefois, la lumière diffuse, les ombres du dos et des jambes atténuent le contraste entre le nu et son décor ; les autres baigneuses se perdent dans la pénombre. Cette façon de procéder ainsi que l'utilisation de valeurs denses pour les ombres montrent comment Ingres s'oppose aux contrastes tristes du* chiaroscuro *académique. Cette femme apparaît déjà dans un tableau antérieur,* La Baigneuse de Valpinçon *(1808) et montre qu'Ingres se resservait de certains sujets. Comme Degas qui retravaillait une pose ou un sujet.*

## 1860 1870

Les années 1860 inaugurèrent une décennie au cours de laquelle la tradition et l'innovation s'associèrent dans l'œuvre des artistes qui n'appartenaient pas à l'Académie, comme Edouard Manet (1832-1883) et Edgar Degas (1834-1917), pour donner naissance à un style nouveau qui caractérisait parfaitement l'époque. Au cours de la décennie suivante ce style allait se répandre et recevoir son nom : l'Impressionnisme.

### Le nouveau visage de Paris

Au cours du Second Empire (1852-1870) le visage même de Paris se transforma. Les étroites rues pavées du cœur de la ville, qui dataient du Moyen Age, furent rasées pour faire place aux boulevards plantés d'arbres du baron Hausmann (1809-1891), l'architecte de Napoléon III. Tout au long de ces vastes avenues — comme la rue de Rivoli, les boulevards Saint-Germain et Saint-Michel ou l'avenue de l'Opéra — s'épanouirent des terrasses de cafés et dans cette ambiance de promenades ensoleillées, la vie de l'artiste, du lion romantique, du flâneur et du boulevardier prit une signification nouvelle.

L'artiste parisien d'avant-garde n'est plus le peintre de paysages ou de scènes paysannes mais celui de la vie de la cité nouvelle, de l'univers des dandys, des cafés, des champs de courses, des parcs, des concerts, des bals, de l'Opéra et du ballet. Dans la coulisse, derrière les élégantes façades blanches des immeubles d'Haussmann, vit le demi-monde, le monde crépusculaire qui pourvoit aux plaisirs raffinés de la décadente opulence du Second Empire. Cette population — musiciens des rues, chiffonniers, garçons de café, blanchisseuses, midinettes, hirondelles de bars, chanteuses, demoiselles de magasins, danseuses, courtisanes, femmes de maisons closes — devient, vers 1860, le sujet principal des œuvres de Manet et Degas. La représentation naturaliste de scènes contemporaines réclamait une technique nouvelle. C'est au cours de cette période que Manet et Degas, entre autres, découvrent une technique plus conforme à leur esthétique. Elle préluda à l'Impressionnisme qui apparut vers la fin de la décennie dans les œuvres de Monet, Renoir, Sisley, Pissarro et Cézanne.

### Techniques nouvelles contre techniques anciennes

La peinture des Impressionnistes se répandit vers les années 1870. Ces peintres refusaient les ombres traitées en transparence, le subtil modelé des valeurs, et les couleurs terreuses du clair-obscur académique. Ils adoptent, au contraire, les couleurs vives, les toiles légèrement enduites d'une préparation claire, et les surfaces uniformément couvertes d'une matière dense et mate. L'évolution intervenue vers 1860 ouvrait la voie à ces changements qui devenaient possibles grâce au nouveau matériel offert au peintre, radicalement différent de celui des Maîtres Anciens.

Au XIX^e^ siècle, deux procédés bien distincts avaient été adoptés pour rendre les demi-teintes claires et les ombres des travaux en atelier. Le premier, inspiré par les Flamands, domina la théorie et la pratique de l'Académie durant les deux premiers tiers du siècle. Il jouait sur le contraste des ombres légères et transparentes et des lumières denses. Mais ces effets devenant plus difficiles à obtenir avec les couleurs modernes broyées à la machine, cette méthode fit graduellement place à la technique des Maîtres de Venise. Selon ce procédé, la lumière et l'ombre étaient rendues par une pâte épaisse, appliquée avec un pinceau lourdement chargé ; les ombres ne prenaient leur profondeur et leur richesse qu'au cours de la phase finale du travail par l'addition de glacis transparents. Cette méthode — à l'exception du glacis final — se révéla dans la facture de Manet vers 1860, et annonçait les surfaces chargées de matière des Impressionnistes, vers 1870.

Ce changement était déterminé à la fois par les progrès réalisés dans le matériel fourni à l'artiste et par le fait qu'il ignorait désormais les vieilles techniques traditionnelles. Depuis le milieu du XVIII^e^ siècle au moins, les artistes se persuadèrent de plus en plus que leur bagage ne leur permettait pas de retrouver la technique des Maîtres Anciens. De plus, la transformation de la nature des couleurs, due à la fabrication industrielle, rendait cette recherche virtuellement impossible. En fait, l'adoption par les Impressionnistes de la technique des ombres chargées n'était pas purement esthétique. Trois facteurs eurent une importance particulière : le broyage industriel, les liants à l'huile et les additifs employés pour que la peinture demeure homogène dans les tubes nouvellement présentés dans le commerce.

### Le broyage industriel des couleurs

Aux temps anciens, la couleur était broyée à la main par des aides du maître, habiles ouvriers (voir légende, à gauche). Le broyage industriel devint possible lorsque, vers 1800, Rawlinson, un Anglais, publia les plans d'une broyeuse à cylindre que recommandait la *Royal Society of Arts*. Le peintre franco-suisse Bouvier, auteur d'ouvrages techniques sur la peinture, envisageait, dès 1801, le broyage mécanique, pour améliorer le sort du broyeur à la main, souvent contraint à travailler avec des produits toxiques. En 1833, l'annuaire commercial de

Ci-dessous : *Cette gravure sur bois montre un apprenti ou un aide broyant la couleur, vers l'an 1400. On utilisait généralement une pierre lisse et imperméable, comme le porphyre. La meule, dans un mouvement rythmique et circulaire broyait la couleur avec le liant. Le vermillon par exemple, exige un broyage prolongé afin d'obtenir des particules suffisamment ténues pour donner un produit de qualité. Le temps de broyage et la quantité de liant à l'huile varient selon le pigment.*

Paris publiait une publicité de la société Bonnot et Cercueil, "fabriquants de couleur à l'huile pour papier peint et pour le bâtiment", qui faisaient savoir que leur broyeuse à vapeur était à la disposition de leur clientèle.

Le broyage industriel fut d'abord jugé trop grossier pour les couleurs destinées aux artistes, que l'on qualifiait de "fines" pour les distinguer de la peinture pour les voitures ou le bâtiment. Les premières couleurs fines broyées industriellement furent mises en vente en 1836 par Blot, un marchand de la rue Saint-Honoré, à Paris.

Si, à l'origine, le broyage industriel produisait une couleur trop grossière, ce problème fut rapidement résolu. Mais on en vint à un broyage trop prolongé qui nuisit aux qualités particulières de chaque pigment. Le peintre n'obtenait pas de ses couleurs l'effet escompté, les transparences devenaient plus hasardeuses, mais cela favorisait l'emploi de la pleine pâte. Convenablement broyées, les couleurs ont des textures très différentes. Certaines ont tendance à couler, comme le vert émeraude, l'outremer ou le vermillon. D'autres, les terres d'ombre surtout, ont normalement une consistance plus ferme et un grain plus visible. La matière colorante, la laque pourpre alizarine, par exemple, ne présente pas toujours de particules apparentes. Ces différences de toucher du pigment de qualité, sensibles pour le peintre qui broie lui-même, se retrouvent difficilement dans le broyage industriel. De plus, les additifs destinés à obtenir une consistance "beurrée", sans tenir compte des différents pigments, donnent à la peinture une onctuosité inconnue aux temps anciens.

**Liants à l'huile et additifs**

L'huile de lin était le liant le plus généralement utilisé. C'est pourtant, de tous les siccatifs, celui qui a le plus tendance à jaunir. Quand on en use trop généreusement, il forme une peau, il est donc préférable de l'utiliser en couches minces, à la mode des Maîtres Anciens, ce qui impliquait un travail par couches successives. L'huile d'œillette, qui n'apparut qu'au XVIIe siècle, lorsque les Flamands commencèrent à l'utiliser, fut la plus employée dans la France du XIXe siècle. L'expert Vibert a écrit : "aujourd'hui on se sert uniquement d'huile d'œillette, sauf dans quelques teintes sombres pour lesquelles on choisit parfois l'huile de lin". Contrairement à cette huile de lin, qui donne à la surface peinte une qualité unie et lisse, l'huile d'œillette est d'une texture plus crémeuse. La couleur broyée dans l'huile d'œillette garde la trace du pinceau et donne du relief à la matière. C'est ce qu'a exploité Manet vers 1860 et qui permit le coup de pinceau expressif des Impressionnistes. Comme elle sèche lentement, l'huile d'œillette est plus utile pour travailler la couleur fraîche que pour les retouches.

Pendant longtemps, la couleur était préparée uniquement au moment où le peintre allait l'utiliser ; sa conservation n'était donc pas un problème. Avec la généralisation du broyage industriel, au XIXe siècle, se posa la question de la conservation du produit. Il n'eût guère été sage de préparer de grandes quantités de couleurs qui se seraient gâtées pendant le délai imprévisible entre leur fabrication et leur emploi. Les couleurs broyées à l'avance ont tendance à se séparer de leur liant lorsqu'on les conserve trop longtemps, il fallait donc faire en sorte qu'elles gardent leur consistance et que le colorant reste parfaitement mélangé à l'huile. Si les tubes d'étain n'ont été inventés qu'en 1840, depuis longtemps déjà on recherchait un récipient convenable. Les vessies pour l'aquarelle existaient dès le XVe siècle et, en 1864, Roger de Piles mentionne que les marchands vendent dans des vessies de porc des couleurs toutes préparées. Le problème de la conservation des couleurs à l'huile était déjà largement connu dès le milieu du XVIIIe siècle.

Vers 1790, Blackman, un Anglais, mit sur

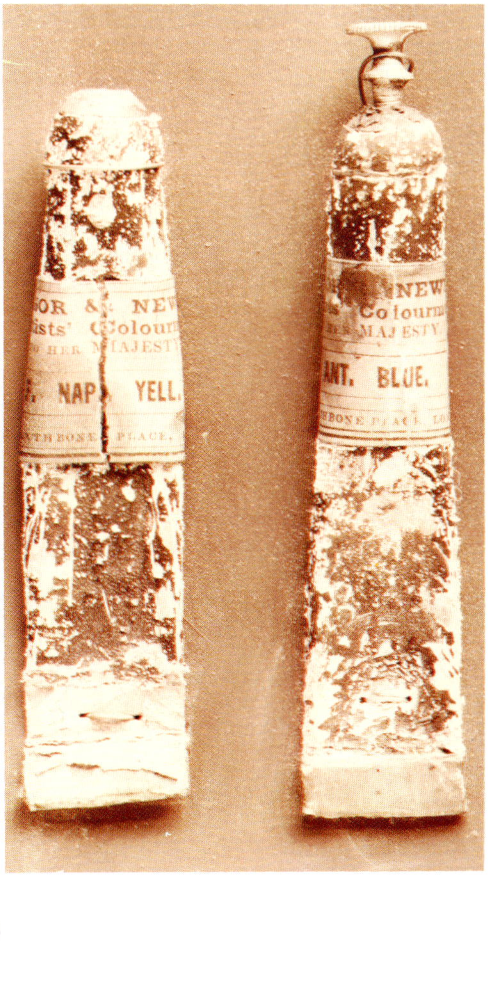


A gauche : *Deux des premiers tubes de couleur fabriqués par Winsor et Nawton vers 1841-1842. Ces tubes d'étain avaient été inventés, brevetés et perfectionnés à Londres par un artiste américain, John Goffe Rand, entre 1841 et 1843. Ils facilitaient le maniement et le transport des couleurs à l'huile et résolvaient le problème de l'étanchéité. Winsor et Newton mirent au point une copie de l'invention de Goffe Rand qui connut un rapide succès. Les tubes qui figurent ici ont un bouchon et non pas la tête à vis que présentait Rand. Les tubes de couleur facilitaient grandement le travail du peintre de plein air mais il serait audacieux d'y voir l'origine de la peinture de paysage : elle était populaire depuis 1780.*

Ci-dessous : *Ces sacs de couleur, employés au début du XIXe siècle, étaient des vessies de porc, étroitement serrées par une lanière de cuir et fermées par des bouchons d'ivoire qui ne décomposaient pas la couleur. Mais la couleur avait tendance à se gâter rapidement lorsque les vessies avaient été ouvertes. En France, le tube d'étain remplaça lentement la vessie de porc. En 1850, la même quantité de couleur coûtait dix centimes de plus en tube qu'en vessie ; elle était encore cinq centimes plus chère en 1855. Le prix moyen d'une vessie de couleur étant de vingt-cinq centimes, la différence était considérable.*

le marché des vessies contenant de la couleur à l'huile toute préparée ; elle était plus ferme que les habituelles couleurs à l'huile. Il prétendait qu'elles étaient destinées aux paysagistes afin de faciliter les excursions dans la nature "où il y aurait inconvénient à transporter des pigments dans l'état où on les trouve habituellement chez les marchands". Pour obtenir cette peinture plus ferme, Blackman y ajoutait du blanc de baleine, une substance blanche et cassante employée généralement dans la confection des bougies et des pommades. Cette addition exigeait une plus grande quantité d'huile, ce qui fut bientôt reproché au produit.

D'autres additifs comme la graisse de bœuf et de mouton nuisaient également à la confection de la couleur. Ces graisses étaient particulièrement néfastes car elles ne séchaient jamais. Elles étaient évidemment fort avantageuses pour le seul marchand qui, ainsi que Vibert le fait remarquer : "se soucie uniquement du côté commercial de son métier. Son objectif est de fabriquer de la couleur qui conserve en tube sa fraîcheur aussi longtemps que possible et sous tous les climats".

On employa aussi beaucoup la paraffine solide. Si une faible proportion de paraffine — moins de deux pour cent — dissoute dans l'essence de térébenthine améliore la consistance de la couleur à l'huile et réduit réellement le risque de jaunissement, son excès est nuisible. A l'époque, on dissolvait souvent jusqu'à trente pour cent de paraffine dans des huiles grasses, ce qui donnait des couleurs gluantes, sombres et sujettes à la craquelure. Abus de paraffine et d'huile allaient de pair. Pour éviter la fluidité produite par l'excès d'huile, qui facilitait le broyage, les fabricants ajoutaient de la paraffine. Cela leur permettait en même temps de réduire la quantité de pigment. Comme c'est ce qui coûte le plus cher, le profit du marchand s'en trouvait accru.

Vers 1860, le marchand justifiait aussi l'addition excessive de paraffine en soulignant qu'ainsi la couleur convenait mieux à la peinture au couteau, popularisée par Courbet (1819-1877) dans des toiles comme *La Remise des chevreuils* (1866). Manet utilisa également le couteau en 1860, en particulier pour ses grandes surfaces. Cette technique fut suivie, au cours de cette décennie et vers 1870, par certains jeunes Indépendants et surtout par Paul Cézanne (1839-1906) et Camille Pissarro (1830-1903). Mais le couteau attire le liant à la surface et augmente ainsi le problème du jaunissement car l'huile forme une pellicule. Cet inconvénient, et la préférence croissante des Impressionnistes pour la touche caractéristique du pinceau, les amenèrent à renoncer au couteau vers la fin des années 1870. D'autres membres du groupe ne s'en servirent jamais. C'est le cas notamment de Claude Monet (1840-1926), Pierre-Auguste Renoir (1841-1919) ou Alfred Sisley (1839-1899).

L'excès d'huile est toujours dangereux, que ce soit dans l'enduit du support ou dans la couleur même. Toutes les huiles jaunissent et s'assombrissent avec le temps, ternissant et décomposant la gamme des couleurs et les harmonies. Pour les artistes des années 1860 et surtout, plus tard, pour les Impressionnistes, l'excès d'huile posait un grave problème car leur peinture exigeait des couleurs légères, brillantes et durables. Les teintes pâles sont évidemment plus vulnérables au jaunissement et à la décoloration que les teintes sombres, aussi, lorsque le peintre recherchait un effet lumineux et des rapports subtils de couleurs, il lui fallait penser à protéger son travail de la destruction. Beaucoup d'Impressionnistes prenaient la précaution de supprimer l'excès d'huile de leur couleur en l'étendant avant usage sur du papier buvard.

Chaque pigment possède un coefficient optimum d'absorption d'huile qu'il est sage de ne pas dépasser. Ce coefficient détermine

A gauche : *Ce tableau,* L'Étang des sœurs, à Osny, près de Pontoise *(1877), de Paul Cézanne, montre l'utilisation magistrale du couteau. Cette technique avait été popularisée par Courbet — et abâtardie par des peintres moins habiles. Elle apparaît ici dans le traitement de la peinture, et particulièrement dans les diagonales qui donnent son rythme au feuillage. L'inconvénient du couteau est sa tendance à attirer le liant d'huile à la surface et à accroître ainsi les problèmes de jaunissement.*

la quantité d'huile exigée au broyage pour obtenir à la fois un mouillage accompli des particules de pigment, leur parfaite dispersion dans l'huile et une consistance idéale. Cette consistance idéale varie d'un pigment à l'autre. Certaines couleurs comme la terre de Sienne brûlée, absorbent au broyage de grandes proportions de liant à l'huile, alors que d'autres, comme le blanc de céruse, en exigent peu. Finalement les pigments qui demandent le moins d'huile sont les plus durables ; ils ont tendance à sécher plus vite et à jaunir moins.

La consistance homogène des couleurs commerciales actuelles fait qu'il est difficile à l'artiste de modifier l'aspect uniformément beurré de sa peinture — sa relative densité ou transparence, sa fermeté ou sa fluidité — sans avoir à mélanger ses couleurs avec des délayants ou des épaississants qui présentent des risques. Toute addition à une couleur accroît inévitablement sa complexité chimique et rend son effet plus difficile à prévoir ou à contrôler.

Ainsi, vers le milieu du XIX^e siècle, le broyage mécanique, le liant à l'huile d'œillette et les additifs variés agirent sur la texture des couleurs. Elles ne possédaient plus les différentes propriétés qui s'étaient si bien prêtées aux jeux de limpides transparences et de reliefs denses, caractéristiques de la technique flamande que tant de peintres continuaient de rechercher dans leur traitement du clair-obscur. Vers 1860, cette technique, rendue plus ardue par l'ignorance où étaient les peintres des secrets de son exécution, allait être graduellement abandonnée.

Pourtant, nombre d'entre eux continuaient de chercher à rendre les sombres et profondes transparences classiques. Ainsi en 1867, Thomas Couture, professeur de Manet, déclarait que la lumière était mate et l'ombre, transparente. Il remarquait que la palette du peintre abondait en couleurs denses convenant aux effets de lumière, mais qu'on trouvait peu de couleurs transparentes. Beaucoup de couleurs, brillantes et transparentes, étaient pourtant disponibles, mais les traditionalistes les jugeaient vulgaires et par conséquent indignes de la peinture académique. Or, ce sont précisément ces couleurs-là, ainsi que l'épais blanc de céruse, que l'on trouve dans la palette de Manet, Degas et des Impressionnistes.

### Adoption de nouvelles techniques

L'une des nouvelles techniques qu'allaient adopter les Impressionnistes consistait à couvrir uniformément la surface peinte, même dans les zones d'ombres. Alors que la convention académique voulait que les ombres soient traitées en couche mince et transparente, de nombreux Indépendants préférèrent peindre plus vigoureusement, en

A droite : Le Radeau de la méduse *(1819) fut exposé par Géricault au Salon de 1819. Les formes dramatiques de cette vaste peinture sont "sculptées" par le contraste de la lumière et des ombres. La lumière tombe du coin gauche supérieur comme d'un projecteur, et crée des accents lumineux qui conduisent le regard de gauche à droite et de bas en haut ; on suit les lignes et les gestes des personnages selon une diagonale ascendante que ponctue l'homme au sommet de la pyramide. Géricault combine procédés anciens et nouveaux pour dépeindre ce haut fait de l'époque.*

passant une couche dense aussi bien sur les ombres que sur les parties claires. Cette technique n'était d'ailleurs pas si nouvelle en France. Ainsi Chardin (1699-1779), le grand peintre des scènes d'intérieur, l'avait utilisée et ses œuvres étaient fort admirées, par Paul Cézanne et Camille Pissarro, entre autres.

Géricault (1791-1824) fut le premier, au XIXe siècle, à couvrir ses ombres, dans son *Radeau de la Méduse* (1819), par exemple. Mais il s'efforçait de retenir leur transparence en usant de bitume — le pire et le plus dangereux des vernis que l'on appelait par mépris "la sauce brune" et contre lequel s'élevaient les peintres des années 1860. Lorsqu'il vient d'être appliqué le bitume produit un brun transparent et chaud, apparemment idéal pour rendre la profondeur des ombres. Mais le bitume est une substance goudronneuse, parent de l'asphalte avec lequel on recouvre les chaussées, et il ne sèche jamais complètement. Il provoque donc avec le temps, et selon les variations de la température, des craquelures, des boursouflures qui détruisent la surface peinte, assombrissent la couleur et tuent sa transparence.

Seuls, deux artistes de la génération précédente, formés et peignant selon une tradition essentiellement classique, allaient avoir une importance essentielle pour les jeunes peintres : Ingres (1780-1867) et Corot (1796-1875). Ingres évita soigneusement l'emploi du bitume, adoptant pour les ombres opaques le léger frottis que lui avait enseigné David (1748-1825) et d'où il tire un espace pictural maigre et une luminosité qui ne se retrouvent pas chez les peintres académiques qui le suivirent. Corot, lui aussi, employa le blanc de céruse pour ses ombres, afin d'obtenir un effet de lumière de plein air. C'est pour cela que ses paysages donnent une impression générale de luminosité argentée, contrairement aux lourds jeux d'ombres et de lumières des paysages d'atelier.

L'une des raisons majeures qui amenèrent les Romantiques et de nombreux peintres réalistes à charger leurs ombres, est qu'ils utilisaient généralement un support enduit d'un fond pâle et qu'il fallait bien le recouvrir pour obtenir des couleurs puissantes. Un effet de recul convaincant ou une ombre sur une forme s'obtiennent difficilement sur fond pâle. Visuellement, les teintes claires ont tendance à rapprocher alors que les sombres éloignent ; ainsi un fond sombre donne un effet de profondeur qui fait défaut au fond clair. En fait, les fonds clairs sont sans relief et résistent à toute tentative pour créer une illusion de profondeur. Courbet, cherchant vers 1860 à convaincre le jeune Monet d'adopter les fonds sombres, en connaissait bien les avantages lorsqu'il disait : "Sur fond brun, tu peux distribuer tes lumières, tes volumes de couleur, tu en vois immédiatemment l'effet."

Dès 1750, les peintres savaient que les transparences ombrées et les demi-teintes maigres étaient sensibles aux outrages du temps. Etant donné que la surface peinte — le tableau — devient de plus en plus transparente avec l'âge, ces effets subtils disparaissent rapidement lorsqu'ils sont appliqués sur des fonds sombres. Et même sur les fonds clairs, l'harmonie générale disparaît vite car, à mesure que la couche de peinture devient plus transparente, les ombres perdent, sous le vernis, la profondeur de leur contraste avec les accents clairs de la pleine pâte. Finalement, les fonds clairs sont les plus sûrs, car ils maintiennent la luminosité générale du tableau, alors que les couleurs sombres — qui s'assombrissent encore avec le temps — se rapprochent et assourdissent les harmonies. Voilà pourquoi les artistes des années 1860 préféraient les fonds clairs.

Des peintres de cette décennie, comme Cézanne, Monet et Renoir, ont exécuté leurs premières œuvres sur fond sombre, à la manière de Courbet. Mais, à l'exemple de Manet, presque tous adoptèrent vite les fonds clairs, pour leur brillant et leur stabilité supérieurs. Cet usage se répandit à tel point que Pasteur, dans une conférence à l'Ecole des Beaux-Arts disait en 1865 : "Aujourd'hui on ne se sert presque plus que de toiles enduites de blanc ou à peine teintées."

Devant les preuves nombreuses qui démontraient à l'époque les inconvénients du clair-obscur — que ce soit pour la transparence ou pour les ombres — il peut paraître étonnant que tant de peintres aient persisté à l'employer. Pourtant, cette méthode a non seulement une longue et remarquable histoire, mais au XIXe siècle c'était devenu bien autre chose qu'une simple technique.

Au XVIIe siècle, le clair-obscur désignait soit l'effet de lumière dans une composition, soit la répartition particulière de la lumière et de l'ombre pour donner du relief. Vers les années 1860, la définition du clair-obscur comportait également un idéal esthétique primordial. Son but, selon les termes du théoricien Charles Blanc, était "non seulement de donner du relief à la forme, mais de répondre au sentiment que le peintre désire exprimer, selon les conventions de la beauté morale et les lois de la vérité naturelle". Ainsi le rôle original et technique du clair-obscur comportait dès lors une signification idéologique nouvelle. L'usage du clair-obscur était devenu synonyme de sincérité et de beauté académique suprêmes. Tout refus d'utiliser le clair-obscur s'associait donc dans l'esprit de la puissante faction conservatrice, au refus de l'idéal le plus élevé du rôle moral et social de la peinture et, par conséquent, au rejet des conventions les plus chères de l'art académique tout entier.

Ainsi, les œuvres où l'on ne retrouvait pas la transparence maigre des ombres et les blancs empâtés de la tradition du clair-obscur, étaient-elles ignomineusement rejetées par les critiques pour "leur absence de valeur morale". Ces tableaux n'avaient pas la facture intellectuelle, spirituelle et raffinée qui, depuis la Renaissance était considérée comme l'essence du grand art. Une peinture dénuée des conventions picturales et rationnelles du clair-obscur n'était qu'une simple imitation de la nature, banale.

Cette attitude ravivait l'opposition traditionnelle entre l'artiste et l'artisan, entre l'aspect intellectuel ou purement manuel de l'art. C'est pour cette raison que la peinture impressionniste n'était, pour ses critiques que simple habileté manuelle. On la jugeait même séditieuse. Les Impressionnistes furent souvent bannis après la Commune de Paris, en 1871, comme anarchistes et communistes, pour leur mépris des valeurs traditionnelles de l'Art.

**L'influence de la photographie**

En commentant les travaux de Manet et de ses émules, Eugène Fromentin, peintre et historien d'art des années 1860, accusait la photographie du déclin de l'inspiration morale qu'il constatait dans leurs œuvres. Il estimait qu'ils "manquaient des fantaisies de l'imagination" et de "l'alchimie subtile de la palette" qu'il admirait chez les Hollandais et les Flamands du XVIIe siècle. Au cours des années 1860, la photographie avait modifié l'optique des artistes, notamment leur compréhension des jeux de la lumière. Fromentin, en songeant aux toiles de Manet, observait que "la peinture n'a jamais été si précise, si explicite, si formelle et si crue". Dès 1840, l'avènement de la photographie a compliqué pour les artistes le problème de la représentation de la réalité par le trompe-l'œil. D'une part, la photographie leur montrait, pour la première fois, un aspect "objectif" de la réalité, qui les invitait à essayer un style de peinture encore plus méticuleusement représentatif. D'autre part, l'existence même de l'image photographiée libérait d'autres peintres des servitudes de la représentation du monde visuel et leur permettait de rechercher une interprétation plus originale de la nature, comme celle des Impressionnistes. Leur manière se fonde dès lors sur la traduction picturale de leur perception optique personnelle, phénomène interdit à la caméra. Elle laissait également l'exécutant libre d'explorer les problèmes de la peinture elle-même.

Le manque de sensibilité des premières plaques ou pellicules photographiques produisait des distorsions que soulignèrent les critiques de l'époque. La photographie détruisait notamment les subtilités de l'éclairage, si indispensables aux effets de clair-obscur — délicatement réfléchis dans les harmonies en demi-teintes. L'exagération des noirs et des blancs produisait de larges volumes et de violents contrastes qui écrasaient et réduisaient les images à de larges à-plats tranchés. C'est ainsi que des artistes

Ci-dessous : L'Olympia *de Manet, peinte en 1863, fut exposée au Salon de 1865. Son format est proche du "120 portrait" (130 x 194 cm), le plus grand en usage. L'éclairage frontal cru oblitère les harmonies de tons. La lumière et l'ombre apparaissent en larges volumes simplifiés. La brutalité de la lumière s'ajoute à la présentation agressive du nu qui ne respecte pas la convention académique. Olympia affronte l'observateur qui devient, explicitement, son client. Manet combine ici nouvelle technique et conviction esthétique pour réagir contre le nu traditionnel.*

comme Manet, Degas et Fantin-Latour (1836-1904) qui analysèrent la photographie dans les années 1860, découvrirent dans ces contrastes crus, une nouvelle manière de traduire une vision plus simple, plus directe de la nature. La lumière artificielle utilisée pour la photographie vers 1850, provenait de batteries électriques ou d'éclairs de magnésium, qui provoquaient de violentes oppositions de blanc et de noir. On retrouve cet effet dans deux tableaux de Manet : l'*Olympia* et *Le Déjeuner sur l'herbe,* de 1863.

**L'atelier et l'éclairage**

L'évolution du style de la peinture alla de pair avec le changement de disposition et d'éclairage de l'atelier pour obéir aux besoins nouveaux des artistes. La prédominance du clair-obscur, avec une palette où dominaient les terres d'ombre et les bruns, demandait un éclairage créant une certaine harmonie picturale. Une seule fenêtre haute, diffusant une lumière contrôlée, était d'usage. Cette méthode donnait des blancs éclatants, des demi-teintes délicates et des ombres transparentes accusées. Tous les ateliers étaient donc orientés au nord. Cela donnait une lumière froide et stable, échappant au passage du soleil qui produit des variations de lumière gênantes et des ombres mouvantes. La disposition soigneusement étudiée par l'académie des couleurs sur la palette — du clair au sombre — ainsi que les demi-teintes préparées d'avance, ne servaient que sous une lumière constante, orientée au nord.

Cette froide lumière crée par contraste des ombres chaudes. Son flot limité et la peinture toujours neutre des murs assombrissent encore ces ombres. Une palette de terres d'ombre convenait parfaitement.

L'aménagement de l'atelier est, par conséquent, toujours conçu pour produire les tonalités du clair-obscur. Si les artistes y travaillent d'après nature, tout est organisé pour produire une œuvre née du clair-obscur. Les adversaires de la froide et monotone lumière du nord auront beau recommander d'utiliser plusieurs sources de lumière et d'orienter les ateliers au sud, cela

ne se fera guère avant l'arrivée des Impressionnistes, vers 1870.

**Le paysagiste va "sur le motif"**

Les difficultés techniques du clair-obscur augmentant et l'effet permanent de transparence des ombres devenant de plus en plus difficile à obtenir, on quitte l'ambiance classique de l'atelier pour un nouvel horizon. Le succès de la peinture de paysage est à l'origine de ce changement. En effet, l'artiste recherchant toujours à dépeindre plus fidèlement les scènes de plein air, l'atelier se transporte peu à peu sur place. Au début, malgré le soleil éclatant et l'ambiance lumineuse, les peintres semblent avoir emporté la lumière de l'atelier avec leur matériel ; ils continuent de percevoir les scènes de plein air à travers le clair-obscur et les transparences brunes. Cette vision est déterminée dans une certaine mesure par le genre de scènes champêtres et d'éclairage que l'on aimait dans la première moitié du siècle. Orages dramatiques, aurores, crépuscules, forêts ou escarpements de rochers, tout conspire à créer de puissants contrastes de lumière et d'ombre qu'il était possible de rendre par la technique du clair-obscur. D'ailleurs, la plupart des toiles, bien qu'inspirées par un paysage ou même commencées à l'extérieur, sont généralement achevées en atelier.

Mais les études de plein air de Corot avec leur éclairage blanc doré et leurs ombres lumineuses, offrirent une alternative précieuse aux jeunes Indépendants des années 1860. Ils se mirent de plus en plus à terminer leurs toiles sur place de manière à garder l'unité des effets de la lumière naturelle et l'impact de leur première impression. Ce désir nouveau de capter la lumière *in situ* libère la vision de l'artiste et l'encourage à travailler en plein jour des scènes plus brillantes et plus claires.

L'un des grands problèmes posés par les tableaux de paysage en atelier, surtout ceux qui comportent des personnages, avait toujours été l'unification de la lumière. L'éclairage du fond diffère généralement beaucoup de celui des personnages exécutés sous une lumière contrôlée, avec les blancs et les noirs abrupts de l'atelier. Au grand jour, les passages de la lumière à l'ombre sont plus doux, les ombres plus atténuées mais riches de la lumière réfléchie par le ciel. Même dans une toile comme *Le Déjeuner sur l'herbe,* où Manet abandonne l'éclairage académique, les effets de la lumière d'atelier sont encore visibles. Manet adopte un éclairage frontal puissant, qui frappe ses person-

A gauche : L'Atelier de David, *peint par Léon Cochereau en 1814, montre comment on utilisait les hautes fenêtres pour canaliser la froide lumière du nord et éclairer le modèle. La lumière est éclatante, comme celle d'un projecteur, et donne des ombres profondes. L'éclairage de côté, tombant sur le sujet de gauche à droite, fait saillir les formes et souligne les détails anatomiques. La palette de l'époque convenait bien à la reproduction de ces effets. Les élèves s'alignent à gauche, car, l'éclairage venant de gauche, ne projette pas d'ombre gênante sur la main du droitier au travail.*

A droite : *Ces* Femmes au jardin, *par Claude Monet en 1866, furent refusées par le jury du Salon de 1867. Peint à l'huile sur toile enduite d'un fond blanc, c'est le premier grand format "portrait" réussi par Monet. Il montre le goût du peintre pour les scènes de la vie courante et pour les jeux de lumière. Les robes blanches offrent un fond neutre sur lequel joue la lumière de plein air. Les blancs se réchauffent là où le soleil les touche et, dans les parties sombres, ils se transforment au contact des couleurs froides. Le bleu-violacé des ombres de la robe au premier plan est produit par le contraste du jaune clair avec le violet et le bleu reflétés par le ciel. La robe à rayures vertes, à gauche, recueille le reflet du feuillage. Monet a complètement rejeté l'éclairage froid et les bruns chauds des modèles d'atelier pour jouer avec les contrastes des couleurs.*

nages, oblitère les demi-teintes et réduit presque les ombres aux seuls contours noirs. L'éclairage de plein fouet qui aplatit le sujet, bien connu des photographes de l'époque crée en studio de larges aplats de blanc et de noir. Vers 1870, les Impressionnistes allaient utiliser cette lumière frontale en extérieur car elle supprime les contrastes, l'ombre tombant derrière les sujets dépeints.

**L'influence des estampes japonaises**

Les gravures japonaises sur bois et en couleurs, populaires en France au début des années 1860, furent une source d'inspiration qui offrait une alternative aux conventions de la peinture européenne. Comme le faisait remarquer en 1878, le critique d'art Théodore Duret, l'estampe japonaise enseigna aux artistes français "une autre interprétation de la nature par son emploi nouveau et audacieux des couleurs". Ces estampes comportent de larges volumes de couleur vive sans modelé. Le relief, en même temps suggéré et ignoré, est remplacé par un contour évocateur et des plans de couleur qui se chevauchent. L'effet de perspective occidental n'avait jamais été recherché par l'artiste japonais. A sa place, il suggérait la profondeur en plaçant un objet derrière un autre. Un point de vue plongeant, inhabituel, se rencontre souvent dans l'estampe, ce qui accentue un aplatissement décoratif de la forme et de l'espace, et rapproche le sujet au premier plan. Les artistes d'avant-garde des années 1860, s'emparèrent du procédé pour donner à leurs compositions un aspect uniformément plat, sans perspective, qu'ils complétaient en empâtant la surface peinte.

Dans l'estampe japonaise, le trait sensuel et les masses de couleur vive tissent un motif et laissent libre la lecture de l'image au lieu de diriger l'œil sur un point précis. Les particularités de la photographie produisaient un phénomène analogue et les deux procédés offrirent une alternative opportune aux conventions académiques. La photographie, bien qu'au sens stricte du terme elle ne soit pas plus "objective" que l'œil, propose une image différente de la vision humaine binoculaire. Pour une profondeur de champ déterminée, la lentille monoculaire de l'appareil photo donne à chaque objet une force et une netteté égales. L'œil est plus sélectif : hors la zone focale centrale, les objets paraissent plus ou moins flous. L'étude de la photographie amena tout naturellement les artistes à revoir attentivement leurs travaux. L'instantané, au début des années 1860, réussit à "figer" le personnage en mouvement. Cette irruption de personnages distribués au hasard est une des caractéristiques des peintures de l'époque qui prennent un tour plus spontané. La vie quotidienne de Paris ainsi dépeinte, est comme le fragment d'un panorama ininterrompu, une tranche de vie, que l'on trouve surtout chez Degas.

A droite : *Vers 1860 on trouvait déjà en France de nombreuses estampes japonaises. Quant aux œuvres d'art du Japon elles furent exposées pour la première fois au Pavillon Japonais de l'Exposition Universelle de Paris en 1867. La gravure sur bois que l'on voit ici,* Glycine en fleurs au-dessus d'un lac à Kaméido *(1857) est de Hiroshige. L'amour des Japonais pour la nature et leur joie de la représenter, fit l'admiration des artistes français, tout comme leurs sujets d'après nature, leur composition originale et leur utilisation de couleurs vives. Cette estampe associe le décoratif au naturalisme ; ce fut un exemple important pour les peintres français.*

Ainsi, les artistes commencèrent à éviter de donner à leur composition un point d'intérêt unique ; ils s'essayèrent au contraire à des tableaux sans hiérarchie picturale. Ce procédé de nivellement, où l'œil n'était plus dirigé, dans un espace cohérent et bien délimité, vers un point déterminé, désorientait le public et la critique. Rares étaient ceux qui comprenaient les intentions de ce style, aussi la majorité de la critique exhortait-elle les Indépendants à revenir à la tradition du clair-obscur qui avait formé son goût esthétique. En défocalisant l'œil, en vernissant entièrement la surface peinte, et en écrasant la perspective, ces nouveaux peintres n'offraient guère au public les moyens de lire et de comprendre leurs intentions. *Le Concert aux Tuileries* (1862) de Manet et *Les Chrysanthèmes* (1858-1865) de Degas sont des exemples de ce qui précède.

**Vers l'Impressionnisme**

Si la photographie offrait une vision plus naturaliste de la lumière que le clair-obscur, elle présentait toujours le sujet fortement contrasté. Même si dans leurs études en atelier vers 1860 les jeunes Indépendants s'inspirent largement de l'exemple de Manet, Degas et Courbet, leurs paysages montrent qu'ils s'éloignent des tonalités de leurs aînés. Ainsi la reprise (1865-1866) par Monet de la composition révolutionnaire de Manet *Le Déjeuner sur l'herbe* de 1863 — travail, dont il ne reste que des fragments — tendait à une description plus authentique des jeux de la lumière de plein air. Dans une œuvre plus réussie, de 1866, *Femmes au jardin,* commencée en plein air et terminée à l'atelier, Monet atteint une nouvelle unité entre les effets du soleil et les personnages.

Dans leurs œuvres pré-impressionnistes des années 1860, des peintres comme Monet et Renoir laissent déjà présager la peinture future. Les ombres dans les *Femmes au jardin* de Monet, ou celles de Renoir dans *Lise à l'ombrelle* (1867) et *Le Pont des Arts* (1867), sont riches de couleurs réfléchies, d'accents bleu-violet froid empruntés au ciel et qui contrastent avec la chaleur pénétrante du soleil. Les premières expériences de Monet faites en plein air avec son mentor Eugène Boudin (1824-1898) sur la côte normande, vers 1860, lui donnaient un avantage sur Renoir qui ne commença à peindre un plein air qu'en 1863. Il le fit à l'instigation de son protecteur Charles Gleyre (1806-1874) dans le sympathique et anti-académique atelier duquel il avait rencontré Monet, Sisley et Frédéric Bazille (1841-1870) à l'automne de 1862. Comme ces jeunes gens travaillaient constamment ensemble, en plein air ou à l'atelier, chacun profitait de l'habileté et de l'expérience de ses compagnons.

A droite : Femme aux Chrysanthèmes *a été peinte à l'huile sur toile par Edouard Degas entre 1858 et 1865. Il est probable que cette œuvre fut commencée comme une étude de fleurs assez classique — en témoignage d'admiration à l'égard de Delacroix qui peignait des sujets semblables. La composition asymétrique date probablement de 1865, lorsque Degas s'essayait à des œuvres moins conventionnelles. Le personnage placé sur le côté montre combien Degas s'opposait à la tradition académique qui voulait qu'on accorde une importance relative aux sujets dépeints.*

Lorsqu'ils étaient à Paris, tous rejoignaient le cercle de personnalités artistiques et littéraires de Manet au café Guerbois, sur l'un des nouveaux boulevards — aujourd'hui l'avenue de Clichy — aux Batignolles, à la frontière de Montmartre. A leurs discussions se mêlaient souvent des écrivains ou des critiques comme Emile Zola, Edmond Duranty ou Théodore Duret. Degas, Cézanne, Renoir, Fantin-Latour et Pissarro se joignaient à eux. Monet rappelait plus tard qu'ils sortaient de ces discussions "avec une résolution nouvelle, nos pensées plus claires et mieux tranchées". Comme ils ne peignaient qu'à la lumière du jour, ils avaient toute la soirée pour échanger leurs idées. C'est à cette époque que certains d'entre eux conçurent le projet d'un Salon pour les Indépendants, qui serait un autre rendez-vous que les expositions du Salon officiel. L'idée finit par porter ses fruits en 1874, année de la première exposition du groupe et de la naissance du terme "Impressionnisme" inventé par un critique.

L'an 1869 est aujourd'hui généralement considéré comme celui de la naissance du style impressionniste. Cet été-là, Monet et Renoir travaillaient côte à côte sur les bords de la Seine, à la Grenouillère, l'un des nouveaux lieux de loisir tout proche de Paris. Chargés de leur chevalet et de leur boîte de couleurs, ils peignaient de prestes études à pinceau libre, essayant de capter les jeux du soleil à la surface de l'eau.

Ci-dessous : La Grenouillère *de Renoir date de 1869. Vers 1860, Renoir avait plus d'expérience dans la peinture de personnages que dans le paysage ; sa facture révèle moins d'assurance et moins d'expérience que chez Monet. Comme lui, Renoir donne à son œuvre une forte structure avec une série de traits verticaux et horizontaux et un recul accentué par les bateaux du premier plan.*

Ci-dessus : *Dans la* Terrasse de Sainte-Adresse *(1867), les durs contrastes de lumière et d'ombre sont réduits au minimum et visent un effet décoratif plutôt que le relief ou l'espace. les teintes vives sont des volumes plats et rappellent les gravures japonaises. Un dur lacis de traits géométriques nivelle l'espace pictural. De vifs contrastes de rouges et de verts dominent dans la partie inférieure.*

1860
1870

# Gustave Courbet

## *La Remise de chevreuils au ruisseau de Plaisir-Fontaine* (1866)

### Huile sur toile réutilisée 174 x 209 cm

Gustave Courbet se révéla une force de la peinture de son temps au moment de la révolution de 1848. Il était d'une famille de paysans aisés du Jura, proche de la frontière suisse. Le père de Courbet possédait des terres et des vignes sur le plateau de Flagey, ainsi que des maisons à Ornans et à Flagey. La ferme de Flagey était simple et sans prétention, alors que sa maison en ville était une grande demeure bourgeoise. La première toile importante de Courbet, *L'Enterrement à Ornans* (1849-1850) montre son père dans le rôle d'un bourgeois, alors que dans les *Paysans de Flagey revenant de la foire* (1850-1855) il apparaît en blouse paysanne et chapeau Cronstadt. L'expérience personnelle de Courbet le mettait en position de dépeindre les contradictions et les divisions de la classe paysanne en France, au moment où sa famille s'élevait socialement.

La puissance des sujets directs et sans concessions de Courbet, sa représentation réaliste à une échelle très grande de personnages plus quotidiens qu'héroïques, lui valurent un accueil mitigé au Salon. Mais ayant obtenu une médaille d'or de deuxième classe au Salon de 1849 avec son *Après-dîner à Ornans*, Courbet était automatiquement dispensé de soumettre ses œuvres au jury. Sans cette exemption, il est douteux que ses grandes toiles qui suivirent l'*Après-dîner*, sujet relativement traditionnel, eussent passé les portes du Salon.

Le réalisme de Courbet s'inspire des œuvres des grands Maîtres du XVIIe siècle, comme Rembrandt, et des Hollandais dont il avait admiré les toiles au cours d'un voyage en août 1846. Les Espagnols Velasquez, Zurbaran (1598-1664) et les Italiens Cuercino (1591-1666) et Caravaggio (1573-1610) eurent sur lui une influence prépondérante. Il avait aussi beaucoup regardé les réalistes français du XVIIe siècle, les frères Le Nain, dont l'œuvre avait été tirée de l'obscurité par le critique Champfleury, qui défendait aussi la peinture de son ami Courbet. Les œuvres des frères Le Nain avaient été sorties des resserres du Louvre en 1848, à une époque où leur représentation des travailleurs exerçait un attrait légitime pour des artistes français d'esprit radical. Courbet combinait cette inspiration avec un goût des images populaires et simples, comme les gravures sur bois en couleur largement répandues en France. Il essayait de marier la technique des Maîtres Anciens avec le dessin plaqué de l'image d'Epinal, afin de donner à son art une sincérité nouvelle.

Bien que, comme la plupart des Maîtres Anciens dont il s'inspirait, Courbet chargeât ses ombres, les couvrant d'une couche épaisse et sombre, sa technique était essentiellement fondée sur la tradition du clair-obscur. Il partait du sombre pour aboutir au clair ; il se voyait, disait-il, comme le soleil éclairant peu à peu un sombre paysage. A quelques exceptions près dans ses derniers paysages, ses ombres étaient habituellement chargées des bruns de l'éclairage de l'atelier dans lequel il terminait ses études de plein air. Il utilisait le bitume, couleur pleine de problèmes et qui ne sèche pas. A ses débuts, c'était souvent en raison de la modicité de sa bourse, car le bitume est bon marché. L'œuvre de Courbet révèle une parfaite combinaison du clair-obscur de Rembrandt et d'une "touche" à la texture évocatrice. Au lieu de suivre la technique académique de polissage pour créer l'illusion de la réalité, sa façon d'appliquer les

L'Allée des marronniers à la Celle-Saint-Cloud *(1867) par Alfred Sisley, trahit l'influence des paysages de Courbet. Sisley a choisi ici une scène sombre et un motif assez semblable à celui de* La Remise des chevreuils *mais avec moins d'oppositions de lumière et d'ombre. Le travail de Sisley donne une impression plus prononcée de profondeur mais le recul créé par le sentier est flou. A l'inverse de Courbet, les coups de pinceau de Sisley présentent moins de différences de texture et produisent une couche de couleurs plus mince. Le bleu du ciel, fortement mêlé de blanc, a été travaillé sur les verts du feuillage.*

*Palette probable de Courbet pour ce tableau : blanc de céruse (1), noir (2), terre d'ombre brûlée (3), terre de bitume (4), terre de Sienne brûlée (5), ocre jaune (6), terre rouge (7), bleu de Prusse (8), vert viridien (9) et vert de chrome (10).*

*Cette œuvre a finalement valu à Courbet l'approbation du public et de la critique qui le considérait comme le précurseur du style nouveau en raison de son accent naturaliste. Pourtant, Henry Houssaye notait en 1882 que Courbet utilisait beaucoup trop le clair-obscur, pour qu'on puisse le tenir pour le réel précurseur de l'Impressionnisme. Car les Impressionnistes évitaient les contrastes extrêmes de lumière et d'ombre. Henry Houssaye fut ainsi le premier à définir l'Impressionnisme en termes de technique.*

Détail grandeur nature. *Une matière chaude, probablement liée à l'huile d'œillette, a conservé les traits de pinceau de soies de porc et a permis au peintre de décrire la fourrure de l'animal. Les souples mouvements du pinceau donnent une excellente idée du corps musculeux du chevreuil. On distingue quelques corrections. Par exemple, la position de l'oreille a été changée, la rendant plus petite. La rupture de ton dans ses bois confirme bien que le chevreuil a été ajouté vers la fin de la composition. Le grain de la toile apparaît encore par places et l'on distingue clairement le contraste entre le travail à la brosse et au couteau.*

couleurs imite tout à fait les textures naturelles.

Dans *La Remise de chevreuils,* exécutée sur une peinture antérieure, le fond n'est plus visible. Mais l'examen aux rayons X révèle que Courbet a appliqué un nouveau fond épais qui cache la composition première. La deuxième couche contenait probablement du blanc de céruse car elle est impénétrable aux rayons X. La peinture finale de *La Remise de chevreuils* est couvrante et généralement dense. Les toiles de Courbet sont souvent trompeuses. A certaine distance, elles donnent une rude apparence de maçonnerie qui résulte des reprises répétées. Mais un examen plus rapproché montre la merveilleuse délicatesse de l'écriture de l'artiste : les minces touches de peinture au pinceau ou au couteau donnent une texture solide, sans épaisseur excessive.

Courbet utilisait une grande variété de procédés originaux pour créer les différentes textures de ses œuvres. On dit même qu'il a, à l'occasion, ajouté du sable à sa peinture quand il voulait donner l'impression de la terre. Les procédés qu'il emploie dans *La Remise de chevreuils* ne sont pas moins ingénieux. Le paysage, un site connu près d'Ornans, a été peint sur place, alors que les chevreuils ont été ajoutés pendant l'hiver 1865-1866 dans l'atelier même de Courbet, où il avait fait venir des chevreuils pour lui servir de modèles. On dit aussi qu'il a travaillé d'après un chevreuil mort. Il n'est donc pas surprenant que le paysage et les chevreuils soient traités très différemment. Il utilisait habituellement une spatule ou un couteau pour donner de la substance aux rochers, aux troncs d'arbres ou à certaines parties de feuillage. Le volume du feuillage est traitée à la brosse dure et laisse voir les feuilles avec précision. Le feuillage moins distinct, à l'arrière-plan et dans le coin droit, en haut, est rendu au moyen de couleur appliquée à l'éponge ou au chiffon, et donne un effet duveteux qui contraste avec l'aspect plus précis du feuillage peint à la brosse ou au couteau. Enfin, le coup de brosse utilisé pour la fourrure des chevreuils, contraste avec le travail plus vigoureux des autres parties de la toile. Le traitement des chevreuils est très soigné, les traces laissées par le pinceau de soies de porc recréent littéralement la texture de la fourrure. Si bien que le chevreuil ressort comme s'il était de carton découpé. Effet qui s'exagère d'autant que les chevreuils ont été ajoutés à l'atelier.

Courbet a peint plusieurs versions de ce sujet qui lui valut les acclamations du Salon de 1866. Tout le monde reconnaissait, pour la première fois, son talent, accueilli jusqu'alors avec une hostilité générale en raison du caractère sujet à controverse de ses thèmes. En dépit de toute l'influence que Courbet exerça sur eux, ses bruns essentiellement traditionnels du clair-obscur, amenèrent les jeunes artistes de la fin des années 1860 à réagir contre son style.

*La couleur appliquée au couteau donne un aspect brisé, irrégulier à la couche de peinture, bien qu'elle soit remarquablement mince et délicate. Des blancs crémeux ont été étendus sur un brun foncé qui transparaît et accentue le contraste entre l'ombre et la lumière. Les minces traits de couleur légèrement tracés des rameaux sont bien différents. La couche épaisse de terre de Sienne essentiellement transparente apparaît sous les verts clairs appliqués à l'éponge. L'extrémité d'un pinceau de soies de porc a servi à jeter des taches de vert foncé. Les touches vives d'ocre jaune orangé ont été sans doute projetées avec la pointe d'un couteau souple.*

*Les changements apportés par Courbet apparaissent ici. Le jeune chevreuil était plus gros, placé plus bas et à gauche. On devine l'oreille et la ligne du cou à gauche de la bête. Les pattes de devant étaient au-dessous de celles qui ont été ajoutées.*

*L'absence d'ombre portée pour le chevreuil et le contraste entre le travail au couteau et au pinceau fait ressortir la bête contre le fond, à tel point qu'elle semble flotter. Les ombres et la lumière ne se marient pas là avec l'éclairage du paysage.*

# Edgar Degas

*La Famille Bellelli*
(1859-1860)
Huile sur toile apprêtée pâle
200 cm x 253 cm

Au mois de juin 1856, Edgar Degas s'en fut en Italie pour étudier les Maîtres italiens *in situ*. Mais ce voyage avait une raison plus intime : son grand-père paternel, avait été exilé à Naples et son père y était né. A l'époque, ses parents de Naples, Laure, sa tante, la sœur de son père et son mari, un baron, se trouvaient eux-mêmes exilés à Florence, le baron ayant été mêlé à l'agitation politique de la lutte pour l'unification de l'Italie. Après avoir visité Venise, Assise, et Rome, Degas arriva donc finalement à Florence pour voir ses parents, en août 1858, et y apprendre que sa tante était à Naples, au chevet de son père — le grand-père de Degas — qui mourut le 31 août. Ce qui devait être un bref séjour allait finalement durer neuf mois. C'est à cette époque que Degas commença un grand portrait de ses parents, les Bellelli, par des études au crayon et à la peinture qu'il rapporta avec lui à Paris où il peignit le tableau dans son atelier de la rue Madame.

Ce portrait est l'une des premières grandes toiles de Degas et bien qu'on y voie encore ce qu'il doit à l'art ancien, son style novateur de l'âge mûr se révèle déjà. Les critiques ont rapproché cette œuvre du portrait de la famille royale, *Les Demoiselles d'honneur* (1656), par Velasquez (1599-1660). Lui aussi a utilisé pour le décor l'habile procédé d'un miroir qui ajoute à la profondeur de la composition. L'insertion par Degas d'un portrait au pastel rouge de son grand-père, que l'on voit sur le mur derrière la tête de sa tante, obéit à une ancienne tradition européenne du portrait qui, depuis la Renaissance, incorporait dans le tableau un des morts de la famille afin de relier le passé au présent. Le style Renaissance française, le procédé et le dessin, paraissent confirmer cette intention de Degas. La précision avec laquelle il préparait sa peinture était telle qu'il exécutait de nombreux dessins préparatoires, allant même jusqu'à dessiner en détail le cadre qu'il imaginait pour le tableau qu'il composait.

L'influence des Anciens Maîtres semble s'unir ici à celle du XIXe siècle. Degas était un grand admirateur d'Ingres ; il avait étudié avec l'un de ses élèves aux Beaux-Arts vers 1850. Les délicats portraits de groupes, dessinés principalement à Rome par Ingres vers 1810, offrent eux aussi, une sorte de frise de personnages distribués au long de la scène sur une perspective peu profonde, semblable à celle que Degas a peinte dans ce tableau.

L'éclairage doux, presque frontal, adopté par Degas rappelle l'éclairage qu'adoptait Ingres pour ses portraits. Mais, à la manière typique de Degas, l'éclairage n'a pas ici qu'une fonction artistique. Les désaccords entre le baron acariâtre, morose et sa femme étaient bien connus et Degas ne pouvait les avoir ignorés pendant le séjour prolongé qu'il fit chez eux. L'éclairage amplifie la division déjà suggérée par la composition, qui sépare le père de sa femme et de ses filles. La lumière qui baigne les trois personnages féminins est nette mais douce. Elle révèle le parti pris de Degas en faveur de sa tante. C'est un témoignage évident de l'affection qu'il avait pour elle. Au contraire, le père, le dos tourné, se perd dans l'ensemble et ses traits sont mal définis. La mère et ses filles ne sont pas seulement unies par la composition et la lumière, il y a un contact visible entre elles : un bras protecteur posé sur l'une des filles, le contact des robes avec l'autre.

Les vêtements noirs des femmes montrent qu'elles portent le deuil du père de la tante. C'est une marque de respect qui fait défaut de manière flagrante dans les vêtements du baron. Les volumes noirs et précis de la mère et des filles dessinent une puissante pyramide à la gauche de l'image, la tête de la mère est unie franchement au portrait de son père. La netteté de l'expression attristée de la mère offre un contraste marqué avec le flou qui entoure le baron, placé devant un arrière-plan complexe. Les lignes géométriques de la cheminée cèdent le pas à une confusion de bibelots et de détails reflétés par le miroir. Bien que moins précis et d'une structure moins conventionnelle que les portraits qui suivront, le style futur de Degas apparaît déjà clairement. On le voit notamment dans son utilisation de l'espace et la composition : il ne se contente pas de présenter ses modèles mais il en suggère les aspects émotionnels et psychologiques.

Au nombre des études faites pour ce portrait, on en trouve une particulièrement intéressante exécutée à l'huile sur toile légère spéciale. Il s'agit des mains de Laure Bellelli. Dans le tableau définitif, l'une des mains s'appuie à la table. La couche de peinture dans le travail final, extrêmement mince et d'un traitement remarquable, accentue le talent classique de l'ensemble. Bien que maigre, la pâte est généralement étendue et, par conséquent, la couleur du fond clair ne peut être identifiée avec précision, car elle paraît faiblement à travers les minces couleurs estompées. Comme chez Ingres, on constate différents traitements assez prononcés pour les volumes importants et plus libres pour le papier du mur et le tapis.

La toile resta en possession de la famille Bellelli jusque vers 1900, lorsque, la voyant endommagée, Degas la rapporta à Paris. Elle resta dans son atelier jusqu'à sa mort, relativement ignorée malgré l'importance qu'elle présente comme grande réalisation de ses débuts.

*Ce gigantesque portrait de famille est à une échelle généralement réservée aux dignitaires historiques ou politiques. Son format n'est pas habituel. Bien que cette composition ait eu des précédents, cette œuvre de Degas apporte un accent nouveau : la psychologie plus fouillée des personnages. Les tensions familiales sont rappelées et soulignées ici au moyen du pinceau et la tension se retrouve dans la peinture. Ainsi, même dans ses premières œuvres, on trouve déjà les marques du talent dont témoigne Degas pour marier les éléments techniques et esthétiques dans son art.*

*Degas a volontairement fait mordre le profil de sa tante sur le bord sombre du cadre pour souligner les traits fins de son modèle principal. La couche de couleur mince et délicate est pourtant dense avec une douce tonalité fondue de la chair qui rappelle Ingres. Le vernis reflète la lumière, surtout dans les parties sombres où un léger cloquage apparaît. Les parties claires sont plus stables et durables.*

*La variété de pinceaux utilisés pour rendre la texture apparaît clairement ici. Une trace plumeuse suit le mouvement des cheveux et la manière dont ils sont disposés pour dissimuler la calvitie du baron. Les détails du décor de la cheminée, rehaussés de vermillon ou de terre d'ombre rouge, prennent une brillance relative sur les teintes sombres. Les dégâts subis par le visage ont été réparés, comme l'éraflure verticale sur les ornements de la cheminée.*

*Palette probable de Degas pour ce tableau : blanc de céruse ou de zinc (1), noir (2), terre d'ombre (3), ocre jaune (4), jaune citron (5), terre d'ombre rouge (6), bleu de Prusse (7) et vert de chrome (8). Peut-être aussi du vermillon.*

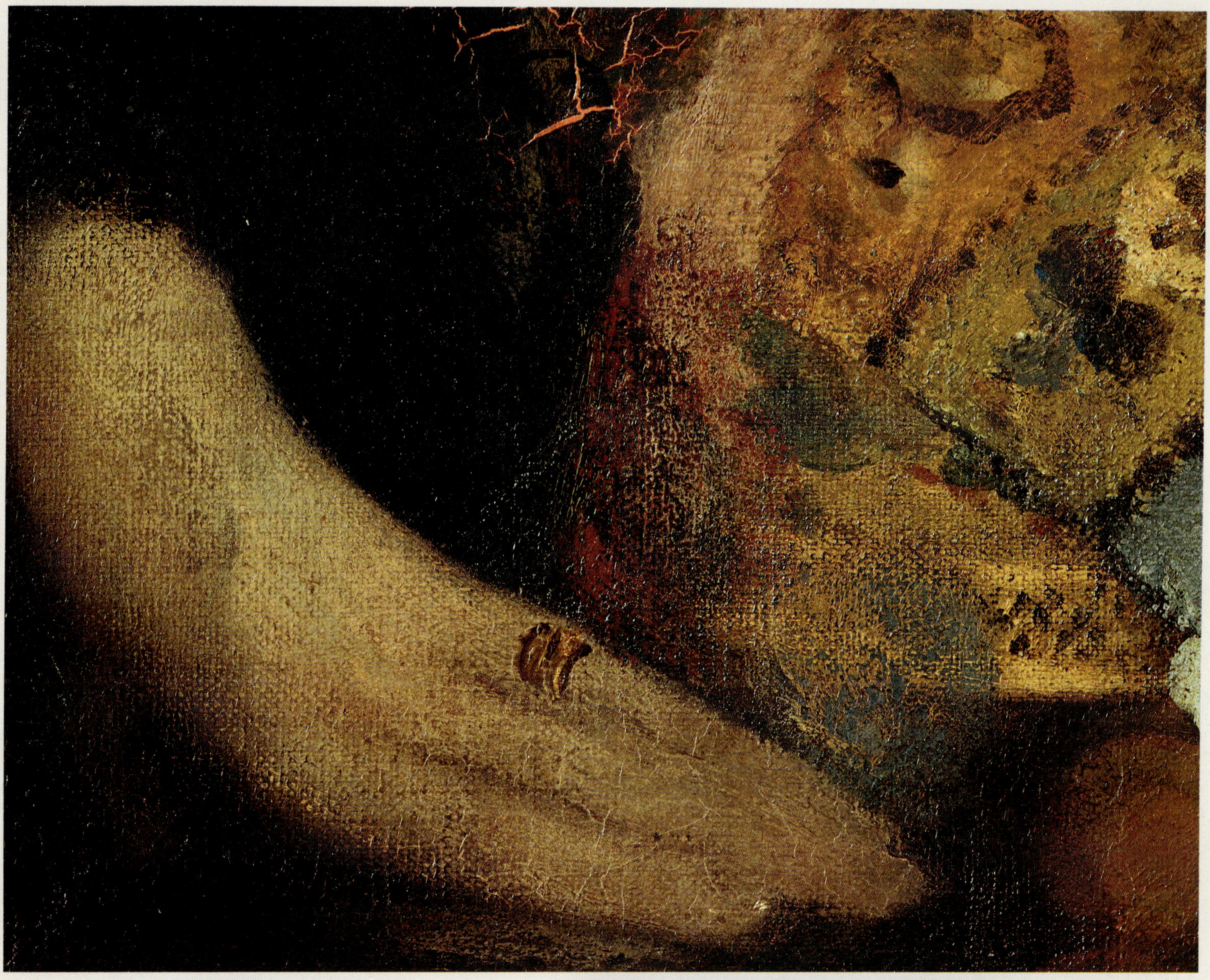

Détail grandeur nature. *Le détail du modelé de la main est réduit à son minimum mais il se voit parfaitement à la distance où l'on se tient de la toile. La couleur est très maigre dans la partie basse du tissu décoratif et produit un effet moucheté sur les nodosités ou dans les creux de la toile. L'effet moucheté sur la main paraît involontaire. Le vernis et la poussière ont noirci la couleur dans les sillons de la toile. On aperçoit des craquelures qui résultent ou d'un travail sur une première couleur mal séchée ou de l'emploi d'une couleur maigre sur une couche grasse.*

*L'une des rares études subsistant de la préparation du portrait. C'est une étude classique typique à l'huile à ce stade de la réalisation. Ayant arrêté le dessin de sa composition, Degas fit ensuite ces études minutieuses des mains de sa tante. Il a fait des changements de position mineurs dans le tableau fini. Degas a utilisé là une toile spéciale pour études.*

# Edouard Manet

*La Musique aux Tuileries*
(1862)
Huile sur toile et apprêt blanc
76 cm x 118 cm

Vers 1860, Manet fut influencé non seulement par la photographie et les estampes japonaises, mais aussi par les œuvres de différents Maîtres Anciens, dont le peintre espagnol, Velasquez. Dans *La Musique aux Tuileries,* Manet reprend le thème d'une peinture du Louvre faussement attribuée au maître espagnol et dans laquelle on voulait reconnaître Velasquez et le cercle de ses amis. Appliquant l'idée à la société bourgeoise, parisienne du temps, Manet se dépeint lui-même — à l'extrême-gauche — entouré de son frère Eugène et d'amis comme Baudelaire et Théophile Gautier, Offenbach, le critique Champfleury et le peintre Fantin-Latour. Bien que les scènes de la vie parisienne fussent des sujets de tableaux relativement nouveaux dans la peinture à l'huile, de nombreuses illustrations et gravures populaires s'en étaient inspirées depuis 1790 au moins. Un exemple plus récent est peut-être la reproduction d'un concert de musique militaire aux Tuileries publié dans l'*Illustration,* peut-être aussi les gravures qui illustraient les livres traitant de la vie parisienne de l'époque. Ainsi, dans le style typique de ses œuvres des années 1860, Manet unissait l'influence des Maîtres Anciens et les sentiments que lui inspiraient l'époque et l'imagerie populaire.

Rendant compte d'une exposition posthume de tableaux de Manet dans un article publié en 1984, le critique Joseph Péladan reprend avec violence le mythe de Manet "incapable de composer un tableau". Il écrit : "Manet n'est qu'un simple peintre et un peintres d'images — dénué d'idées, d'imagination, de sensibilité, de poésie et de qualités de dessinateur". Péladan citait là toutes les caractéristiques de la tradition académique du clair-obscur que Manet rejetait. Ainsi ce critique renforçait, comme les conservateurs de l'époque, la relation entre le style moderne, non académique et la tendance anti-classique de l'art nouveau. Le style de Manet était jugé visuellement fragmenté parce qu'il lui manquait la cohérence picturale du clair-obscur qui donnait à une peinture sa lumière. A certains égards Manet, il est vrai, était un peintre d'images — images de la vie quotidienne dans lesquelles il cherchait délibérément à exprimer les aspects de cette vie plus sincèrement que ne le permettaient les conventions artistiques du moment.

*La Musique aux Tuileries* qui dépeint un instant de la vie oisive de la cité, rompait avec les conventions parce que les personnages, disposés comme dans une frise, n'offraient pas un unique point central d'intérêt. L'œuvre n'avait donc pas, pour la critique, de véritable composition. En vérité, la composition est bien là et solidement organisée, mais d'une manière toute nouvelle. Elle n'a guère de recul et nulle hiérarchie picturale qui subordonne l'ensemble à un centre principal d'attention. Le spectateur se trouve à hauteur d'œil avec la foule debout, ce qui réduit l'effet de profondeur en accentuant la bande horizontale ininterrompue de personnages qui traverse le tableau. Pour mieux éloigner le spectateur de la scène, Manet a usé d'un autre artifice en créant un effet théâtral : il n'y a de personnages "coupés" qu'à la gauche et à la droite de la toile, aucun ne sort du cadre inférieur pour pénétrer dans le champ de vision du spectateur. Le tableau est une longue bande de personnages arbitrairement coupée au début et à la fin, mais très habilement inscrite à l'intérieur du cadre, en haut et en bas. La disposition délibérée des personnages ou des accessoires jusqu'au cadre inférieur laisse peu d'espace libre au premier plan et cela aussi empêche le spectateur de participer à la scène. Finies les gestes emphatiques et l'expression conventionnelle, la grandiloquence de l'art académique a disparu.

La ligne des chapeaux, le sommet de la ligne des personnages, divise en deux le tableau, un peu au-dessus du centre. La bande à peine modelée de feuillage vert qui garnit la moitié supérieure accentue l'aspect plat du tableau. Comme des piliers, les troncs d'arbres ponctuent le rythme horizontal, qui va de gauche à droite — sens normal suivi par l'œil qui examine les peintures de la culture occidentale. Les arbres unissent les parties supérieures et inférieures de la composition. L'arbre central relie également le premier et l'arrière-plan ; il semble s'élever en s'éloignant.

Selon Antoine Proust, son premier biographe, Manet travaillait en plein air, l'après-midi de deux à quatre en 1861, à faire des études à l'huile pour ce tableau.

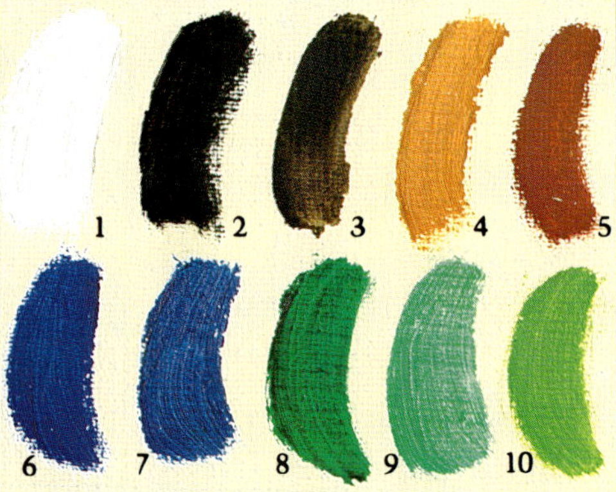


*Palette probable : blancs de céruse et de zinc (1), noir (2), terre d'ombre naturelle (3), ocre jaune (4), terre d'ombre rouge (5) ou minium, bleu outremer (6), bleu de cobalt (7), vert viridien (8), peut-être un vert de cobalt (9) et vert de chrome (10).*

*C'est dans son article sur le Salon de 1845 que Baudelaire invite pour la première fois les peintres à choisir des sujets dans la vie quotidienne. Manet, notamment relève ce défi et se met à la recherche d'un style et d'une structure picturale neufs pour peindre les thèmes modernes. Le défilé de personnages donne une impression d'instantané, par l'effet* staccato *des volumes alternés de couleur claire et sombre. Le modelé tonal minutieux et traditionnel de la forme a fait place à de forts contrastes ponctués de couleurs éclatantes qui animent la surface.*

*Les personnages ont été peints directement sur le fond blanc, après une brève préparation ou ébauche. La rapide application de couleurs frais sur frais à pinceau chargé contraste avec la mince couche transparente des verts du fond. Ce procédé permet à l'œil de distinguer le premier de l'arrière-plan. Les têtes sont dessinées à coups de pinceau succincts et vivants, en simples taches claires et sombres qui donnent une grande spontanéité à la forme et enferment l'impression de foule. Des accents orange juxtaposés avec les bleus de la robe créent un puissant contraste complémentaire.*

Détail grandeur nature. *Le fond blanc apparaît par endroits car le stade de l'ébauche a été rudimentaire. Les personnages sont indiqués surtout par leur contour assuré. Une mince couche d'ocre jaune couvre le volume de la robe, monté ensuite frais sur frais avec des ocres plus clairs. Le noir de la voilette a été passé légèrement sur la couleur chair.*

Bien que Manet ait adopté au début la mince couche de couleurs brunes — l'ébauche académique préconisée par Couture — il rejette bientôt son éclairage "funèbre" et ses teintes sombres. Au contraire, il peint la grande lumière naturelle, tombant directement sur ses personnages et qui, dit-il : "présente une telle unité qu'une seule tonalité permet de l'exprimer". Son habitude de travailler sur des fonds pâles ou à peine teintés — ici sur blanc cassé — renforce les parties unies et claires de sa peinture. Ce qui fait contraste avec son généreux emploi du noir pour le vêtement des dandys. Les peintres académiques, eux, rejettent le noir car il briserait leurs harmonies estompées. Ainsi l'aspect "fragmenté" du travail de Manet vient également de son utilisation des couleurs. Une rafale de chocs accueille le regard qui parcourt rapidement les noirs et les blancs.

La voûte des verts transparents a été appliquée surtout à la spatule. La partie la plus dense des troncs d'arbres, à gauche, que Manet a reprise de verts plus pâles passés au pinceau — vert véridien et blanc, surtout — forme une ligne claire et distincte au-dessus des chapeaux. La surface peinte, encore que très mince, offre une dominante dense dans la partie inférieure du tableau. Bien que comme le faisait remarquer Monet, Manet "ait toujours désiré que ses œuvres paraissent avoir été peintes en une seule séance", c'était un travailleur lent et minutieux, effaçant souvent un tableau le soir, pour recommencer le lendemain sur la mince première couche de couleur. *La Musique aux Tuileries* a été achetée à Manet en 1882 par Jean-Baptiste Faure.

*Un mélange fluide de vert viridien, de terre d'ombre brûlée ou de noir a servi pour le tronc (à gauche). Ces parties sont relativement transparentes bien que la couleur soit plus grasse que celle du feuillage. Les taches vert clair ont été appliquées sur les verts secs de l'arrière-plan pour le feuillage. Le fond blanc crée un effet de lumière.*

*Des parties du fond paraissent à travers les noirs de la robe de la femme voilée. Les bleus gris de la voilette ont été obtenus par des stries de noir dans la couleur fraîche. Un vert viridien mêlé de blanc a servi pour l'éventail.*

# Camille Pissarro

*L'Hermitage à Pontoise*
(1867)
Huile sur toile à chevron horizontal, réutilisée
91 cm x 150,5 cm

Camille Pissarro vécut à l'Hermitage, près de Pontoise, entre 1866 et 1868. Il devait y revenir après la guerre et la Commune de 1870-1871, et passer le plus clair de son temps à peindre jusqu'au début des années 1880. Par ses dimensions et son format allongé, cette toile se rapproche de plusieurs autres peintes vers 1865 ; il est vraisemblable que Pissarro comptait les envoyer au Salon. Bien qu'elle baigne dans une lumière de plein jour apparemment naturelle et qu'elle porte de nombreux accents de plein air bien observés, c'est visiblement une œuvre exécutée en atelier. Comme ses compatriotes d'opinions radicales, Pissarro en était encore au stade où il respectait le procédé habituel d'études de plein air avant l'exécution sur grand format en atelier en vue de présenter au Salon des toiles soigneusement travaillées et finies. En dépit de cette méthode, cette toile dans la tradition réaliste associe certains éléments annonciateurs de futures innovations à l'influence encore perceptible d'artistes plus âgés de la tradition réaliste.

Les différents verts sombres d'une grande richesse de tons, rappellent les paysages de forêt de Courbet, tandis que le format panoramique, le premier plan large et ponctué de petits personnages au travail, les maisons solidement construites rappellent ce que Pissarro devait à son maître Corot. Alors qu'il existe un réel contraste entre les parties sombres du paysage et les teintes pâles du ciel et des bâtiments, les lumières et les ombres ne structurent pas le sujet selon la méthode traditionnelle. En fait, la douce lumière ambiante du ciel couvert supprime les ombres qui pourraient renforcer la forme. Au contraire, la puissante impression de structure visible dans les maisons est créée par l'écriture expressive du pinceau qui épouse le sujet, oriente les plans et imite la texture réelle. Il existe de grandes similitudes de composition entre ce tableau de Pissarro et celui exécuté sur le même sujet l'année précédente par Charles Daubigny (1817-1878). Les paysages vigoureusement traités de Daubigny ont exercé une grande influence sur l'évolution de l'Impressionnisme. Les deux peintres ont adopté ici un angle de vue proche du sol, tous les deux tracent un large premier plan dégagé, où s'intègrent de petits personnages, des maisons à mi-distance. Dans les deux toiles, la colline est parallèle au plan pictural et trace une ligne horizontale juste au-dessus du milieu du tableau.

Toutefois, Pissarro diffère de Daubigny par l'extraordinaire assurance de son traitement de la forme et l'utilisation ingénieuse des diagonales. Les fortes horizontales du premier plan sont coupées au coin inférieur, à droite, par une diagonale qui monte vers le centre. Le procédé est repris, réitéré et renforcé par les diagonales des toits et les à-plats des champs sur la colline. Celle-ci s'élève immédiatement derrière les maisons, supprime la distance, aplatit le sujet et trace un espace pictural dense et sans profondeur. Cette absence de recul est accentuée par les couleurs de l'arrière-plan.

Les paysagistes utilisaient des gradations pour traduire l'effet de distance : les objets les plus proches du spectateur sont dépeints à grands traits, alors que ceux du lointain sont indiqués en touches de plus en plus menues jusqu'à l'horizon. Dans la toile de Pissarro, pourtant, le coup de pinceau reste à peu près uniforme dans tout le paysage, si bien que sa touche tend à contrarier l'illusion d'espace et à forcer le spectateur à porter son attention sur la surface peinte.

Pour l'*Hermitage,* Pissarro a utilisé une toile au tissage inhabituel : un croisé à chevrons horizontaux. Mais, comme le tableau a été exécuté sur une autre peinture, la couleur couvre presque complètement la toile, sauf en certains endroits, comme le bord inférieur du tableau, où la couche est moins dense.

La peinture, de consistance riche et beurrée, a été appliquée en touches précises ou avec une large brosse dure bien chargée étendant des couches frais sur sec et par endroits des mélanges de couleurs frais sur frais. La palette est constituée surtout de terre d'ombre brûlée et de verts sombres, avec des tons plus vifs pour faire ressortir les personnages. Toutes les couleurs sont plus ou moins mélangées de blanc et donnent une couche solide et opaque, ce qui était d'ailleurs indispensable pour dissimuler la première composition.

A partir de cette époque, l'ambiguïté de l'espace et l'opposition entre l'aspect plat et l'illusion de profondeur sont souvent accentués plutôt qu'atténués par la présence de personnages dans les paysages de Pissarro. Les personnages étaient traditionnellement inscrits dans les paysages pour leur donner un sens : ils animent la scène et lui donnent une échelle facile à lire. Leurs costumes, leurs activités permettent de situer le tableau historiquement, géographiquement et socialement. Bien que ce tableau ne reçoive pas directement la lumière solaire pour projeter des ombres et définir avec précision l'emplacement des personnages, leur taille permet toutefois de les localiser. Le paysan incliné est soigneusement placé de façon que ses pieds, cachés par les légumes, masquent l'incertitude de sa situation dans l'espace, le potager jouant le rôle d'une ombre portée. Dans ses œuvre postérieures, le *Colline à l'Hermitage* (1873), par exemple, ces artifices sont abandonnés.

*Suivant les conseils de son maître Corot, Pissarro commença à peindre d'après nature en 1857 et la simplicité sans prétention de cette scène exécutée dix ans plus tard est bien dans la ligne des sujets de Corot. Le long format horizontal utilisé ici par Pissarro, encore qu'un peu plus grand, est comparable à ceux que préférait Corot. La toile est proche du format 80 marine vertical (146 x 89 cm). On trouvait souvent quelques différences légères dans le matériel ou les formats d'un marchand à l'autre. La grande taille de ce paysage laisse supposer que Pissarro le destinait au Salon et qu'il a été exécuté en atelier d'après des études "sur le motif". L'éclairage uniforme, gris clair, montre comment l'artiste a réussi à rendre son impression première.*

Ce détail montre les mouchetures blanches lumineuses de coups de pinceau irréguliers, reflétées par le vernis passé sur la peinture. La couche est épaisse et dense, la couleur riche et juteuse, abondante, pour épouser et construire les formes architecturales. Ainsi les traits de pinceau descriptifs remplacent le modelé clair-obscur utilisé traditionnellement en peinture pour créer le relief d'une structure. Le gris bleu du grand toit a été étalé au couteau, mais en général, la couche a été appliquée à la brosse en soies de porc. Des touches entrecroisées ont servi pour le feuillage.

Des traces de pinceau sèches et irrégulières sur le mur et l'arbre central restent de l'ancienne composition sur laquelle ce tableau a été peint. Les fortes touches horizontales de vert et de brun sont brisées par l'opposition des restes secs de la peinture du dessous. Les peintres réutilisaient souvent des toiles anciennes, faute de pouvoir acheter des supports neufs. La femme courbée est adroitement indiquée en quelques traits.

La palette de Pissarro pour ce tableau dont les verts doivent beaucoup à Courbet, comprenait probablement : blanc de céruse (1), noir (2), terre d'ombre (3), et de Sienne (4), ocre jaune (5), vermillon (6) ou terre rouge (7), bleu de Prusse (8), peut-être bleu de cobalt (9), vert viridien (10) et vert de chrome (11).

Détail grandeur nature. *La lumière qui frappe et se reflète sur la surface vernie révèle là aussi les restes de la composition précédente, car ces traces de pinceau n'ont pas de rapport avec le tableau présenté ici. Le vert clair au pied du mur, peut-être un mélange de vert de chrome, a été ajouté après l'arbre car les traces de vert clair s'arrêtent net au tronc. Noir, blanc et terre d'ombre sont juxtaposés dans le petit personnage et l'ocre jaune dans un mélange de noir et terre d'ombre, dessine le pantalon. La tête a été légèrement relevée et ramenée vers la droite. Les couleurs sont généralement brisées, mélangées sur la palette et appliquées frais sur frais sur la surface peinte.*

Colline à l'Hermitage *(1873), est sur une toile plus carrée, 20 paysage, qui révèle un traitement plus audacieux de la lumière et de l'espace. A l'inverse du précédent, la ligne d'horizon y est plus élevée. Mais on retrouve là aussi des bandes diagonales. L'ensemble donne une harmonie plate que soulignent la tonalité et l'éclairage uniformes. L'angle de vue élevé souligne l'enchevêtrement des blocs de maisons et de la terre. Pas de chute de lumière, ni d'ombre structurée pour le relief, mais un ensemble plat de formes est créé sur la surface peinte.*

1860
1870

# Pierre-Auguste Renoir

*Frédéric Bazille à son chevalet*
(1867)
Huile sur toile à enduit clair
105 cm x 73,5 cm

Si la majorité de ses collègues appartenait à la bourgeoisie, ou à la haute société, Renoir venait d'une modeste souche d'artisans. Son père était tailleur et sa mère, couturière. Il n'est donc pas surprenant que ses dons artistiques l'aient mené d'abord à une carrière artisanale. De 1854 à 1858, il fit son apprentissage dans un atelier de peinture sur porcelaine et, comme André, l'un de ses biographes, allait le noter plus tard : "Il a conservé de son premier métier de peintre sur porcelaine le goût des couleurs légères et transparentes". Lorsque Renoir décida de faire une carrière artistique, son respect de la tradition le conduisit à s'inscrire aux cours de dessin de l'Ecole des Beaux-Arts où il travailla chaque soir d'après modèle pendant deux ans à partir d'avril 1862. D'autre part, comme il recherchait l'enseignement d'un maître libéral mais cependant reconnu, il s'inscrivit chez Charles Gleyre ; on trouve le nom de ce professeur dans une demande d'autorisation de copier des gravures de la Renaissance adressée par Renoir au Cabinet des Estampes dès octobre 1861. Tandis que la plupart de ses amis avaient une fortune personnelle ou étaient financièrement aidés par leur famille, Renoir, lui, devait se procurer de l'argent pour payer ses cours.

Frédéric Bazille (1841-1870) venait, comme Cézanne, du sud de la France. Sa famille habitait Montpellier et était assez riche pour le faire vivre pendant qu'il étudiait la peinture. Lui aussi s'inscrivit à l'atelier de Gleyre, à l'automne 1862, et il y rencontra Renoir, ainsi que Sisley et Monet. Mais l'atelier de Gleyre ferma en mars 1864, en raison de difficultés financières et aussi de la mauvaise santé du maître, ce qui interrompit les études du groupe. Renoir et Bazille s'étaient liés d'une solide amitié pendant les années 1860 ; elle durera jusqu'à ce que le dernier fut tué au combat pendant la guerre de 1870. L'aisance de Bazille lui permettait d'aider Renoir, qui habita avec lui à Paris d'abord, en 1866, et de nouveau à l'automne de 1867, quand Renoir et Monet partageaient l'atelier de Bazille, rue Visconti.

C'est à cette époque qu'a été peint *Frédéric Bazille à son chevalet*. On y voit Bazille travaillant à sa *Nature morte au héron* qui existe encore aujourd'hui. La version de Renoir est très différente de l'original de Bazille. Alors que le travail de Bazille est minutieux et appliqué, la version de Renoir est d'une interprétation plus large, plus libre, qui ne s'accorde pas avec le mince pinceau de martre qu'il a mis dans la main de son modèle. La peinture de Renoir montre Bazille au premier plan dont il occupe presque toute la surface picturale. Bien qu'il soit tout entier à son travail, on perçoit fortement sa présence. Bazille était grand et maigre, on le comprend ici à ses jambes repliées.

Comme dans certains portraits de cette période par Degas et surtout par Manet, le modèle est dépeint entouré des attributs de sa profession ; ils révèlent au spectateur sa qualité et sa situation sociale. Le grand chevalet d'atelier, appelé chevalet mécanique ou anglais, montre que Bazille a une certaine fortune, car c'est un meuble coûteux. Conçu principalement pour de grandes toiles, il est muni de roulettes et peut être facilement changé de place. L'appui sur lequel repose le tableau s'élève et s'abaisse à la manivelle et le corps du chevalet peut être incliné pour modifier l'angle de travail du peintre. C'est une menuiserie complexe, généralement taillée dans un bois dur.

D'autres pièces du matériel d'atelier figurent dans cette toile. Bazille se sert d'une petite palette rectangulaire, comme celles que l'on trouve dans les boites de peinture portatives. Elle se place sous le couvercle et les couleurs qui y restent sont protégées de tout contact. Derrière Bazille, deux toiles sont tournées face au mur ; un bon moyen pour que la poussière ne tombe pas sur les couleurs encore fraîches. Le dos des toiles nous fournit d'autres renseignements ; on y voit que l'artiste emploie des clés de tension modernes alors en usage. Ces clés de bois sec, inventées en France vers 1750, étaient destinées à résoudre le problème des toiles ayant tendance à se déformer. Les clés de tension, que l'on voit ici au coin de la toile placée contre le mur, permettent de la retendre. Cependant, il faut procéder avec prudence, ne pas exagérer car, si la toile est relativement élastique, la couche de peinture ne l'est pas et une tension excessive la ferait craquer.

*On voit ici un chevalet d'atelier classique du XIX^e siècle, comme celui dont se sert Bazille dans le tableau de Renoir. Ce dessin provient du catalogue d'un marchand qui vendait ce genre de chevalet "anglais" de chêne ciré et de près de deux mètres de haut.*

*Palette probable de Renoir pour ce tableau : blanc de céruse (1), noir (2), terre d'ombre (3), de Sienne (4), ocre jaune (5), laque rouge (6), terre rouge (7), bleu de Prusse (8) et de cobalt (9) et vert de chrome (10).*

*Les portraits d'artistes du XIXᵉ siècle, peints par d'autres ou par eux-mêmes, fournissent des preuves visibles de leur rôle social et de l'idée qu'ils s'en faisaient. A cette époque, le statut social du peintre n'est pas défini et nombre d'entre eux mènent une vie de dandy ou de bohême en marge de la société. Ici, Renoir dépeint Bazille dans le rôle d'un artisan tout entier à son travail. Mais bien d'autres portraits montraient le peintre sous l'aspect du penseur, de l'intellectuel ou du rêveur, bien éloigné des aspects prosaïques de son métier. Cette interprétation rappelle le fossé traditionnel entre l'ouvrier et le penseur, l'artiste et l'artisan, profondément ancré dans la conception européenne. Renoir lui-même était un artisan entièrement voué à son métier, conscient de l'importance d'une parfaite maîtrise de ses outils et de la valeur des traditions. L'emploi du noir par Renoir pour les ombres rappelle la manière de Manet, comme son modelé ample et simple des volumes. La pose de Bazille est typique : la palette dans la main gauche, le pouce passé dans le trou prévu et un bouquet de pinceaux entre les doigts.*

Détail grandeur nature. *Les nuances ont été dénaturées et décolorées par le vernis et la poussière incrustés dans les crevasses, notamment dans la palette. On distingue aussi la poussière dans la trame : elle donne un effet moucheté non recherché. Les teintes de la main sont habilement appliquées d'un trait sûr.*

*Une couche de gris dense a été passée sur le fond d'une grande partie de l'arrière-plan ; elle dessine les contours du personnage. La couleur du montant à droite a été appliquée à grands traits sur le gris déjà sec. A cette époque, les murs d'atelier étaient généralement gris, nuancés d'une teinte neutre. Une harmonie subtile de terre d'ombre, de gris et de blanc domine cette partie du tableau. La couleur est mince mais dense et d'une touche délicate, plumeuse, déjà caractéristique de Renoir.*

Le portrait indique que Bazille travaille sur une toile du commerce déjà apprêtée : la tranche visible à gauche n'a pas la couleur de la toile écrue mais elle est couverte d'un enduit pâle que l'on voit sur le pourtour du cadre. Une toile préparée à l'atelier est normalement enduite après voir été tendue et le fond n'apparaît que sur la surface.

Ici, Renoir, lui aussi, a dû utiliser une toile toute apprêtée car le fond, bien que couvert de peinture, est de couleur mastic ; on le voit sur le bord non peint à gauche. Cependant, elle n'est pas d'une taille standard. Le portrait montre l'influence de Manet sur la composition, le genre et la facture. Le personnage est librement traité en grandes taches de couleur relativement plates, sans tonalités subtiles. Des contours nets dessinent la forme. Mais l'application de la couleur montre la touche personnelle de Renoir, une qualité délicate, plumeuse. Le coup de pinceau de Renoir allait se révéler admirablement fait pour rendre la vibration de la lumière naturelle dans son travail impressionniste. Les teintes atténuées de sa palette conviennent bien ici au décor d'atelier avec ses murs traditionnellement gris-vert sombres. La terne couleur du fond s'accorde bien aux harmonies de la surface peinte. Manet admirait cette toile qui allait faire partie de sa collection. On ignore s'il s'agit d'un don de Renoir ou si, au contraire, Manet l'a achetée pour venir en aide au jeune artiste. Cette toile montre à quel point était importante l'amitié entre les artistes.

# Claude Monet

## *Les Bains de la Grenouillère* (1869)

Huile sur toile apprêtée blanche
73 cm x 92 cm

Pendant les années 1860, Claude Monet partagea son temps entre sa maison natale sur la côte normande, et Paris et ses environs. Au début de la décennie, il travailla surtout près de Fontainebleau, point de ralliement des peintres paysagistes de la célèbre école de Barbizon. Durant cette période, il subit l'influence de ses aînés, tel Courbet, qui avaient une prédilection pour les paysages sombres de forêt. Mais à mesure que son style impressionniste et ses pôles d'intérêt évoluaient, son goût pour les paysages plus vastes et ensoleillés, pour les parcs, les jardins, grandit également, et parallèlement, pour les dépeindre, il dut compléter sa palette. Cette évolution l'amena à préférer de plus en plus les paysages du nord et de l'ouest de Paris : Ville d'Avray, où il commença ses *Femmes au jardin* en 1866, et Bougival où il exécuta le célèbre tableau : *Les Bains de la Grenouillère,* trois ans plus tard.

La Grenouillère était une baignade et un lieu de canotage célèbre, très prisé des excursionnistes des fins de semaine durant le Second Empire et les années suivantes. On y trouvait un restaurant sur l'eau qu'on peut voir dans une autre des toiles de Monet peintes au cours des deux mois d'été qu'il y passa en 1869 et on le trouve également dans des œuvres similaires de Renoir qui travaillait souvent assis à ses côtés. Cette baignade était située dans l'île de Croissy, face à la rive gauche de la Seine.

Dans cette toile de Monet, qui fait face au nord-est, le soleil de l'après-midi tombe de derrière le peintre — un effet de lumière qu'il avait dû trouver dans les travaux d'atelier de Manet. Mais bien que l'éclairage soit reçu de face, il ne donne pas l'extrême luminosité qui baignerait un paysage de grand plein air. Au contraire, en raison de la proximité d'arbres serrés et au branchage retombant, Monet a exécuté une étude de volumes alternés sombres, percés de taches éclatantes de soleil, aboutissant à des contrastes de lumière et d'ombres, réminiscence du travail de Manet au début des années 1860. L'aspect juteux de la couleur de Monet est également semblable à celui que l'on trouve dans l'œuvre de Manet à la même époque.

Mais à l'inverse de Manet, ce paysage a été réalisé en plein air et les traits de pinceau témoignent de la rapidité indispensable pour retenir les notations fugitives de la scène. La couche de peinture est généralement opaque et couvre le fond blanc, sauf dans la partie plus rapidement enlevée, le coin supérieur droit. Mais le fond clair concourt à préserver la luminosité de la couche de peinture précédemment nettoyée. Une lettre de Monet à son ami Frédéric Bazille, datée du 25 septembre 1869, alors qu'il travaillait à la Grenouillère, établit clairement que Monet suit encore la méthode traditionnelle et qu'il considère cette étude comme une ébauche devant servir à l'exécution en atelier de travaux plus importants.

Ici, le coup de pinceau de Monet est vigoureux et les touches séparées bien visibles montrent qu'il s'est servi de brosses de soies de porc larges de un à deux centimètres. Il n'y a guère de différence entre le coup de pinceau du premier et de l'arrière-plan qui puisse donner un effet de profondeur, bien que les touches horizontaux plus uniformément droites et les teintes pastel de l'eau dans le lointain esquissent une impression de recul et de profondeur. Le coup de pinceau est puissamment expressif et saisit les caractéristiques de chaque forme. Des touches longues et ininterrompues dessinent les bateaux, les barbouillages courts et horizontaux évoquent l'eau au premier plan, et de brusques petits coups de la pointe de la brosse ont servi pour les fleurs et le feuillage. Monet rejetait le coup de pinceau glissé traditionnel qui ne créait qu'une texture illusoire ; au contraire, sa facture variée aide à évoquer la texture naturelle. L'art avec lequel Monet résume le caractère essentiel de ses paysages apparaît déjà dans ses premières études qui exigeaient une grande habileté à capter de façon concise les traits essentiels.

La palette de Monet pour cette Grenouillère est déjà plus limitée et se rapproche de la gamme restreinte des Impressionnistes. Le noir — l'absence de lumière — paraît avoir été abandonné, ce qui confirme qu'il s'éloigne de l'influence de Manet. La plupart des couleurs typiques de la palette impressionniste de Monet sont déjà en évidence. Le vermillon, l'une des rares couleurs classiques que Monet utilise, se retrouve presque à l'état pur dans les fleurs rouges, à gauche, et mélangé ailleurs à d'autres couleurs. Les verts sont viridiens, émeraude et de chrome, ce dernier est un alliage de bleu de Prusse et de jaune de chrome très répandu alors dans le commerce. Les trois verts sont des couleurs de l'époque. Un mélange de jaune de chrome et de jaune citron a été utilisé dans les parties les plus claires des arbres de l'arrière-plan. Mais en raison de leur tendance à noircir en présence des sulfures, les jaunes de chrome seront abandonnés par les Impressionnistes vers 1870. Monet les remplaça par des jaunes de cadmium plus stables. Le violet de cobalt que l'on trouve à partir de 1859, est le premier pigment de violet pur et dense mis sur le marché et les peintres l'adoptent aussitôt. Monet l'utilise ici en mélange pour l'eau du premier plan, par exemple. Il emploie le bleu de Prusse, inventé au début du XVIIIe siècle dans ses

*Cette scène de loisirs s'anime sous le pinceau de Monet. Tout en décrivant le sujet, les traits de pinceau de taille à peu près égale dans l'ensemble du tableau, lui donnent son unité. La densité générale et la consistance de la couleur, concourent à cet effet. Les teintes sont mélangées à l'avance et le sont également sur la toile. Le tableau est un 30 portrait.*

tonalités plus sombres, comme les costumes de bain, mais le bleu de cobalt pour le bleu brillant de l'eau. Il se servira tout au long de sa carrière de blanc de céruse mais, comme les forts contrastes forment l'assise de ses compositions, son rôle ici est assez limité. A partir de 1870, Monet l'utilisera généreusement dans ses mélanges, ce qui donnera à ses toiles une nouvelle luminosité et un aspect pastel, quand il cherchera à rendre les teintes claires et les contrastes lumière-ombre réduits au minimum dans ses paysages baignés de soleil. Il est intéressant de noter qu'une catégorie de couleurs communément utilisées par Monet après 1870 — les laques rouge garance — est absente dans cette peinture. L'alizarine artificielle, plus durable que le rouge extrait de la racine de garance, n'a été découverte qu'en 1868, ce qui peut expliquer son absence ici. Vers 1870, Monet abandonne le bleu de Prusse et peut-être même le vert de chrome. Il associe les frottis de couleurs mélangées frais sur frais sur la toile avec des nuances toutes prêtes. Ainsi les sombres harmonies des bateaux sont obtenues par un mélange de couleurs complémentaires, comme le rouge et le vert qui donnent des valeurs sombres plus lumineuses.

*La palette utilisée par Monet pour cette œuvre a été analysée par la* National Gallery. *Elle comprenait : blanc de céruse (1), jaune de chrome (2), jaune citron (3), vermillon (4), bleu de Prusse (5), bleu de cobalt (6), vert émeraude (7), vert viridien (8), vert de chrome (9) et violet de cobalt (10).*

Détail grandeur nature. *La couche du mélange franc de bleu et de blanc laisse voir le premier fond vert olive. Le procédé accentue la vibrante impression de scintillement lumineux et coloré. Les couleurs des robes ont été travaillées frais sur frais — bleu, blanc et vermillon ou bleu, gris et blanc. Des traces d'anciens coups de pinceau zèbrent la couche nouvelle. La passerelle est renforcée par une traînée de bleu-rose pâle sur noir.*

# Introduction

**1870 1880** Les années 1870 virent l'apogée de l'Impressionnisme que ce soit comme mouvement artistique cohérent ou comme style de peinture. Au cours de cette décennie les peintres se consacrèrent au paysage et aux scènes de la vie parisienne. Les aimables campagnes de la vallée de la Seine entre Paris et la Normandie seront la principale source d'inspiration de Monet, Sisley et Pissarro. Renoir, qui travailla constamment aux côtés de Monet pendant la première partie de cette période, peignit également de nombreuses scènes d'intérieur, des personnages et des scènes de la rue. Monet et Renoir seront rejoints par Manet à Argenteuil en 1874.

Dans les tableaux du Manet de cette époque, les personnages dominent, même dans ses toiles de plein air, et dans le même temps il éclaircit sa palette. Dans ces années-là, Degas et Manet conservent leur inspiration des années 1860 : ils peignent surtout la vie parisienne, les boulevards, les cafés, l'Opéra et les ballets. Gustave Caillebotte partage son œuvre entre la ville et les champs. Les premières tentatives impressionnistes de Mary Cassatt datent de la fin de la décennie. Ses sujets sont l'Opéra et les scènes d'intérieur ou de plein air avec personnages. Elle choisit souvent des thèmes semblables à ceux de Berthe Morisot mais leur style et leur facture restent très personnels. Pissarro et Cézanne travaillent souvent ensemble sur le paysage, encore que Cézanne partage son temps entre Paris et sa Provence natale.

**Les principes de base de l'Impressionnisme**
Dans un artiste écrit en 1883, le jeune poète symboliste, Jules Laforgue (1860-1887) fait une description perspicace et compréhensive du style des Impressionnistes. Il explique que le peintre impressionniste est celui qui “oubliant les tableaux entassés depuis des siècles dans les musées, oubliant l'enseignement artistique de l'école - ligne, perspective, couleur - à force de vivre et de regarder franchement et d'abord la lumière du soleil — loin de son atelier pauvrement éclairé — a réussi à se refaire un œil neuf, à regarder naturellement et à peindre tout simplement ce qu'il voit”. Pour se libérer de l'optique conventionnelle scolastique de dessin, d'espace et de clair-obscur, les Impressionnistes allaient rééduquer leur regard par l'observation soigneuse des effets de la lumière dans la nature. Il leur fallait apprendre à ne plus voir le paysage avec le regard maniéré de la peinture de l'Ecole.

La photographie leur procura une vision du monde autre que celle de la peinture, et les estampes japonaises offrirent encore une autre option artistique. Ami et mécène des Impressionnistes, Théodore Duret, homme politique et critique d'art, fait ressortir en 1878 dans un important essai : “Avant le Japon, c'était impossible : le peintre mentait toujours. La nature avec ses couleurs franches, était certes bien visible, pourtant personne n'avait jamais vu sur la toile que des couleurs estompées, noyées dans une pénombre générale”. Avec leurs “couleurs franches placées côte à côte”, les Japonais montrent “un nouveau moyen de reproduire certains effets de la nature qui avaient été ignorés ou jugés impossibles à rendre”. Et Duret conclut : “Lorsque les Impressionnistes eurent pris à leurs prédécesseurs immédiats de l'Ecole française leur manière directe de peindre en plein air d'après leur première impression et d'un pinceau vigoureux et qu'ils se furent emparés des audacieuses harmonies de couleurs des Japonais, ils se sont fondés sur ces acquisitions pour affirmer leur originalité propre et s'abandonner à leurs sensations personnelles”.

Pendant que leurs anciens compagnons, Manet et Degas, restaient fidèles à la méthode du travail à l'atelier, encore que leur style fût bien nouveau, les jeunes, Monet, Renoir, Pissarro, Morisot, Sisley et Cézanne, profitaient de leur travail en plein air pour découvrir de nouveaux moyens de dépeindre le monde réel. Ils abandonnèrent les forts contrastes de lumière et d'ombre de la peinture romantique et réaliste. Ils repoussaient surtout l'usage des couleurs terreuses, des bruns et des noirs qui dominent encore en 1860 la palette de Manet et Degas. Au contraire, ils explorèrent les teintes claires, les riches harmonies de valeurs de Corot, les ciels lumineux des marines de Boudin et même les ombres denses et transparentes qui réduisent la profondeur picturale des tableaux d'Ingres. Ils commencèrent à exploiter plus pleinement les propriétés lumineuses des enduits clairs du commerce et ils remplacèrent peu à peu la terne ébauche traditionnelle par une couche vivement colorée et de la même harmonie qui règnera dans le tableau terminé. Ils continuèrent et multiplièrent les études de plein air en vue de réaliser l'œuvre définitive.

**Les supports**
Si les paysagistes du début du XIX^e siècle utilisent souvent avec bonheur la sombre surface de l'acajou, les Impressionnistes préfèrent l'élasticité et la texture de la toile tissée. A l'époque, le papier et le carton enduits servent souvent aussi de supports pour les études à l'huile, par économie et parce qu'ils sont faciles à transporter. La toile est un tissu rugueux de lin ou de coton et même de chanvre. Son usage généralisé remonte aux peintres de la Renaissance italienne. L'extension de l'usage de toile coïncide avec le

développement de la culture du lin à partir du Moyen Age. Il sera le textile le plus répandu en Europe jusqu'à la fin du XVIIIe siècle date à laquelle on commencera à importer le coton des Etats-Unis. La toile fut d'abord utilisée dans la peinture de chevalet au Moyen Age uniquement comme support de l'enduit en plâtre de la peinture sur bois ; elle ne devint que lentement un support indépendant. L'usage de la toile se répandit et suivit le développement de la peinture à l'huile. Sa texture invitait aux expériences chez les peintres vénitiens, en particulier, au travail expressif de la brosse et de la couleur à l'huile qui donnait des effets d'une sensibilité impossible à obtenir avec la détrempe à l'œuf trop vite sèche du panneau de bois.

Au début du XIXe siècle, on vendait en France des toiles toutes prêtes de dimensions standard. Les formats disponibles, plutôt carrés ou rectangulaires, pour portraits ou personnages, allaient du petit n° 3, environ 15 x 20 cm, au plus grand, le n° 120, 190 x 120 cm. Au début de 1830, un format "paysage" plus allongé apparut, et un "marine" plus allongé. Vers 1850 on trouve cinq séries de toiles chez les marchands : le portrait, le paysage vertical et horizontal, le marine vertical et horizontal. Dans chaque série, le côté le plus court a toujours la même taille, seul le côté allongé varie de longueur. Les numéros de code de ces formats viennent probablement du XVIIe siècle : le théoricien Roger de Piles rapporte que les toiles étaient désignées selon leur prix. Une toile "de vingt sous" avait une certaine dimension communément acceptée. C'est ainsi que la toile qui coûtait vingt sous devint le format 20.

Avant l'ère du tissage mécanique, la largeur de la toile dépendait de la distance à laquelle le tisserand pouvait lancer sur son métier, sa navette à travers la chaîne. En France, la largeur allait de un mètre à un mètre quarante. Quand on examine les formats standardisés, on constate qu'ils ont été coupés pour réduire les chutes au minimum. Quant à la grande toile, comme celle des sujets historiques le plus souvent destinés aux expositions du Salon, le peintre la commandait sur mesure et elle était faite de lés cousus parallèlement.

Le filage et le tissage mécaniques du lin n'intervinrent qu'une cinquantaine d'années après l'invention du tissage mécanique du coton ; aussi les toiles de lin ne deviendront-elles communes qu'au milieu du XIXe siècle. Bien que l'utilisation de grandes toiles d'une seule pièce soit devenue alors plus facile, la mode fut, au contraire, aux toiles de chevalet de formats plus réduits. Elle fut déterminée par deux facteurs importants : la demande continue de "paysages", qui excluait les grands tableaux intransportables, et l'obligation pour les peintres d'exécuter des travaux plus réduits pour satisfaire la clientèle de la nouvelle bourgeoisie, aux ressources limitées et aux demeures de dimensions modestes.

La plupart des peintres du XIXe siècle utilisaient des formats standard pour leur peinture de chevalet classique. Les Impressionnistes qui vinrent à leur suite allaient en faire un usage plus approprié. Ainsi, les exigences commerciales eurent une influence directe sur l'une des bases de la création artistique : le choix du format du tableau. Ce choix influençait naturellement celui du sujet qui doit respecter le format et les limites de la toile. L'artiste choisit donc la taille du tableau selon le sujet qu'il a en tête. La disposition de la composition sur la toile est appelée "la mise en page". C'est un des facteurs essentiels, encore que sous-estimé, de la peinture impressionniste. Il révèle que l'Impressionniste réfléchissait longuement à son œuvre, contrairement au mythe tenace de sa naïve spontanéité.

**Les supports sur mesure**

Bien que la majorité de leur œuvre ait été peinte sur toiles de format standard, les Impressionnistes ne s'en contentaient pas toujours. Ils ont fait des essais sur des toiles de format inhabituel, soit pour des sujets

Ci-dessous : *Tableau des formats standard. Au XIXe siècle les peintres disposaient d'une large gamme de toiles apprêtées fabriquées commercialement. Les formats qui figurent ici, – cinq séries qui vont du "portrait" à la "marine horizontale" – étaient sur le marché vers 1850 et se vendaient encore en 1890. Cette table est extraite du catalogue de 1896 du marchand de couleurs Lefranc.*

FORMATS STANDARDS DES TOILES

| NO | FIGURE | PAYSAGE | | MARINE | |
|---|---|---|---|---|---|
| | | HORIZONTAL | VERTICAL | HORIZONTAL | VERTICAL |
| 1 | 21,5 x 16 | 21,5 x 14 | — | 21,5 x 11,5 | — |
| 2 | 24,5 x 19 | 24,5 x 16 | — | 24,5 x 14 | — |
| 3 | 27 x 21,5 | 27 x 19 | — | 27 x 16 | — |
| 4 | 32,5 x 24,5 | 32,5 x 21,5 | — | 32,5 x 19 | — |
| 5 | 35 x 28,5 | 35 x 27 | 35 x 24 | 35 x 21,5 | 35 x 18,9 |
| 6 | 40,5 x 32,5 | 40,5 x 29,7 | 40,5 x 27 | 40,5 x 24 | 40,5 x 21,5 |
| 8 | 46 x 38 | 46 x 35,1 | 46 x 32,5 | 46 x 29,7 | 46 x 27 |
| 10 | 55 x 46 | 55 x 43,2 | 55 x 38 | 55 x 35,1 | 55 x 32,5 |
| 12 | 61 x 50 | 61 x 45,9 | 61 x 43,2 | 61 x 40,5 | 61 x 38 |
| 15 | 65 x 54 | 65 x 48,5 | 65 x 45,9 | 65 x 43,2 | 65 x 40,5 |
| 20 | 73 x 59,5 | 73 x 56,7 | 73 x 54 | 73 x 51,3 | 73 x 48,5 |
| 25 | 81 x 65 | 81 x 62,1 | 81 x 59 | 81 x 56,7 | 81 x 54 |
| 30 | 92 x 73 | 92 x 70,2 | 92 x 67,5 | 92 x 64,8 | 92 x 62,1 |
| 40 | 100 x 81 | 100 x 73 | — | 100 x 65 | — |
| 50 | 116 x 89 | 116 x 81 | — | 116 x 73 | — |
| 60 | 130 x 97 | 130 x 89 | — | 130 x 81 | — |
| 80 | 146 x 113,4 | 146 x 97 | — | 146 x 89 | — |
| 100 | 162 x 130 | 162 x 113,4 | — | 162 x 97 | — |
| 120 | 194 x 130 | 194 x 113,4 | — | 194 x 97 | — |

particuliers, soit au cours de leurs recherches. Ces toiles étaient donc taillées sur mesure et déjà apprêtées. Monet et Degas essayèrent souvent de nouveaux formats. Certaines études de Monet vers 1870, paysages et marines hollandaises, furent exécutées sur des toiles choisies pour accentuer les horizons plats de la Hollande. Elles sont de forme encore plus allongée que le plus long format "marine" du commerce. Par ailleurs, les peintres commençaient aussi à explorer les possibilités du format carré.

Monet et Degas, tous deux, commencent à l'utiliser aux approches de 1880 et Pissarro et Gauguin les suivent de près. En raison de la symétrie des côtés, le tableau carré accentue l'aspect plat de la composition ; il rend plus difficile de créer l'illusion de réalité à laquelle se prête mieux le format rectangulaire. Aussi les artistes académiques évitent-ils le format carré dans lequel les Impressionnistes trouvent au contraire un problème passionnant à résoudre. Sur une toile carrée, ils peuvent affronter les questions de mise en page et d'harmonie à créer entre l'illusion de profondeur et la composition sur une surface plane.

**L'enduit**

Les marchands du XIX^e^ siècle ne vendent pas seulement des toiles standard déjà tendues sur leur chassis, ils les vendent aussi tout enduites pour qu'elles puissent être employées immédiatement. Cet enduit du commerce est passé sur de grandes surfaces de toile taillées et clouées ensuite sur leur chassis. On peut donc reconnaître l'enduit du commerce en examinant le bord de la toile, puisque l'enduit est visible sur le dos du cadre. Il ne l'est pas dans une toile enduite à la main à l'atelier.

Dans le commerce, la toile est tendue sur d'énormes cadres de bois posés sur trétaux et l'enduit est appliqué horizontalement. Au moyen d'outils comme la lame à enduire qui remonte bien avant le XVII^e^ siècle, on passe une première couche de colle d'apprêt. Deux ouvriers, placés de chaque côté de la toile, puisent la préparation à la louche et l'étendent en couche mince avec la lame à enduire, en allant et venant du centre vers le bord. La couche d'apprêt comble les pores de la toile, la rend moins absorbante et moins vulnérable, donc, aux effets corrosifs des oxydes présents dans l'huile du fond, c'est-à-dire la couche suivante. La colle sèche et prévient aussi tout jeu du tissu. La surface est alors frottée légèrement à la pierre ponce qui supprime le duvet et les irrégularités du tissage. On applique ensuite l'enduit à la lame, une ou deux couches denses de couleur à l'huile — théoriquement, on laisse longuement sécher chaque couche. L'un des inconvénients des toiles du commerce, c'est que le peintre ne peut savoir quand la toile a été enduite et si elle a été séchée suffisamment longtemps. Une peinture exécutée sur un fond insuffisamment sec peut se couvrir par la suite de craquelures. Malgré ce danger, il est rare qu'un peintre prenne la peine de préparer lui-même sa toile. Or, comme un fond à l'huile peut fort bien ne pas être encore sec après plus d'un an, on conseille aux artistes de se procurer des toiles longtemps à l'avance afin de travailler sur un fond solide.

Les surfaces à double couche et relativement lisses étaient généralement plus employées avant 1870. Par la suite les expériences des Impressionnistes firent le succès de la texture grenue de la toile enduite d'une couche unique. Un catalogue de marchand de couleurs de 1883 explique : "La texture du tissu sous le fond préparé laisse à la toile un grain intéressant qui aide à passer et à étendre les couleurs ; elle est utile pour donner un accent particulier aux différents objets représentés. Les toiles sont à gros grain ou à grain plus fin, qui peuvent convenir aux grands et petits sujets ou aux différents styles... Les toiles peuvent être plus ou moins couvertes d'enduit. Celles enduites d'une couche épaisse conviennent mieux aux personnages de taille réduite et à un travail achevé ; les toiles légèrement enduites sont mieux adaptées à une facture libre et enlevée".

De nombreuses toiles de poids et de tissage différents se trouvaient dans le commerce. Le lin était le plus répandu mais on trouvait aussi des tissus de coton et de chanvre. Le croisé uni ou à diagonale était également très usité. On trouve aussi des tissages plus rares comme le croisé à chevrons. Le choix du poids de la toile dépendait du format du tableau... et des moyens financiers du peintre. Les élèves utilisaient souvent de la toile pour études ou la toile ordinaire, plus répandue.

**Le support et la texture de la couleur.**

Chez les Impressionnistes, Monet et Pissarro préféraient tous deux une toile grenue, couverte d'une seule couche d'enduit sur laquelle ils travaillaient avec une brosse dure. Leur matière picturale, avec ses traînées, ses touches grasses, beurrées, s'accrochait solidement à la texture de cette toile, qui servait en même temps à casser le mouvement du pinceau lourdement chargé. On obtenait ainsi un travail de couleurs pointillé et vibrant à travers lequel on pouvait voir le fond. Quand on travaille sur une toile ou un panneau de bois à enduit lisse, il est possible de superposer des couches transparentes qui laissent voir les couleurs précédentes. Mais les touches distinctes et étirées

Danseuses *(vers 1880) de Degas n'est pas terminé. Ce qui fait que la tonalité chaude uniforme de la toile apparaît entre les couleurs. Ce tableau, et le* Portrait de Duranty *(1879), révèlent Degas essayant les possibilités de composition qu'offre le format carré. Les motifs décoratifs abstraits qui soulignent l'absence de relief sont plus faciles à rendre sur format carré. Ici les formes géométriques s'opposent à l'apparence nébuleuse des tutus placés devant. Les danseuses sont disposées sur une diagonale de droite à gauche qui s'oppose à celle de la banquette du premier plan. Les rectangles de l'arrière-plan sont parallèles à la surface peinte plane et la renforcent. Les parties inachevées offrent un contraste harmonieux dans le sujet terminé. Le frottis, visible sur le plancher, révèle des embus inévitables sur un support relativement absorbant – cette toile n'a pas été enduite mais probablement passée à la colle.*

de Monet, Pissarro, Sisley, Morisot et Cassatt ne sont possibles qu'en combinant les propriétés d'une couleur riche appliquée à la brosse dure sur une toile grenue. C'est pour cette raison que les Impressionnistes ne se sont presque jamais servi de supports de bois.

Certes le blanc était la couleur la plus commune des enduits du commerce au XIX^e siècle mais on trouvait également en boutique une vaste gamme de toiles à enduit clair : beige, crème, gris rosé, gris bleu, mastic, chocolat clair et jaune doré. Aucune ne dépassait la valeur d'une demi-teinte et la plupart étaient beaucoup plus claires. L'une des grandes innovations des Impressionnistes, dans leur souci de rendre la lumière du plein air, voulait que l'harmonie tonale de leur peinture soit claire et lumineuse. Il était donc logique d'utiliser des enduits blancs ou clairs comme on avait usé de fonds sombres dans la peinture académique. Les fonds sombres étaient employés pour accélérer l'exécution, car leur demi-teinte jouait un rôle en donnant à la toile un accent uniforme.

Au cours des années 1860, la densité de la surface peinte entièrement couverte cachait le plus souvent les fonds clairs dont se servaient les Indépendants, mais à partir de 1870 le fond sera de plus en plus exploité comme couleur ou valeur en soi. Des parties de fond blanc ou teinté, non recouvertes, se distinguent à travers les taches de couleur librement jetées sur la surface peinte. En choisissant une teinte de fond appropriée à l'effet de luminosité qu'il recherche, le peintre économise un temps précieux, lorsque la rapidité d'exécution est nécessaire pour capter un effet de lumière.

Incorporer la teinte du fond à la composition évitait aussi de couvrir entièrement la toile, obligation qui avait été longtemps considérée comme un grand désavantage des fonds clairs. Un fond blanc sur lequel toutes les couleurs chantent était une base parfaite pour les Impressionnistes qui cherchaient à capter les subtiles valeurs de couleur, les plus infimes variations des teintes et des couleurs chaudes ou froides de la lumière de plein air.

**Peindre la couleur et la lumière**

Les fonds blancs ou clairs agissent comme un champ lumineux uniformisant, une sorte de métaphore visuelle pour dépeindre les effets de lumière brillante. En termes de physique, la propriété que possède le blanc de refléter la lumière, renvoie cette lumière dans l'œil du spectateur et souligne l'apparence lumineuse de la surface peinte. La texture irrégulière de la toile à grain et son unique couche d'enduit accentue cet effet qui disperse la lumière refléchie et donne une apparence pastel clair. Ainsi, Monet, Pissarro, Sisley, Morisot, Cassatt et, jusqu'à un certain point, Cézanne, Manet et Degas, lorsqu'ils brossent des couleurs siccatives chargées de blanc de céruse, intensifient l'accent pastel clair de leur travail.

La peinture à l'huile tire sa richesse de la couleur, de sa transparence luisante, du liant à l'huile qui permet à la lumière de pénétrer profondément entre les particules de pigment, si bien que lorsqu'elle revient au regard du spectateur elle est chargée de couleur. A l'inverse, une peinture qui contient peu de liant à l'huile apparaît mate et claire parce que la lumière revient aussitôt au regard avant d'avoir pu se saturer de couleur. C'est pourquoi, dans la nature, les surfaces humides paraissent plus sombres que les parties sèches. Les Impressionnistes savaient que l'effet crayeux, pastel, produit

*Exemples de toiles du XIX^e s. Envers d'une toile d'étude apprêtée.*

*Endroit de la toile d'étude apprêtée d'une couche de ton clair, un fond pâle.*

*Toile demi-fine enduite d'une couche de gris pour une surface à grain.*

*Toile demi-fine avec deux couches de gris pour donner une surface lisse.*

*Toile de croisé sans apprêt. On voit la texture diagonale (1900).*

La Plage à Trouville *(1870) de Monet. Il y a des grains de sable dans la couleur. On l'a constaté lors du nettoyage du tableau en 1965. Le fond gris apparaît entre les taches de couleur, sur le sable, au centre, et autour des chaises. Il harmonise les valeurs et évite de peindre toute la toile.*

par une peinture pauvre en huile imite fort bien les effets clairs de la lumière naturelle réfléchie. On sait que Monet et Degas — ainsi sans doute que nombre de leurs contemporains — exprimaient le plus d'huile possible de leurs couleurs avant l'usage. L'un des moyens consistait à laisser la couleur quelques minutes sur un buvard. Degas diluait ensuite cette pâte à la térébenthine et la passait en couches minces et mates, alors que Monet et les autres Impressionnistes, à l'exception de Cézanne et de Renoir, l'appliquaient telle quelle, comme une pâte crayeuse parfaite pour les accents abrupts et empâtés. Il n'est pas surprenant, donc, que les volumes clairs et mats des grands pastels de Millet exposés à Paris en 1875, aient eu tant de succès.

Dans la peinture impressionniste, les fonds clairs servent souvent à exprimer les harmonies les plus pâles. Ainsi les parties de fond laissées visibles dans la surface peinte remplacent la couleur, comme les tons clairs du haut de la gamme des tonalités. Dans l'œuvre de Cézanne, en particulier, les fonds clairs ou blancs restaient visibles comme rehauts lumineux. A mesure que leur technique et leur connaissance de la couleur deviennent plus approfondies, les Impressionnistes commencent à exploiter les possibilités de fonds teintés pour leurs possibilités et leur valeur propre.

Ils connaissaient les théories importantes de Chevreul sur la couleur et expérimentèrent les effets des contrastes de couleurs. Ces effets sont plus forts lorsque deux couleurs opposées sur le cercle chromatique sont placées côte à côte. Les peintres employaient ces contrastes de complémentaires pour donner tout son accent à leur représentation des effets de lumière et de couleur. Ainsi un fond crème, demeuré visible dans un ciel bleu traité librement avec un frottis de nuages blancs, produit un effet optique de soleil brillant et chaud. La valeur chaude du ton crème est rehaussée — paraît plus chaude et plus rosée — par le bleu voisin qui, lui, apparaît par conséquent plus froid. Le ton crème à travers les nuages ajoute un effet de chaleur. Cette exploitation calculée des effets de couleur donne une légèreté éthérée impossible à obtenir avec une juxtaposition plus conventionnelle — et amortie — des couleurs. Ainsi, ces voiles de couleurs translucides et contrastées ou ces franches traînées de pinceau dense sur un fond teinté permettent à ces peintres de créer une extraordinaire impression de nature. Ils savent que la température des couleurs joue un rôle important dans la peinture des effets de lumière naturelle et que la différence entre les couleurs chaudes ou froides permet à l'œil de distinguer les variations très subtiles de couleur et les imperceptibles contrastes de nuances.

Le contraste et les juxtapositions de couleurs chaudes et froides servent également à évoquer la forme sans recourir au modelé traditionnel. On sait, en effet, que les couleurs chaudes paraissent avancer, alors que les couleurs froides s'éloignent. Dans la nature, la lumière jaune et chaude du soleil contraste avec le reflet bleu-violet des ombres. Ainsi lorsque les couleurs sont de valeur équivalente mais offrent ces contrastes chauds et froids, on peut les utiliser pour décrire une forme ou un mouvement. On peut aussi exploiter la différence de valeur intrinsèque des couleurs. En effet, dans le spectre, le bleu est d'une tonalité relativement sombre comparé, par exemple, au jaune pâle, mais quand on les associe, ils produisent de pures équivalences lumineuses aux oppositions noir-blanc traditionnelle et donnent sa structure au sujet.

Leur étude prolongée des effets de lumière de plein air amena les Impressionnistes à remettre en question les idées reçues de la couleur "locale". Cette couleur "locale" est la couleur réelle des objets — le vert de l'herbe ou le jaune des citrons. Ils avaient remarqué que la couleur de chaque objet se présente au regard modifiée par les couleurs refléchies par les objets environnants ainsi que par la lumière du jour ou du soleil. Aussi, plutôt que de donner aux objets leur couleur traditionnelle, s'efforcèrent-ils de peindre les couleurs qu'ils voyaient réellement.

*Cézanne a peint* Le Lac d'Annecy *au cours d'un voyage à Talloires en 1896. On y voit comment les contrastes de la température des couleurs — froides ou chaudes — peuvent remplacer les notations de lumière et d'ombre pour créer une impression de relief et d'espace. Les chaudes teintes jaune-rosé sur la tourette centrale indiquent le côté frappé par la lumière, qui tombe de gauche à droite. Par opposition, le côté ombre, à la lumière réfléchie du ciel, est teinté de bleu. L'éclairage général de plein air réduit au minimum les contrastes de lumière et d'ombre ; les teintes sont d'une valeur très proche.*

Le cercle chromatique des teintes *de Chevreul, publié en 1839, montre que les couleurs qui s'y trouvent opposées — les couleurs complémentaires — se mettent mutuellement en valeur.*

Ci-dessous : *Dans* Le Pont à Villeneuve-la-Garenne *(1872) d'Alfred Sisley, le soleil de midi tombe droit sur la scène. Toutes les ombres ont disparu sauf celles du pont.*

## Nouveaux horizons

Les Impressionnistes recherchaient pour leurs peintures l'éclairage naturel en raison de l'éclat lumineux de ses effets et de l'absence de violents contrastes de tons. Les Romantiques et les Réalistes comme Courbet avaient, selon les termes d'Edmond Duranty, le critique ami de Degas : "... persuadés que la lumière n'existe qu'à la condition d'être entièrement entourée d'ombre. La cave avec un rayon de lumière tombant d'un soupirail étroit...". Les Impressionnistes, eux évitaient les sombres paysages de forêts, choisissant au contraire des scènes de plein air, depuis les grands nouveaux boulevards de la ville jusqu'aux paysages et aux rivières. Ils sélectionnaient leur sujet et leur angle de vue de façon que la chute de la lumière ne produise qu'un minimum d'ombre. La plupart du temps leur préférence

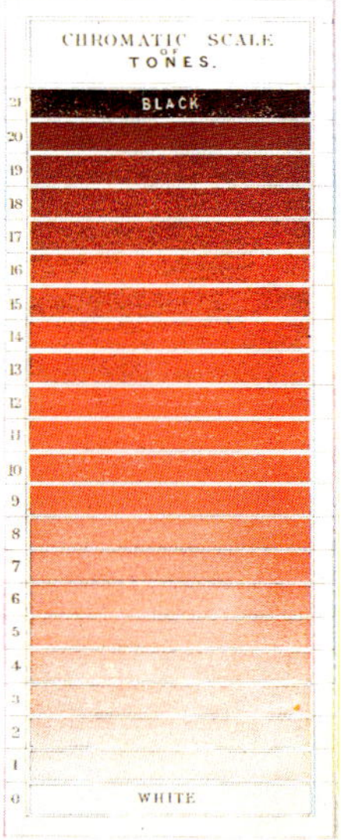

A gauche. L'échelle chromatique des nuances *de Chevreul montre les gradations d'un rouge du clair au sombre en passant par toutes le tonalités intermédiaires. Les peintres académiques usaient des gradations tonales pour rendre le relief mais on peut aussi utiliser la couleur pure. Dans le cercle chromatique, le jaune est clair par opposition au bleu. Les Impressionnistes utilisaient ces différences tonales pour édifier la forme par la couleur.*

*Monet a peint* La Débâcle des glaces sur la Seine *en 1880. Cet extraordinaire phénomène n'a duré que quelques jours au début de janvier 1880 et pourtant Monet en a réalisé 17 versions, y compris une variante plus grande de celle-ci, destinée au Salon de 1880, qui la refusa. Monet complétait alors son travail de plein air par des interprétations peintes à l'atelier. La neige et la glace sur la Seine lui fournissent ici un motif idéal pour des effets de lumière colorée. L'axe central inhabituel équilibre les arbres et leur reflet, pendant que la surface de l'eau est indiquée par les glaçons colorés. Cette toile est plus allongée que le "40 marine" standard. Elle mesure 60 x 100 cm.*

allait à la lumière qui fait face au spectateur, venant de derrière le peintre ; elle tombait directement sur le sujet, chassant les ombres qui se trouvent derrière les objets représentés. La lumière pâle, gris clair, d'un ciel lumineux mais couvert, qui baigne uniformément le sujet sans faire d'ombre, était abondamment exploitée. Ils aimaient aussi la brutale lumière blanche de midi, qui réduit les ombres au minimum. Là où il y a des ombres elles sont toujours baignées de lumière réfléchie et de teinte à peine plus sombre que les parties ensoleillées.

Tous, sauf Renoir, s'emparent de l'eau et de la neige parce qu'elles réfléchissent la lumière et la couleur. La neige offre un champ blanc, semblable à l'enduit blanc de la toile qui met en valeur les harmonies délicatement variées de la lumière aux chaudes couleurs ou de l'ombre fraîche. L'eau aussi est un excellent véhicule en raison de sa qualité immatérielle et vibrante qui capte et réfléchit la lumière et les nuances du ciel, de l'atmosphère et des objets environnants. La réverbération est également utilisée pour structurer la composition car, tel un miroir qui reflète des objets réels, elle renforce dans une peinture les qualités abstraites du dessin.

L'exécution rapide du tableau était essentielle pour donner l'impression finale de spontanéité et pour capter les effets fugitifs de lumière. La peinture doit être une notation immédiate de sensations visuelles.

Dans leur quête des moyens susceptibles d'exprimer leur sensations, les Impressionnistes se souvinrent de la technique de leurs premières études de paysage, et des esquisses composées à main libre bien connues de tous ceux qui s'entraînent à cet art. L'utilisation par les Impressionnistes de ruptures de couleurs peut avoir en partie son origine dans l'enseignement académique où la mosaïque des touches de couleur servait à construire les demi-teintes. Mais, depuis le XVIIe siècle, l'usage de touches de couleur distinctes était recommandé pour éviter de gâcher par des mélanges la pureté de la nuance. Aussi, pour des artistes comme les Impressionnistes, qui recherchaient la plus grande pureté possible de la couleur, le procédé avait son intérêt, encore que leurs touches de couleur n'eussent rien d'uniforme. Au lieu d'un tracé linéaire pour définir la forme ou l'espace, ils se servaient, eux, de la couleur et du pinceau. Ainsi, l'ampleur, la direction ou la forme d'un coup de pinceau avaient une signification précise. Les premiers plans étaient souvent traités à grands traits, les lointains en petites touches presque imperceptibles pour donner l'illusion de profondeur. De petites touches saccadées décrivaient le feuillage pendant que les troncs et les branches étaient rendus à longs traits de pinceau ; les objets reflétés sur l'eau étaient souvent décrits par des traces verticales, la lumière réfléchie par la surface de l'eau suggérée au contraire par de longs traits horizontaux. Les maisons étaient "construites" à grandes touches solides ou par des plans de couleur qui épousent et soulignent leur forme.

La méthode traditionnelle académique exigeait qu'une partie de la toile fût complètement terminée chaque jour. Au contraire, les Impressionnistes reviennent en reprises et en retouches constantes sur toute la toile. C'était évidement plus facile avec une toile de chevalet que le peintre pouvait embrasser d'un seul coup d'œil.

Ci-dessous. *Renoir a peint ce* Coup de vent *vers 1873. Le détail (à droite) révèle qu'il s'est servi d'un fond beige pour fournir une base chaude aux verts plus froids de la composition. Les touches délicates de vert-jaune, de viridien, de blanc et d'ocre jaune, et des accents vermillon, ont été travaillées frais sur frais. La toile beige paraît encore plus chaude par contraste avec les verts acides. La couche mince pour les lointains s'oppose aux empâtements du premier plan. Les gris-bleu et les blancs du ciel et des nuages évoquent le scintillement du soleil.*

La préparation préalable des gammes de couleur et des tons sur la palette du peintre académique tomba en désuétude chez les Impressionnistes, car le travail au grand jour exigeait inévitablement un changement à vue des mélanges de couleurs sur la palette ; elles devaient être modifiées ou abandonnées à mesure que la lumière variait et que le peintre attaquait une nouvelle partie de la toile ou commençait un nouveau sujet.

La conception du monde qui se présente à l'œil en taches de lumière colorée, de vibrations, cœur du style impressionniste, découlait des théories de l'époque sur la perception. Rejetant l'usage conventionnel de la représentation des objets par des traits et des contours abstraits, les Impressionnistes se mirent à peindre la lumière. Leur ambition était de transcrire des impressions visuelles directes, des "sensations visuelles" comme ils disaient, et non plus de dépeindre une scène modifiée et "corrigée" par l'intervention de l'intelligence qui donne du monde réel une notion uniquement conventionnelle. Cela explique que les Impressionnistes se référaient souvent à l'œil neuf de

l'enfant. Ils essayaient d'oublier les idées reçues sur la vision du monde et d'y opposer directement les sensations colorées qu'ils percevaient. Ils les traduisaient en taches de couleur qui s'ordonnaient en une image cohérente à mesure que le travail progressait.

La suprême importance de leur transcription des sensations visuelles explique pourquoi Cézanne disait de Monet : "Ce n'est qu'un œil, mais quel œil !"

Cette recherche des équivalences picturales de la perception du peintre et de son sentiment de la lumière et de la couleur naturelle est tout à fait différente des théories plus codifiées et pseudo-scientifiques des Néo-Impressionnistes comme Georges Seurat (1859-1891) au milieu des années 1880. Ceux-ci s'efforcent de créer une couleur "optique" par la fusion partielle sur la rétine d'une lumière colorée émanant de leur peinture "au petit point" ; ce qui a été confondu très souvent avec les touches de couleur de l'Impressionnisme par de nombreux critiques et historiens d'art. Le peintre impressionniste ne recherchait aucune fusion optique". Les artistes désiraient simplement que leurs couleurs et leurs coups de pinceau puissent à une distance appropriée offrir au spectateur un équivalent cohérent des perceptions visuelles du peintre.

Ces méthodes furent perfectionnées durant les années 1870 par Monet, Renoir, Pissarro, Morisot, Cézanne et Sisley. Elles furent poursuivies sous d'autres formes par la suite.

*Manet a peint en 1874 Claude Monet et sa femme sur son atelier flottant. Obéissant aux principes impressionnistes, Manet s'est mis à peindre en plein air au début de 1870, avec Monet et Renoir, notamment, en 1874, à Argenteuil Monet a éclairci sa palette et renoncé aux durs contrastes d'ombre et de lumière et aux riches noirs de ses paysages des années 1860.*

# Jean-François Millet

## *L'Automne, les meules*
## (1868-1874)
## Huile sur toile enduite de lilas rose foncé
## 85 cm x 110 cm

Comme Gustave Courbet, Millet naquit dans une famille de paysans relativement aisée, mais son éducation classique et sa formation de peintre le placèrent évidemment dans les rangs de la nouvelle société bourgeoise. Cependant sa fidélité à ses origines et son aversion pour la vie citadine expliquent son installation à la campagne, à Barbizon, dans la forêt de Fontainebleau. Depuis 1820-1830, Barbizon était devenu le rendez-vous favori des nouveaux paysagistes. Ce village, situé dans une forêt encore sauvage, offrait de calmes paysages campagnards et était assez proche de Paris pour que les peintres puissent aller voir leurs marchands de couleurs, leurs acheteurs et les expositions de la capitale.

Lorsque Millet s'installa à Barbizon en 1849, fuyant l'épidémie de choléra qui suivit la révolution de 1848, il y trouva déjà une colonie de peintres dont son ami le paysagiste Théodore Rousseau (1812-1867). Les paysages qu'exécuta Millet bien que d'un aspect monumental inspiré de Michel-Ange, représentaient avec un nouveau et puissant réalisme la vie du paysan, jusque-là dépeinte avec une sentimentalité idyllique et rassurante. Son traitement vigoureux de vastes sujets comme *La Semeuse,* dont il réalisa deux versions en 1850, fut naturellement jugé révolutionnaire à une époque où les travailleurs agricoles réclamaient la reconnaissance de leurs droits politiques.

Si, dans l'ensemble de la carrière de Millet, les paysages, et généralement les scènes paysannes, ont joué un rôle important, elles dominent surtout dans les œuvres de ses dernières années. Mais même dans ses simples paysages, on ressent une présence humaine. Dans *L'Automne, les meules,* l'un d'une série sur les quatre saisons qui lui fut commandée vers la fin de sa vie, la présence de l'homme est indiquée non seulement par la minuscule silhouette du berger, mais aussi par les bâtiments de ferme à l'horizon et par ces énormes témoins du travail de l'homme, les meules elles-mêmes. Le thème des cycles de la nature, les saisons ou les heures, furent un thème favori de l'œuvre de Millet ; il y voyait le reflet du travail de la terre.

Ce cycle des quatre saisons fait partie d'une série de grands pastels, un moyen d'expression dont Millet usa de plus en plus vers la fin des années 1850 et qui sera pour les amateurs d'art les moins fortunés un merveilleux substitut aux grandes toiles à l'huile beaucoup plus coûteuses. En contribuant à donner de la valeur aux grands pastels auprès des collectionneurs, Millet créa vers 1860 un important précédent dont bénéficieront plus tard Manet, Degas et Cassatt. Auparavant, le pastel avait été mésestimé parce que considéré comme une distraction féminine, ou abandonné en raison de son appartenance au style décadent "rococo" du XVIII siècle, époque où il avait été populaire. Mais avec la réhabilitation du "rococo français" et, parmi les peintres du milieu et de la fin du XIXe siècle, l'admiration retrouvée pour Chardin, cette marque de mépris disparaît.

Les grands pastels des saisons dont il ne susbiste que le *Printemps,* l'*Eté* et l'*Automne* ont été réalisés entre 1867 et 1873. Les deux premiers, l'*Eté* et l'*Automne* étaient sans doute terminés en mars 1868 et le collectionneur Frédéric Hartmann a pu les voir à Barbizon au cours de sa visite à Millet. Hartmann avait été conquis par ces pastels lorsque Alfred Sensier, ami et biographe de Millet, lui en avait montré un. D'abord mécène de Théodore Rousseau, Hartmann devint celui de Millet après la mort de Rousseau en 1867. Après la visite d'Hartmann à Barbizon, en mars 1868, Millet commença la réalisation de la commande des quatre saisons, série à l'huile dont seul l'*Hiver* est resté inachevé. L'*Automne* a été copié fidèlement sur la coposition exécutée auparavant au pastel.

Les fonds de couleur demandés par Millet pour les peintures à l'huile étaient soigneusement spécifiés. Trois devaient être d'un lilas rose foncé et l'autre ocre jaune. Mais le travail final ne respecte pas cet ordre puisque deux toiles seulement, le *Printemps* et l'*Automne,* furent alors exécutées sur le fond lilas, alors que l'*Hiver* et plus certainement encore l'*Eté,* furent indiscutablement enduites d'ocre jaune. Dans l'*Eté,* le fond jaune éclatant transparaît en de nombreux endroits ; il harmonise les couleurs et représente la chaleur de la moisson de sarrasin dorée au mois de juillet.

L'*Automne* a été peint entre 1868 et 1874. Il permet de faire une comparaison passionnante sur le plan technique notamment, avec les versions pastel qui l'ont précédé : il présente un contraste non seulement entre les deux supports mais aussi entre les effets de couleur sur des fonds de teinte radicalement différente. Le pastel a été exécuté sur papier mat chamois jaunâtre qui harmonise les couleurs pastel et transparaît par endroits. Il s'ensuit que la lourde chaleur orageuse du ciel d'après-midi, suggérée par le fond rose du travail à l'huile, n'apparaît pas dans le pastel. Les couleurs crayeuses et claires du pastel donnent une impression de calme à ce paysage qui, dans les couleurs à l'huile, plus riches, plus pleines, traduit davantage un sentiment d'angoisse, l'orage imminent annonçant l'arrivée prochaine de l'hiver. Le lias rose foncé du fond de la peinture à l'huile apparaît violacé, au voisinage des contrastes de vert-jaune du ciel et des verts acides de l'herbe.

*Il est visible que* L'Automne, les meules, *exécuté sur format spécial, devait être d'une dimension comparable à celle de la version pastel. Le tableau à l'huile est un peu plus grand. La composition du sujet reste la même dans les deux versions. La différence réside dans le support et ses effets de contrastes et dans les couleurs des fonds respectifs. Si la peinture de Millet produit souvent un effet pastel et sec, sa couleur à l'huile est plus riche et juteuse. Aussi les couleurs sont-elles plus pleines et les accents profonds plus faciles à réaliser. Millet exploite rarement les possibilités de transparence offertes par la peinture à l'huile : il leur préfère les effets mats et denses semblables à ceux du pastel.*

*Voici le pastel d'après lequel l'œuvre à l'huile a été exécutée. Là où le fond lilas donne sous l'huile une chaude unité de lumière, l'ocre jaune mat du papier présente dans le pastel un effet différent. Le pastel et l'huile se prêtent bien tous deux à la texture naturelle. Le plus grand contraste vient peut-être du traitement des ciels, des frottis fluides de l'huile remplacent la touche linéaire du pastel. Les deux procédés permettent à la couleur du support de jouer son rôle important dans l'harmonie finale. Le papier a été coupé spécialement pour le sujet que Millet avait conçu.*

*Les traits de fusain ou de pastel noir, bien visibles ici, montrent avec quel talent Millet notait les aspects caractéristiques des moutons. Le fond lilas rosé apparaît nettement, surtout aux contours de la couche mince. Le fond se réchauffe par l'opposition des verts froids sur l'herbe et les moutons. Bien qu'elle soit généralement mince la couleur n'est est pas moins dense.*

On aperçoit aussi le fond parmi le troupeau, là où se distinguent le mieux les libres contours au fusain ou au pastel noir tracés par Millet dans son travail préparatoire. La touche de Millet est la même, que ce soit à l'huile ou au pastel. Bien que le liant à l'huile donne inévitablement au coup de pinceau un aspect plus juteux, l'addition de blanc et une peinture siccative ont permis à Millet des effets proches de ceux du pastel, notamment dans les traits crayeux qui dépeignent les meules de gerbes.

La plus grande luminosité du pastel compense l'absence de liant à l'huile. La technique audacieuse de ces derniers travaux montre comment Millet continuait d'avancer des idées et des méthodes nouvelles qui allaient inspirer la génération suivante de peintres, de Pissarro et Degas jusqu'à Seurat et Van Gogh. Une importante exposition des grands pastels de Millet, en 1875, vint au moment opportun pour ces jeunes artistes, et la publication, en 1881, de sa biographie par Sensier, renforça encore l'influence de Millet sur les Impressionnistes.

Détail grandeur nature
*L'effet de lointain est créé à la fois par les bandes horizontales et par l'éclaircissement graduel des tonalités à l'horizon. Ce procédé rappelle le phénomène naturel de la perspective. Millet faisait rarement une ébauche. Un frottis vert-brun mince, transparent, est appliqué irrégulièrement sous le vert dans les champs et cerné au fusain pour le contour des bêtes. La toile à peine recouverte laisse voir l'accent chaud du fond. Les moutons du premier plan sont d'abord indiqués à la terre de Sienne pure, dense mais transparente, puis travaillés librement au vert clair dense et au vert sombre pour les ombres.*

Ombres maigres denses

Verts clairs dans les bleus du ciel

Couleur crayeuse siccative traitée à la brosse et au couteau

Fond lilas rose foncé

Accents clairs denses

Terre de Sienne sous les touches denses

*Blanc de céruse (1), noir (2), terre de Sienne (3), ocre jaune (4), jaune de chrome (5), laque ou terre rouge (6), bleu de Prusse (7) et de cobalt (8) ou d'outremer (11), vert viridien (10) vert de chrome (9) et vert Veronèse.*

Touche probable de vert émeraude

Frottis léger de couleur dense

Le feuillage rendu en vives touches de couleur empâtée s'oppose aux coups de pinceau qui dessinent les constructions

Teintes claires, fortement mélangées de blanc de céruse

Le fond lilas rosé apparaît à travers la mince couleur dense des murs

# Paul Cézanne

*La Maison du pendu* (1873)
Huile sur toile apprêtée pâle
55 cm x 66 cm

Découragés par son père, les débuts de Cézanne dans la carrière artistique, furent hésitants. Mais vers 1861, il fit de longs séjours à Paris, encouragé par son ami d'enfance, le romancier Emile Zola (1840-1902). Après avoir essuyé plusieurs échecs au concours d'entrée à l'école des Beaux-Arts, Cézanne travailla à l'Académie suisse dans la classe de nu, faisant également des copies des Maîtres Anciens, comme Nicolas Poussin (v. 1594-1665) au Louvre. En 1861, Cézanne rencontre Camille Pissarro à l'Académie suisse et une étroite amitié s'établit, qui devait être d'une importance capitale pour les deux artistes. Pissaro était plus âgé que Cézanne et avait une plus grande expérience de peintre. Dès 1897, il avait commencé à peindre d'après nature, sur les conseils de Corot. Le style de Cézanne, vers 1860, était très influencé par les Maîtres Anciens, tels Rubens et Delacroix, dont les œuvres demeuraient pour lui une source d'inspiration. A cette époque, Cézanne alternait les sujets romantiques — scènes passionnées de meurtre ou de violence sexuelle — et des sujets plus disciplinés, natures mortes, paysages et portraits. Il se servait de peinture épaisse, juteuse, avec un travail de pinceau expressif, et une palette dominée par des couleurs sombres.

Bien que son travail des années 1860 portât les marques d'un profond laisser-aller, il contenait déjà le germe du style de sa maturité. Force et vitalité, application tendue, amour de la couleur et maîtrise de son outil de travail étaient déjà visibles. Dans ses dessins, on voyait, de toute évidence, une structure personnelle, aux hachures dirigées, qui perçait parfois dans ses peintures de cette décennie. Cézanne commença à peindre en plein air, à l'instigation de Pissaro, et la discipline étroite d'un tel travail lui apporta la clef de l'organisation de sa sensibilité et de son émotion. Dès 1870, lui et Pissaro travaillèrent régulièrement ensemble dans la campagne autour de Paris, à Auvers et Pontoise.

*La Maison du pendu,* motif trouvé à Auvers-sur-Oise, date probablement du printemps de 1873. C'est une des toiles de Cézanne les plus travaillées de cette décennie et le fait qu'elle fut exposée plusieurs fois pendant sa vie — avec son accord — et qu'elle porte sa signature, laisse à penser que c'était l'une des rares peintures dont il était satisfait. La toile est d'un format standard portrait, 15 points, format carré qui complète la composition et les formes des blocs massifs qu'elle renferme. Le fond, bien qu'indubitablement pâle à cause de la luminosité frappante du tableau, est difficile à identifier avec certitude si l'on ne retire pas l'ouvrage de son cadre.

Des reprises répétées, sur presque toute la surface, sont caractéristiques de ce tableau. La texture de la toile n'a pratiquement aucune importance, mais les effets de la peinture croûteuse, épaisse, répandue avant les coups de pinceau secs, sont à la base de son aspect grenu. La qualité tactile de l'apparence réelle, les pierres passées à la chaux des murs croûlants, les toitures de chaume, et le chemin poussiéreux sont recréés par la fermeté de structure de la peinture. Le travail ferme du pinceau en soies de porc se combine avec des plaques de couleur appliquées au couteau. Dans le sentier du premier plan, ce travail recouvre des coups de pinceau antérieurs, cassant la couleur pour laisser apparaître les premières touches. Ce résultat obtenu est une imitation de la texture des surfaces naturelles, qui crée une peinture lumineuse, vibrante et fragmentée et disperse la lumière, rehaussant optiquement la pâleur et la luminosité du tableau. De légères touches de pinceau de couleurs subtilement variées construisent le toit de chaume et le talus d'herbe au-dessous, sur lequel le mouvement des traits de pinceau suggère le mouvement dans l'espace pictural. Il dirige l'œil vers le point d'appui central, le sentier ensoleillé entre les deux principales maisons. Malgré ce signe visuel, et en dépit de l'utilisation par l'artiste d'un sentier en premier plan, qui devrait inviter le spectateur à entrer dans l'espace du tableau, d'autres moyens jouent contre une telle interprétation. L'éclairage uni et la peinture pleine du sentier, au premier plan, lui donnent un aspect ambigu, — il apparaît comme une barrière, fermant l'espace peint. De même, la courbure du sentier, qui descend vers l'échappée centrale ensoleillée, disparaît de la perspective à mesure qu'il se déroule hors de la vue, empêchant ainsi un accès visuel facile. De plus, l'éclat du sentier ensoleillé est de même valeur que celui du premier plan, et par association, ils semblent être sur le même plan, ne s'éloignant que vers l'arrière-plan. Ceci est renforcé par une plaque d'ocre pâle, qui fait saillie, à gauche, du morceau central ensoleillé. En paraissant entrer dans la plaque d'herbe à gauche, ou la déborder cette touche de couleur rompt le chevauchement relativement cohérent des accidents naturels — sentier, talus herbeux, renforçant la vigueur de la peinture. Les formes, solides et importantes, semblent construites comme un mur, et s'emboîtent étroitement. Le point de vision élevé de Cézanne renforce cette impression et quoiqu'une perspective lointaine apparaisse entre les maisons, il n'est pas perceptible, et ses couleurs solides le rapprochent du spectateur. Ainsi, il y a une forte tension dans la peinture entre l'aplatissement et l'illusion du naturalisme. Ceci devait rester un trait caractéristique de l'art de Cézanne.

*Ce tableau figurait parmi les neuf peintures de Cézanne accrochées à la première exposition des Impressionnistes en 1874 : il a été exécuté sur une toile format standard portrait. Ce format convient parfaitement au point de vision élevé et aux maisons de formes trapues choisis par l'artiste. On peut le comparer à celui de Pissaro,* La colline à l'Hermitage.

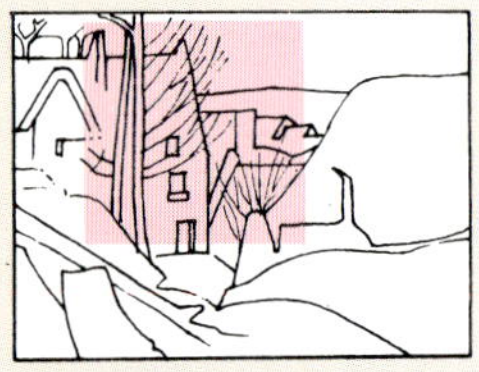

Texture de la toile apparente, là où la couche est mince.

Large application au couteau d'un mélange bleu et blanc, si épaisse qu'elle jette une ombre à droite.

Couleur rosée appliquée légèrement pour les branches sans feuilles

Décoloration par le vernis noirâtre dans les craquelures d'une couche de peinture irrégulière.

Couleur crayeuse pour les troncs.

Légers coups de pinceau ivoire pâle à travers les autres ivoires de la façade.

Verts et ocres mélangés appliqués avec un pinceau de soie.

Peinture au couteau pour décrire la pierre de la maison.

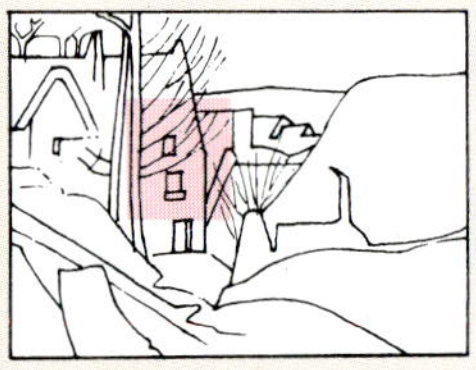

Détail grandeur nature

*Cette toile est l'une des plus fortement travaillées. L'artiste a manié des couleurs opaques, épaisses, plutôt crayeuses. Cézanne évitait l'usage de vernis transparents fréquemment instables. Il ajoutait du blanc de céruse à la plupart de ses mélanges de couleurs, pour accroître leur luminosité et leur solidité. La peinture était surtout travaillée frais sur sec. Dans les bleus du ciel, les couleurs sont barbouillées frais sur frais.*

*L'épaisseur de la couche de peinture indique que l'exécution du tableau a demandé beaucoup de temps. Des craquelures se sont produites par endroits, résultat d'une épaisseur excessive de peinture.*

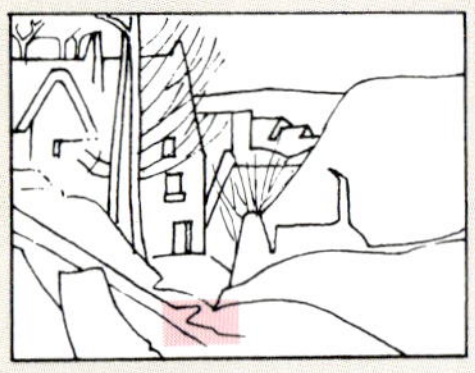

*Des nuances variées de vert sont visibles, appliquées fraîches dans les tons ocre pâle. Des touches de pinceau et des marques de couteau rehaussent la qualité tactile de la surface, et suggèrent les textures naturelles. Le grain de toile de ce support léger se voit encore à travers la couche de peinture sur la droite.*

*Palette de Cézanne pour cette peinture, analysée par le laboratoire du Louvre : blanc de céruse (1), blanc de zinc et ocre jaune (2), jaune de chrome (3), vermillon (4), bleu de cobalt (5), bleu outremer (6), bleu azur (7), vert émeraude (8), et peut-être vert viridien (9). Egalement du verdet (vert-de-gris).*

# Pierre-Auguste Renoir

*La Parisienne* (1874)
Huile sur toile
160 cm x 106 cm

C'est dans un grand atelier de la rue Saint-Georges que Pierre Renoir, parisien d'éducation et d'élection, sinon de naissance, exécuta cette toile dans les années 1870. De sa formation première d'artisan peintre sur porcelaine, Renoir garda l'amour des thèmes de liberté du rococo français du XVIIIe siècle, et de l'habileté somptueuse et éclatante de ces artistes. Il insuffla à l'aspect frivole de la vie oisive contemporaine qu'il peignait, la sensualité idyllique du XVIIIe siècle. Pendant les années 70, peut-être sous l'influence de Monet, Renoir peignit surtout des scènes de plein air, paysages et personnages, mais il exécuta aussi, en atelier, de nombreux groupes et portraits ou, comme ici, des personnages typiquement parisiens. Vers 1860, il s'était essayé à une ou deux scènes d'hiver ; mais, préférant la chaleur et la lumière de l'été, il renonça à peindre les lumières et les paysages d'hiver. Même ses études d'atelier des années 70 ou même antérieures, influencées par le résultat de ses observations sur la lumière du soleil en plein air, donnaient une impression de lumière chaude et pénétrante, avec des ombres d'un bleu violet froid.

Les surfaces peintes de Renoir, comme dans *La Parisienne* étaient généralement beaucoup plus minces que les épais empâtements des autres Impressionnistes. Il diluait ordinairement ses couleurs dans un mélange d'huile de lin et de térébenthine pour les rendre plus minces mais toujours moelleuses. Pour éviter les inconvénients hasardeux d'un excès de mélanges sur sa palette, il essayait de les appliquer frais sur frais, directement sur la toile, les liant quand cela était nécessaire. Les autres Impressionnistes, surtout Monet et Pissaro, pour donner à leurs surfaces peintes une luminosité réfléchissant la lumière, utilisaient des mélanges crayeux, épais, où dominait le blanc de céruse, frotté pour donner des effets opaques et vibrants.

Renoir, au contraire, utilisait ses couleurs moelleuses, translucides ou mousseuses, pour que l'éclat du fond transparaisse, réfléchissant la lumière richement colorée derrière le spectateur. Ici, pas de couleurs ternes et terreuses.

*La Parisienne* a été exécutée sur une toile d'un format non standard, commandée spécialement. La toile est d'un grain fin, et le fond est de couleur crème minutieusement choisi, d'une épaisseur suffisante pour donner une surface très lisse. Quand le fond même apparaît sous la mince couche de peinture, sa teinte est judicieusement utilisée parmi les couleurs de la couche de peinture. La technique évite de remonter ou de reprendre la peinture elle-même. L'ivoire du fond est utilisé de façon très efficace dans les bleus de la robe. Traditionnellement, les ombres étaient traitées de façon très légère, et les rehauts étaient remontés d'une pâte opaque pour créer un relief presque physique sur la surface peinte. Dans le tableau de Renoir, les rehauts sont les endroits les plus légers. En délayant son bleu de cobalt, jusqu'à le rendre translucide, et en l'appliquant d'un trait de pinceau adroit et descriptif, presque comme un lavis, il laissait le fond ivoire luire à travers le bleu et créait des sortes de rehauts.

Là où des ombres étaient nécessaires, pour aider à construire la forme et les plis de la robe, Renoir a simplement utilisé un bleu plus épais, non dilué, de ce fait plus profond et d'une couleur plus pleine. Les traînées frais sur frais de jaune dans le bleu, dans les parties plus sombres, approfondissent et reculent les ombres sans les salir de brun ou de noir. A certains endroits, la touche très légère de blanc de céruse a été travaillée dans le bleu frais pour rehausser la lumière. Le mélange des couleurs donne un effet plus coloré, plus vif qu'un mélange préalable sur la palette. Le passage d'un bleu transparent sur le fond ivoire produisait également un effet optique coloré. Des couleurs chaudes et froides ou des couleurs plus ou moins opposées sur le cercle chromatique se mettent en valeur par un effet optique. Ainsi sur la robe de *La Parisienne,* le passage d'un bleu léger par-dessus l'ivoire produit un effet optique de rose et, par contraste, le bleu semble plus froid, l'ivoire plus chaud, plus rose. Cézanne, dans *Les Grandes Baigneuses* (vers 1898-1905) utilise les mêmes procédés.

*Composition probable de la palette de Renoir pour cette toile : blanc de céruse (1), probablement blanc de zinc, ocre jaune (2), jaune de chrome (3), vermillon (4), peut-être rouge garance alizarine (5), cobalt (6) ou un mélange de bleu outremer et de bleu de cobalt (7).*

*A la différence des Parisiennes peintes par Degas, ce sont des travailleuses à leurs moments de loisirs plutôt qu'au travail, que peint Renoir dans des tableaux comme* La Parisienne. *La robe légèrement démodée montre que c'est une femme de milieu modeste endimanchée. L'utilisation par Renoir d'une chaude lumière du jour, doucement répandue sur le modèle, unifie la composition, et réduit au minimum les contrastes de tonalités. Au lieu de clairs et d'obscurs, ce sont les teintes chaudes et froides utilisées qui modèlent la forme, le fond ivoire brillant comme des rehauts à travers les bleus transparents. La couche de peinture est claire, variant entre de subtiles touches transparentes et des voiles de couleur opaque délicatement brossés ou estompés. La continuité de la manière de Renoir fut confirmée par les remarques de Signac, quand il vit le tableau en 1898. La robe est bleue, d'un bleu intense et pur qui, par contraste, rend la chair jaune et par reflet, verte. Les "ficelles" de la couleur sont merveilleusement rendues. C'est simple, c'est beau, c'est frais. On pourrait croire que ce tableau, peint il y a cent dix ans, vient de quitter l'atelier aujourd'hui.*

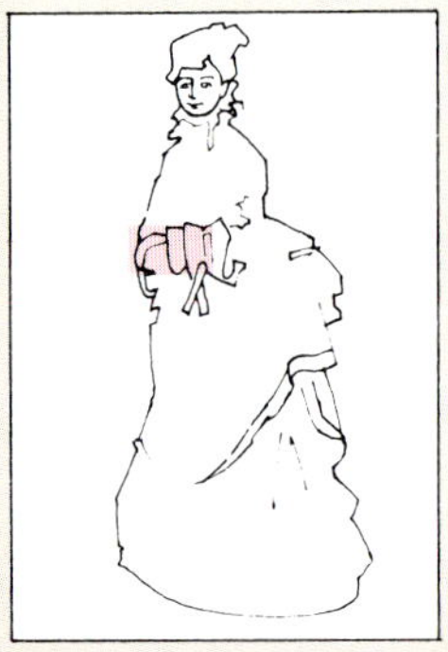

*Les bleus très légers délavés sont transparents sur le fond ivoire qui rougeoie et apparaît rose. Pour les rehauts les plus pâles, le blanc était brossé frais dans les bleus, si légèrement que le fond ivoire restait visible. Le blanc, épais, opaque est presque pur dans la manchette. Ici, le travail du pinceau aide à modeler la forme. Dans les parties très sombres, le bleu est appliqué non dilué et dans sa forme la plus saturée, donnant une teinte d'une riche profondeur.*

Détail grandeur réelle.
*Les volants de la tournure sont créés par des coups de pinceau vifs et descriptifs, et la pointe ronde du large pinceau de soie est clairement visible. Les bleus ont été appliqués avec des dilutions variées, les plus minces pour les clairs, rendant le fond ivoire plus chaud par transparence. D'adroites petites touches de blanc dans le bleu frais donnent des clairs plus froids. Un soupçon de jaune, travaillé frais dans les bleus plus profonds, obscurcit l'ombre sous les volants.*

Dans *La Parisienne,* la composition de Renoir est simple et directe, elle a de nombreux précédents, surtout dans les portraits à un seul personnage des environs de 1860. Comme Manet, Renoir utilisait une lumière de face, tombant presque directement sur son modèle, mais l'éclairage de Renoir est plus doux, plus diffus que celui de Manet, qui donnait de forts contrastes de tonalités. De plus, comme dans les œuvres de Manet, le portrait est situé de façon imprécise dans l'espace, aucun mur, angle ou plancher ne définissent la pièce, et l'ombre portée du modèle est réduite au minimum. Par la suite, Renoir simplifie sa composition pendant l'élaboration de sa peinture, effaçant les tentures bleues qui, à l'origine pendaient de chaque côté du personnage ; elles sont perceptibles maintenant uniquement parce que la mince couche de peinture est devenue plus transparente avec le temps.

Ce tableau fut exposé par Renoir, avec six autres, à la première exposition impressionniste, au second étage du vieil atelier du fameux photographe Nadar, 35, boulevard des Capucines.

Durant cette exposition, ouverte le 15 avril 1874, et qui dura un mois, juste avant le Salon annuel, la critique ne fut nullement hostile. En fait, ce n'est qu'après 1870, quand l'Impressionnisme durait et gagnait en popularité, que la critique devint plus hostile.

Fond crème léger parmi les couleurs fluides

Bleu concentré, non dilué, pour les parties plus sombres

Blanc presque pur pour la manchette

Fond crème rose visible à travers les bleus transparents de la robe

Un espace flou ressort des bleus primaires de l'étoffe

Le tissu et ses plis sont mis en évidence par de vigoureux coups de pinceau de soie dure

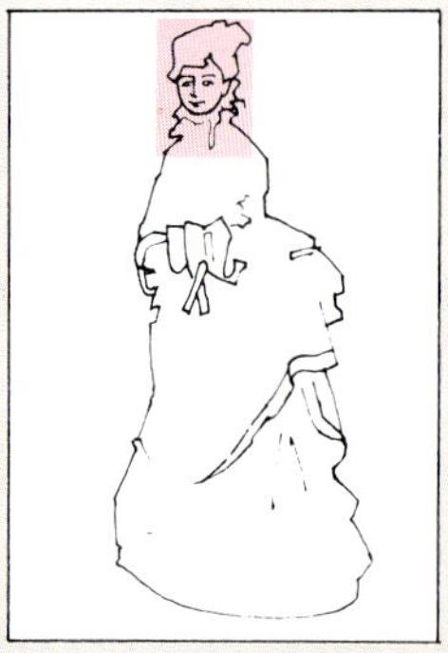

*Un coup de pinceau mince et délayé suggère le bord du chapeau ; par contraste, de légères touches vaporeuses évoquent la chevelure. Renoir oppose aux teintes chaudes le fond crème qui apparaît plus froid et plus vert, alors qu'il semble chaud parmi les bleus froids de la robe.*

# Alfred Sisley

*Bateaux sur la Seine*
(Vers 1877)
Huile sur toile ivoire apprêtée
37 cm x 43,5 cm

Sisley naquit à Paris de parents anglais et, bien qu'ayant passé quatre ans, au début de son âge mûr, en Angleterre, il revint en France en 1861 dans l'intention de se consacrer à la peinture pour tout le restant de sa vie. En 1862 il entra dans l'atelier de Charles Gleyre, où il rencontra Renoir, Monet et Frédéric Bazille (1841-1870), avec qui il travailla d'après nature en forêt de Fontainebleau au printemps de 1863. Comme Monet, Sisley devait se consacrer à la peinture de paysage et il travailla régulièrement sur des sujets de plein air dans la région de Fontainebleau durant les années 1860, en compagnie de l'un ou l'autre des membres de l'atelier de Gleyre. Pendant cette décade, Sysley, comme ses camarades, envoya souvent des tableaux au Salon, et y exposa en 1866, 1868 et 1870. Son père qui était dans le négoce, mourut en 1871, ruiné par la guerre, laissant son fils sans ressources. Pour la première fois, l'artiste dut apprendre à vivre de sa peinture.

Sisley préférait généralement les aimables scènes rurales, les paysages, les villages, les vues de rivières où la présence de l'homme était évidente. Durant les années 1870, il se fixa sur des sujets qu'il trouvait dans la campagne à l'ouest de Paris, au nord de Versailles, autour des villages de Marly-le-Roi, Port-Marly, la Celle-Saint-Cloud et Louveciennes. De là, il était suffisamment près de Paris pour garder facilement le contact avec ses amis artistes et avec les marchands — comme Paul Durand-Ruel et le père Martin — qui lui achetaient ses œuvres, quand ils en avaient les moyens. Peut-être en raison de liens d'amitié plus étroits avec l'éditeur Georges Charpentier, Sisley vint à Sèvres pour se rapprocher de Paris, après 1870; Charpentier était l'éditeur entre autres de Zola et Huysmans et il publiait un journal intitulé *La Vie moderne*. Il fit dans ses bureaux de petites expositions de quelques-uns des Impressionnistes, dont Monet et Sisley en 1880 et 1881.

Pendant les années 1880, Sisley gravita de nouveau autour de la région de Fontainebleau.

*Bateaux sur la Seine* est peint sur un support légèrement plus carré que le format standard 8, 46 cm x 38 cm. Sisley, toujours assez démuni, utilisait une toile peu coûteuse, légère, avec un seul enduit ivoire pâle, qui a gardé une texture grenue. En général Sisley semble avoir préféré une toile au tissage plus fin que celui adopté par Monet et Pissarro; ici cependant le grain est bien marqué et se combine avec les couleurs sèches frottées sur l'enduit. Le léger apprêt de la toile est mat, et à l'évidence parfaitement absorbant car la couche peinte est mate et terne. C'est là apparemment un des rares exemples d'un travail resté sans vernis. Malgré la tendance des Impressionnistes à ne pas vernir leurs tableaux, pour mettre en valeur les surfaces pâles de leur peinture, réfléchissant la lumière, les marchands et les galeries vernissaient automatiquement les tableaux pour les protéger. C'est pourquoi très peu de tableaux des Impressionnistes ont gardé leur apparence première.

Celle-ci est une des rares peintures impressionnistes vraiment *alla prima*, réalisée sans ébauche préliminaire. La couche de peinture de réserve est mince, utilisant l'apprêt de fond ivoire dans les couleurs ; même les petites figures du premier plan furent ajoutées frais sur frais avant que les premières couleurs soient sèches. Le traitement du ciel est un superbe exemple des effets optiques que l'on peut obtenir en jouant du contraste des couleurs chaudes et froides. Le fond ivoire réchauffe les blancs rosés des nuages brossés légèrement sur ce fond, alors que les bleus du ciel laissent voir ce même fond. Il en résulte une qualité délicate, légère, qui évoque les effets de l'atmosphère du ciel. Les touches chaudes et froides se mettent en valeur réciproquement, par un effet d'optique, pour donner aux couleurs un aspect léger, riche et que ne pourraient obtenir des touches de peintures conventionnelles accumulées et superposées ; le travail de pinceau de Sisley, vif, animé, contribue à donner l'impression d'effets fugitifs et éphémères.

Le choix de la composition et des points de vue de Sisley oscillait entre un relatif conventionnel et une audace aventureuse. Souvent, surtout durant les années 70, il utilisait des points de vue élevés, ou des barrières visuelles, comme un écran d'arbres pour créer une illustration d'une surface

*Palette probable de Sisley pour cette peinture : blanc de céruse (1), peut-être noir (2), jaune de chrome (3), vermillon (4), laque rouge alizarine (5), bleu de cobalt (6), peut-être bleu de Prusse (7), vert viridien (8), vert de chrome (9) et violet de cobalt (10). Peut-être de l'ocre jaune.*

*Peu d'œuvres impressionnistes furent exécutées* alla prima *ou en une seule séance. Cette peinture en est un exemple. Sous le fond ivoire, on voit qu'il n'y eut pas d'ébauche préparatoire. La manière rapide de Sisley était indispensable pour capter les impressions fugitives et aidait à leurs évocations.*

orientée, aplanie, comme dans *le Bois des Roches* (1880). A d'autres moments, ses compositions étaient plus traditionnelles, comme ici, où un point de vue bas, et, par conséquent, un horizon bas, donnent un aspect plus classique, d'apparence presque panoramique. Cependant le placement de l'eau dans l'immédiat premier plan joue le rôle d'une barrière optique, dissuadant le spectateur de regarder la scène comme une extension de l'espace réel, renforçant ainsi le sens d'un espace pictural distinct.

Le travail de pinceau de Sisley, frénétique, aisément discernable, quoique essentiellement descriptif et soulignant la forme, renforce ainsi l'égalité de la surface picturale. Son utilisation de la couleur montre à la fois le mélange sur palette et l'application frais sur frais sur la toile elle-même. Sa palette est très limitée, se bornant à un équilibre où dominent les verts naturels et les bleus dans la berge. Le viridien domine dans les mélanges de verts, et le bleu est probablement du bleu de cobalt. Le noir, affaibli et rendu plus coloré par l'adjonction de bleu, est utilisé pour représenter la coque de la barge. De lumineuses touches de vermillon liées au jaune attirent l'œil sur la rive éloignée, la rapprochant visuellement, et la reliant au rouge, visible à gauche sur le premier plan, et parmi les noirs de l'appontement au centre. D'après la dimension des personnages, Sisley donne l'impression d'avoir choisi une scène éloignée de l'endroit où il a posé son chevalet.

Le caractère renfermé de Sisley et son existence relativement isolée après 1880 expliquent probablement qu'il ait eu moins de succès durant sa vie que Monet, par exemple, plus méthodique.

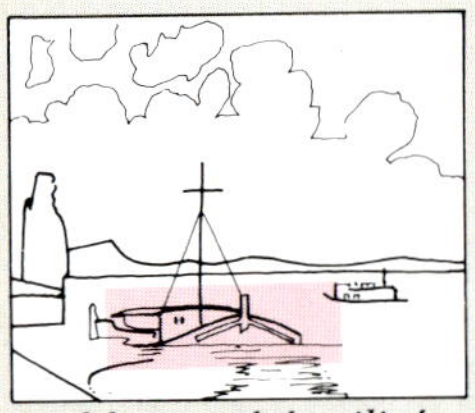

*Le blanc a été utilisé presque pur sur la barge. Les parties sombres sont un mélange de teintes neutres, comprenant du violet de cobalt. Les noirs bruns de l'embarcadère et du rivage sont des mélanges de verts et de vermillon.*

*Les jaunes mélangés de blanc dominent les teintes sableuses du rivage, avec du vert de chrome et du vert viridien. Un mélange de bleu, blanc, vert viridien et bleu de cobalt pour les couleurs de la colline. Le travail du pinceau est varié, soulignant les différentes formes et structures et captant le sens du mouvement.*

*De rapides coups de pinceaux esquissent au loin le bateau. Sa coque est un seul coup de pinceau, sur le grain de la toile, mettant à jour le fond crémeux et créant une combinaison vibrante entre la peinture et le fond. Pour la rive au loin, jaune de chrome et vermillon.*

Détail grandeur nature.
*La surface terne et mate de cette peinture montre qu'elle n'a apparemment jamais été vernie. Le vernis obscurcit et change parfois les couleurs originales, donnant un éclat artificiel que de nombreux artistes n'aiment pas. Une surface peinte mate est souvent plus près de la réalité. Un large pinceau de soie de porc a servie pour appliquer les bleus et les blancs du ciel. L'ivoire apporte une chaleur qui transparaît parmi les bleus, et une touche de vermillon ajouté aux blancs les rend plus chauds. Les derniers traits du mât ont été tracés avec un pinceau plus fin sur les couleurs fraîches du ciel.*

# Claude Monet

*La Gare Saint-Lazare*
(1877)
Huile sur toile apprêtée pâle
75 cm x 104 cm

En 1870, Monet travaillait régulièrement à Argenteuil. Aux côtés de Renoir ou Manet, ou seul, Monet poursuivait ses recherches en vue de fixer ses impressions de lumière et de couleur venues de la nature, perfectionnant lentement la méthode choisie. En 1869, il pensait encore en termes d'extérieur pour de plus grandes œuvres, ou même des toiles peintes en atelier ; cependant, au milieu de 1870, il mit principalement l'accent sur des travaux basés uniquement sur son expérience de la vision de plein air, où il pouvait enregistrer l'unité de la lumière naturelle.

A la seconde exposition des Impressionnistes, en 1876, figuraient 18 peintures de Monet ; elles traduisaient sa recherche permanente avec les autres peintres du groupe d'une solution de rechange, viable, à un Salon officiel. Ce n'est pas seulement par opposition à l'étouffement de l'Académie que les Impressionnistes cherchaient un autre lieu d'exposition, mais parce que le Salon n'offrait pas un cadre où leurs peintures pouvaient être vues à leur avantage. Le Salon avait des murs noirs, un éclairage sombre et les tableaux étaient accrochés en rangées verticales jusqu'au plafond. La plupart des tableaux du Salon officiel étaient de grandes dimensions et leur lumière sombre, leur ombre, et leurs cadres lourds et dorés, les mettaient en valeur dans un tel environnement. En général, les Impressionnistes n'aimaient pas les cadres aux ornements dorés dans lesquels étaient normalement exposés les tableaux du Salon et ils commencèrent à utiliser des cadres simples, blancs, ou de teintes pâles, pour mettre plus efficacement en valeur leurs peintures.

A la différence des tableaux du Salon traditionnel, ceux des Impressionnistes étaient généralement intimistes, et avantagés par une bonne lumière du jour, naturelle, et ils étaient accrochés de préférence sur un mur pâle et neutre. Et comme la plupart de leurs peintures étaient de petites dimensions et destinées à être suspendues sur des murs d'appartements modernes, ils étaient perdus dans les halls du Salon.

Le thème du chemin de fer était, évidemment, moderne en peinture, mais il avait déjà intéressé des artistes avant les Impressionnistes. Ainsi, dès 1861, le critique Champfleury l'avait déjà suggéré à son ami Courbet. Manet exposa au Salon de 1874 une toile appelée *Le Chemin de fer,* mais qui montrait seulement les rails qui masquaient la rue vue de la gare Saint-Lazare.

L'accent, dans la composition de Manet est donné par les deux silhouettes d'une femme et d'un enfant qui, apparemment, attendent l'arrivée d'un train. L'arrière-plan est obscurci par la fumée des locomotives, plus bas. En 1876, Caillebotte choisit le pont qui surplombe l'alignement des rails comme thème central de son *Pont de l'Europe.* Mais le travail était centré non pas sur la voie ferrée elle-même, mais sur le pont avec ses passants, ses flâneurs élégants et un ou deux travailleurs.

Quand Monet commença sa série de tableaux de la gare Saint-Lazare, il ne s'intéressait ni aux voyageurs ni aux passants, mais à la gare moderne elle-même, un paysage industriel plein de vapeur et de la lumière tamisée du soleil. La charpente métallique et la verrière de la gare, où Monet obtint la permission d'installer son chevalet, sont légères et délicates, sa nouvelle technique architecturale laisse voir une grande portée avec des supports minces et élancés. L'armature fine et élégante de sa construction symétrique fournissaient un cadre idéal pour les effets de lumière que Monet aimait peindre.

Monet commença à travailler sur ce nouveau thème au début de 1877, quand il habitait rue d'Edimbourg, à deux minutes de la gare, alors que Manet vivait de l'autre côté des voies. Ainsi, il était bien placé pour passer le maximum de temps à travailler dans la gare. Son tableau le montre en pleine lumière, les poutres du pont de l'Europe traversent le milieu de la composition. L'artiste est installé face au plein nord et la lumière du soleil de midi baigne les bâtiments

*Palette probable de Monet : blanc de céruse (1), jaune de chrome (2), vermillon (3), laque rouge d'alizarine (4), bleu de cobalt (5), probablement bleu outremer (6), violet de cobalt (7) et probablement vert viridien (8). Peut-être aussi noir.*

*Monet a peint plusieurs scènes parisiennes, dont les plus connues sont celles de la gare Saint-Lazare. Il avait obtenu la permission de travailler dans la gare même et traduisit des effets de lumière et de couleurs sous la verrière enfumée, le sujet principal de ses tableaux. Le format de la toile, 40 paysage, convient particulièrement à la structure de la galerie.*

moderness qui entourent le pont de l'Europe.

Monet avait installé son chevalet de façon que la verrière de la gare équilibre symétriquement sa composition, fortement structurée. Le faîte du toit et le support médian retenant les barres de fer se rejoignent et se trouvent au point mort de la composition, donnant un axe vertical à l'œuvre picturale. La locomotive qui semble avancer vers le spectateur, est située juste à gauche du centre, pour éviter de souligner exagérement la symétrie. La lumière froide à travers la verrière a donné à la vapeur de la locomotive une teinte d'un bleu pâle brillant, par contraste avec la chaleur de la lumière du soleil. Mais la chaleur du soleil tombant à travers la fenêtre percée dans le toit jette une lumière dorée sur les rails au premier plan, elle est reprise et mélangée avec les bleus des ombres, à droite et à gauche et sur le toit lui-même.

Cette scène, partie d'intérieur, partie de plein air, fournit ainsi un excellent sujet d'analyse des effets variés de la lumière et de l'ombre. Le contraste frappant entre les teintes plus atténuées du premier plan met en valeur la luminosité brillante de la lumière du soleil vue de face à travers l'armature de la verrière. Les contrastes plus riches, plus intenses de couleurs chaudes et froides s'opposent aux teintes plus pâles, plus éblouissantes de l'arrière-plan, produisant un accord de teintes variées à l'intérieur d'un large éventail, allant du bleu au jaune orange.

La peinture elle-même est caractéristique du travail de Monet. Il tire parti des couleurs opaques, rendues plus légères et plus diffuses par l'addition de blanc de céruse, appliqué généreusement, formant une pellicule presque ininterrompue qui obscurcit le sol pâle qu'elle recouvre. Les premières couleurs les plus employées par Monet, dans les années 1870, étaient le gris pâle, le mastic, l'avoine et le blanc. La consistance de la peinture est dure et crayeuse, avec des couleurs appliquées principalement en partie frais sur sec. Cependant, certaines couleurs sont lisses, comme les bleus et le blanc du nuage central formé par la vapeur. Les effets de la lumière colorée sur la buée dans l'air — vapeur, buée, brouillard ou brume de chaleur — ont toujours fasciné Monet, et lui ont fourni un excellent moyen d'étudier la réfraction de la lumière à travers les goutelettes d'humidité. Dans de telles conditions, la lumière se décompose pour reproduire les couleurs élémentaires de l'arc-en-ciel ; les gouttes de l'humidité se comportent comme des myriades de prismes emplissant l'atmosphère, aboutissant à des effets de lumière bien plus colorés.

Détail grandeur nature. *Ajout probable de noir aux bleus sombres, pour rendre la couleur de la locomotive ; couches de peinture appliquées lentement frais sur sec pour monter la peinture. Ce procédé permet aux premières couleurs de rester visibles, aidant aux effets de lumière éblouissante et au flou des formes. Mélange de vermillon et de jaune de chrome pour les touches orange. Dans les traînées blanc ivoire représentant le pilier de pierre du pont de l'Europe, un vernis terreux et décoloré se retrouve dans les cannelures des empâtements. Ceci montre le degré d'altération de l'ensemble de la couleur par l'ancien vernis.*

*Des couleurs sèches et épaisses accumulées donnent une surface irrégulière, ce qui rompt et disperse la lumière qui rebondit sur la surface, renforçant la luminosité du tableau. Beaucoup de traits de pinceau sont appliqués frais sur sec. Vif contraste entre les teintes chaudes et froides, et entre la symétrie rigide de la verrière et les volutes tournoyantes de la vapeur et de la fumée. Le travail du pinceau, d'une grande richesse de palette, évoque la forme, suivant les plans et décrivant des structures variées.*

1870
1880

# Camille Pissarro

*Portrait de Madame Pissarro cousant*
(vers 1877-1879)
Huile sur tissage sergé, toile apprêtée gris jaunâtre
54 cm x 35 cm

Pendant la guerre de 1870, Pissarro, né dans les Antilles à Saint-Thomas, alors possession danoise, ne pouvait combattre pour la France. Aussi il se réfugia avec sa famille d'abord en Bretagne, puis à Londres, où ils séjournèrent dans le faubourg de Norwood (Surrey), jusqu'à la fin de juin 1871. Pendant son séjour à Londres, Pissarro, comme Monet, fut présenté par le paysagiste Charles Daubigny (1817-1879) au marchand Paul Durand-Ruel. Comme eux, il s'était mis à l'abri de la guerre. C'est ainsi que naquirent les relations entre l'artiste et le marchand, qui devaient apporter à Pissarro, comme à ses collègues, une aide vitale pendant les quelques années précédant la reconnaissance de l'impressionnisme.

A son retour en France, Pissarro découvrit que sa maison de Louveciennes avait été réquisitionnée par les Allemands : la plus grande partie de sa production artistique des vingt dernières années avait été détruite. Sur les quelques 1 500 peintures, 40 seulement étaient sauvées. Pendant les dix années suivantes, Pissarro se fixa à Pontoise, et en octobre 1878, il prit un pied-à-terre à Paris, rue des Trois-Frères ; c'est là probablement que fut peint le portrait de Madame Pissarro. En novembre de cette même année, leur quatrième fils, Ludovic-Rodolphe, naquit à Paris. Bien que ce portrait soit traditionnellement daté de 1877, il doit être de 1878-1879 s'il a été réalisé dans l'atelier de Paris, et le style de touches courtes, délicates, d'innombrables couleurs très proches de tons confirmerait cette date plus tardive. La composition du portrait est solide et frappante. Le visage de Madame Pissarro est plaqué et très près de la surface peinte, le mur et la ferronnerie décorative du balcon le rapprochent du spectateur. Cela crée un espace pictural sans profondeur que n'allège pas la vue panoramique à travers la fenêtre ; les volutes de la ferronnerie attirent l'œil et l'empêchent de percer la profondeur. Le décor extérieur est intentionnellement estompé et traité avec des coups de pinceau de même dimension que ceux de l'intérieur, ce qui, à nouveau, efface la profondeur et le recul.

La structure linéaire de l'arrière-plan rappelle la composition des portraits de Degas où le visage du modèle était souvent fortement ancré à l'intérieur de l'espace pictural, par l'entrecroisement de verticales et d'horizontales. Pissarro et Degas firent ensemble de la gravure, en 1879, et Pissarro utilisait les facilités d'impression que lui procurait l'atelier de Degas. Dans le portrait, la tête de Madame Pissarro est placée au centre, contre le cadre vertical de la fenêtre, qui divise la composition en deux moitiés presque égales. La barre horizontale de la balustrade du balcon est rappelée par les barres plus fines de la ferronnerie en dessous, le tout se combinant avec la forte verticale pour créer une grille contre laquelle sont posées les courbes du visage. Les intersections des lignes horizontales et verticales sont cachées derrière le modèle, bloquant le visage dans la composition. Les formes arrondies du visage et de la main trouvent leur écho dans les volutes de la ferronnerie, renforçant en outre le motif de la surface décorative.

La peinture a été exécutée sur une toile format standard figure 10, avec une seule couche d'apprêt commercial gris jaunâtre, laissant visible le grain de la toile. Le dessin du tissage, une texture en diagonale qui part du bas gauche vers le sommet droit, facilite les traces du pinceau dans l'apprêt crayeux. Le tissage est particulièrement visible à la jonction des pavés de couleur et aux contours des formes où la couche de peinture est plus légère. Le pinceau monte plus fortement vers les zones centrales, par exemple les contours du visage, qui sont plus hardiment rendus, tandis que la peinture est plus légère quand la forme s'éloigne vers les contours. Ce procédé suggère une forme arrondie. Le tissage de la toile rehausse également le grain de la chair.

L'apprêt gris pâle, de teinte chaude, joue son rôle dans l'harmonisation des couleurs cassées, sourdes de la peinture. Au bas de la partie centrale du tableau, la couleur de l'ap-

*Palette probable de Pissarro pour ce tableau : blanc de céruse (1), peut-être ocre jaune (2), jaunes de chrome (3), vermillon (4), cobalt (5) ou bleu outremer (6) et probablement vert de chrome (7).*

*La tranquille intimité de ce portrait de la femme de l'artiste est soulignée à la fois par la concentration de son travail et par le caractère de la composition. Ceci donne une vue serrée du modèle, le repoussant vers la surface de la peinture. C'est une composition fortement structurée, qui s'accorde bien avec le format carré, 10 figure. Elle joue sur la tension entre l'espace pictural et un aspect plat. Aux courbes voluptueuses du visage répondent les volutes de la ferronnerie du balcon, et toutes sont enfermées dans la grille plus large des lignes horizontales et verticales. La facture de Pissarro est devenue relativement régulière et légère, formant souvent des dessins parallèles qui suivent les formes. Mais la richesse du traitement et de la couleur contredit les qualités strictement naturalistes. On atteint ici, un équilibre des couleurs chaudes et froides, lumineuses et sombres. Des touches de lumière se répandent dans les zones d'ombre, et réciproquement. De même, les parties où dominent les teintes froides sont égayées par l'adjonction de teintes chaudes. Ce qui donne une sensation de vivacité envahissante de la lumière naturelle qui vient de la fenêtre toute proche.*

prêt se distingue clairement parmi les touches de peinture librement appliquées.

Dans les années 1860 à 1870, Pissarro utilisa des toiles d'un tissage inhabituel, essayant les effets que pouvaient créer la texture de la toile et sa composition. Dans *Gelée blanche* (1873), qui figurait à la première exposition des Impressionnistes en 1874, Pissarro montrait comment un tissage sergé pouvait renforcer l'impression de mottes de terre rugueuses dans la peinture d'un paysage. Dans ce tableau, le tissage traverse également la toile en une diagonale allant du bas à gauche au sommet à droite, bien que la composition soit plutôt horizontale, tandis qu'elle est verticale dans *Madame Pissarro*. La direction du tissage, comme celle de *Colline à l'Hermitage* (1873) est utilisée pour accentuer les lignes de la composition, qui part de la partie inférieure gauche vers le sommet droit. Il est manifeste que Pissarro, tout au long de cette décennie poussa plus loin ses expériences, aplanissant la composition de ses dessins, qu'il contrebalançait par un travail de pinceau naturaliste. Dans le portrait de Madame Pissarro, la facture suit encore la forme, elle est descriptive, mais elle est devenue d'une taille et d'une texture plus uniforme. Cette évolution se poursuit dans des œuvres ultérieures, comme *La Cueillette des pommes* (1886).

Pissarro a placé sa femme contre une fenêtre pour créer un contre-jour, un éclairage venant de l'arrière.

*On voit la texture en diagonale qui rehausse les contours. Peinture sur le visage ferme et chargée, en touches minuscules, souvent régulières, avec un fin pinceau de soie. Les traits de pinceau délimitent forme et texture. Longs traits pour les barreaux et légers accents colorés sur le visage, touches noir bleuté au-dessus de l'œil.*

Texture de la toile exagérée par les traînées de couleur

Fins accents de vermillon, appliqués frais sur sec

Délicats coups de pinceau

Taches de couleur frais sur frais

Texture de la toile visible

Fond gris chaud gardé pour la toile sur laquelle travaille Madame Pissarro.

*Ce détail de l'étude de Degas* Femme devant une fenêtre *(1871-1872) permet une comparaison intéressante avec le portrait de Pissarro. Degas a travaillé sur un support spécialement fabriqué de papier rougeâtre appliqué sur toile. Cela donne une surface plus sombre, plus absorbante et plus douce que celle utilisée par Pissarro. Le format de Degas est un 12 paysage, qui s'accorde bien avec la dominante de la composition. Degas utilisait des huiles délayées dans une palette presque monochrome.*

Détail grandeur nature. *On voit ici le fond chaud, gris jaunâtre. C'est un fond du commerce, appliqué d'une seule couche mince, qui laisse visible le tissage en diagonale de la toile. Bien que le grain de la toile ait été effacé de cette surface largement chargée, il a influencé partout la texture peinte ; des couches successives de couleurs consistantes ont été superposées. Dans ce détail, la toile est à peine recouverte, le gris pâle de l'apprêt remplaçant le drap de couleur sombre que coud Madame Pissarro. Le grain de la toile est également utilisé pour donner l'impression de tissu. Là où il est visible, le fond montre les résultats du frottement qui a fait disparaître la couleur des nodosités ressortant de la toile, laissant des mouchetures du support plus sombre parsemées sur la surface. Pissarro a établi un contraste entre les couleurs riches liées de la main et la teinte sèche légère qui égaye le tissu.*

*Le tableau de Pissarro,* Gelée blanche *(1873), à la première exposition des Impressionnistes en 1874, montre comment l'artiste se servait du canevas de la toile pour une peinture de paysage. Sur un format 30, le dessin de la toile s'élève du bas gauche au haut droit, suivant la diagonale du sentier. Equilibrant cette diagonale, les lignes d'ombre vont du bas droite au haut gauche. Un critique contemporain désapprouvait l'insertion dans le tableau des ombres d'arbres situés hors du tableau. Ce procédé original montre que le soleil matinal derrière le peintre tombait de face sur le sujet, et les légères ombres bleutées lumineuses étaient projetées par des peupliers sans feuilles. La lumière plate, modelant les diagonales et le regard tombant sur le paysage créent une surface décorative qui n'admet pas des effets d'espace.* Gelée blanche *a un vernis jaunâtre sale.*

# Gustave Caillebotte

## *Temps de pluie à Paris*
## (1877)
## Huile sur toile apprêtée blanche (étude)
## 54 cm x 65 cm

On se souvient davantage de Caillebotte comme collectionneur des œuvres de ses amis Impressionnistes que comme peintre, et c'est une injustice. Caillebotte, fils d'un industriel textile aisé, habitait une maison moderne bâtie par son père en 1860, rue de Mirosmesnil, dans le nouveau quartier résidentiel de Paris, à quelques rues du grand pont enjambant les voies du chemin de fer de la gare Saint-Lazare. Le pont de l'Europe était un des succès des ingénieurs du Second Empire, de 1852 à 1870. Ce fut un des sujets choisis par Caillebotte pour sa série de grandes peintures sur le thème de la cité moderne. Caillebotte peignait donc des sujets situés à un jet de pierre de sa maison familiale, rues nouvelles, bâtiments et bureaux contemporains. Elevé dans le contrecoup de la révolution de 1848 et les bouleversements de Paris durant le Second Empire, Caillebotte commença d'abord des études de droit. C'est seulement après son service militaire, pendant la guerre de 70, qu'il se tourna vers la peinture et entra à l'Ecole des Beaux-Arts dans l'atelier de Léon Bonnat (1834-1922), peintre couronné de succès aux Salons ; c'est probablement lui qui le présenta à Degas en 1874. Cette rencontre décisive introduisit Caillebotte dans le groupe des Indépendants, avec lesquels il exposa pour la première fois en 1876.

A la troisième exposition impressionniste, en 1877, figuraient trois grandes toiles de Caillebotte représentant la vie des rues modernes du quartier Saint-Lazare. C'étaient *Le Pont de l'Europe* (1876), *Les Peintres en bâtiment* (1877) et *Temps de pluie à Paris* (1877). Ce dernier représente l'intersection de la rue de Moscou et de la rue de Turin, sur la rue de Leningrad, qui va de la gare Saint-Lazare à la place Clichy, peinte par Renoir en 1879-1880. Toutes ces premières compositions étaient de grande dimension, mais *Temps de pluie* était de loin la plus grande et la plus ambitieuse, la toile finale mesurant plus de deux mètres de haut sur trois mètres de large. A la différence de *Place de la Concorde* de Degas (1873), une de ses premières vues de ville, où des personnages placés au petit bonheur donnent un aspect d'instantané, vision fugitive dans le temps, le tableau de Caillebotte a une qualité de grandeur figée qui présage les vastes œuvres de Seurat *Baignade à Asnières* (1883-1884) et *La Grande Jatte* (1814-1816).

Ces trois tableaux étaient basés sur une géométrie linéaire, et sur les études de perspective de ces sites. La base de la structure linéaire de *Temps de pluie* est une croix. La ligne verticale centrale passe par le lampadaire et son ombre, la ligne horizontale passe par le niveau de l'œil des personnages et la base des immeubles, divisant la composition en quatre sections égales. La structure est moins précise dans l'étude que dans le tableau final, car dans l'étude le lampadaire est légèrement décalé du centre vers la droite. Ainsi, Caillebotte avait accordé sa composition à la structure de son dessin. Les proportions de l'étude sont plus carrées que celles de la toile finale, plus allongée, fabriquée spécialement. Cela a fourni la très grande largeur nécessaire au développement de la moitié droite de la composition, indispensable pour placer le lampadaire au centre. De nombreux dessins existent qui attestent des calculs de Caillebotte pour ce tableau, y compris la structure linéaire complexe qui introduit deux séries de proportions : le rapport 1:2 dans la structure en croix et le rapport 5:8 de la classique section d'or.

L'étude de Caillebotte pour *Temps de pluie* est d'un style qui se rapproche de ses œuvres plus ouvertement impressionnistes, venues après cette série de paysages de ville. La procédure adoptée pour ces tableaux, avec des dessins préparatoires soignés, des études de perspective et des esquisses à l'huile, reflétait l'enseignement et les méthodes de l'Ecole où il avait travaillé peu de temps auparavant.

Après 1870 il se détourna de la rigueur qui avait guidé sa production antérieure. Sa plus grande liberté de touche, sa manière plus colorée, qui devaient se manifester plus tard, sont déjà apparentes dans l'étude pour *Temps de pluie.* Les couleurs, devenues plus sourdes et plus cassées dans le tableau final, étaient encore fraîches et pures dans l'étude. Les bleus et les jaunes dominent dans sa palette, le jaune ici représentant non pas la chaleur du soleil mais la lumière blafarde du ciel orageux. Les bleus sont les bleus embrumés des lointains obscurcis par la pluie.

Les couleurs sont utilisées, en général, relativement pures ou mélangées de blanc pour donner les teintes pâles de l'arrière-

*Palette probable de Caillebotte pour ce tableau : blanc de céruse (1), terre de Sienne (2), ocre jaune (3), peut-être jaune de chrome (4), terre rouge (5), vermillon (6), cobalt (7), ou bleu outremer (8), vert viridien (9) et probablement violet de cobalt (10).*

Blanc à dominante opaque largement répandu pour le ciel

Ocres jaunes ternes et bleus suggèrent la lumière tombant sur les bâtiments

Contours fluides librement tracés dans le personnage

Apprêt blanc cassé laissé visible

Rouges et bleus liés frais sur frais

Terre rouge ou vermillon, en mélange adouci

Base vert viridien pour le lampadaire

Large amas de couleur pour donner un effet général, appliqué surtout frais sur frais

*Sur cette esquisse, Caillebotte a dressé le plan de la composition générale et de sa palette en vue de l'exécution finale. C'est très probablement un travail d'atelier. Ici, la palette est plus fraîche et les couleurs bien que mélangées, sont plus brillantes que dans le travail final. C'est certainement une étude incomplète.*

*Ceci est probablement la réalisation finale de l'esquisse faite précédemment. Beaucoup plus grande que l'huile préparatoire (209 x 300 cm). La toile, faite spécialement, est de proportions plus allongées que le 15 figure utilisé pour l'esquisse, et permettant au peintre de donner une plus grande largeur à l'ensemble. Des éléments de l'esquisse — une bande tout autour du bord — furent supprimés de la version finale pour avancer la scène et resserrer la composition soigneusement calculée du dessin. Quelques personnages supplémentaires ont été ajoutés, entre autres les deux femmes à droite du lampadaire, dans le lointain. La toile finale, ici, est plus resserrée et plus nerveuse.*

plan. Elles sont estompées en couches minces, comme sur les visages et retravaillées avec une peinture plus épaisse, non diluée. Les contours étaient sommairement tracés, les couleurs variant selon l'environnement. Ainsi, une couleur pâle, sableuse apparaît dans les pavés mouillés et des bruns et des gris bleus dans les visages. La clef de la composition, le lampadaire moderne, est peinte en vert viridien vif, mélangé de blanc pour le rendre opaque et plus brillant. L'équilibre total des teintes pâles dans la moitié gauche de la toile, plus sombre et plus riche à droite, est plus apparent dans l'étude que dans la composition finale, qui gagne en intensité, mais perd le caractère direct de l'étude.

Le travail de Caillebotte a été traditionnellement négligé en faveur des œuvres plus connues de Manet, Degas ou Monet. Pourtant son style, jusqu'après 1870, est plus près de celui de Degas et Manet que de celui de Monet ; mais il a une puissance et une originalité indubitables. A cause de sa fortune et de son rôle de mécène, envers ses amis Impressionnistes pendant les années 1870, on tendait jusqu'à une époque récente à sous-estimer son importance comme peintre. Cela a été probablement renforcé par le fait que, dans les années 1880, après une décennie de lutte très active en faveur du mouvement à Paris, il disparut presque complètement des cercles artistiques de la capitale.

*Les deux petits personnages sous le parapluie sont peints avec une vive simplicité. Les contours sombres situent leurs silhouettes, ensuite largement bouchées d'une peinture plus opaque, plus appuyée. Le travail sur le rendu des pavés a été exécuté après les personnages, parce que des touches de la couleur pâle des pavés débordent sur celles des personnages. Elle déborde également sur la ligne de base des bâtiments éloignés. Des jaunes variés et des teintes bleues en mélanges amortis dominent dans la palette.*

*Des traits légers de bruns ou de bleus, ont délimité les contours, remplis ensuite par une peinture plus épaisse. Une reprise a ajouté poids et forme à ces personnages ; les subtiles modulations de couleurs et de tonalités qui en résultent donnent le sentiment de leur volume. Le travail du pinceau aide également, car, malgré sa vicacité, il suit les contours et modèle les personnages. De même pour les parapluies où le pinceau épouse le mouvement des formes. Le détail est réduit au minimum.*

Détail grandeur nature. *Peinture appliquée en coups de pinceau épais pour suggérer la forme des pavés, avec presque une couche de couleur par pavé. Les traînées linéaires définissent le dessin du pavage. Le blanc cassé du fond se distingue à travers les couleurs pour lesquelles il n'y eut pas d'ébauche préalable. Caillebotte s'est concentré sur la structure de la rue, laissant pour la fin la description précise des détails. Ainsi, il ne s'est pas inquiété de couvrir entièrement le premier plan, et a laissé découvertes les bords de la peinture.*

# Edouard Manet

*Paveurs, rue de Berne*
(1878)
Huile sur toile apprêtée gris pâle
63 cm x 79 cm

Pendant six ans, à partir de 1870, Manet eut un atelier dans une rue qui est maintenant la rue de Léningrad, nouveau quartier résidentiel bourgeois près de la gare Saint-Lazare. De sa fenêtre, Manet pouvait voir la rue Mosnier, maintenant rue de Berne, qu'il a peinte dans nombre de toiles, dont celle-ci, avant de quitter cet atelier en 1878. La brillante palette et les nouvelles tonalités légères, manifestes dans cette toile, montrent l'influence sur Manet des techniques et des idées Impressionnistes. Bien qu'il fût bien disposé envers ses jeunes collègues, qu'il rencontrait régulièrement au café et aux soirées dès les années 1860, c'est seulement après 1870 que Manet céda à leur influence. Il commença à faire des études de plein air en 1870 et 1871, et il travailla en 1874, pendant l'été, avec Renoir et Monet à Argenteuil.

Monet s'était installé à Argenteuil en 1872, et la région devint fréquentée par les Impressionnistes pour y faire de la peinture de plein air. C'était suffisamment près de Paris pour que les artistes s'y rendent facilement pour leurs expositions, leurs achats de matériel, les mondanités et les rencontres avec les marchands. En même temps, cette région leur offrait une variété de sujets de paysages, villages, jardins, rivière, d'une nature aimable, familiale. Bien que Manet n'ait jamais communié sincèrement avec l'idéal des Impressionnistes, il travailla directement d'après nature vers le milieu de 1870, et continua à le faire à l'occasion. Résultat de cette expérience, il éclaira et égaya sa palette et, bien que ne la limitant pas comme celle des Impressionnistes, continuant à utiliser le noir et quelques terres de couleur, les forts contrastes de tonalités, caractéristiques de son travail pendant les années 1860, laissèrent graduellement place à des harmonies de tonalité plus voisines, plus pâles.

Les *Paveurs, rue de Berne* est un exemple frappant du pouvoir de Manet à saisir les effets de la lumière de plein air. Le tableau a été peint sur une toile légèrement inférieure au format standard paysage 25 points. Cependant les mesures standard variant d'un marchand à l'autre, il est possible que ce soit un format standard. Un fond gris pâle neutre laisse apparent le grain de la toile, utilisé par place par des traînées de couleur. La couleur de fond rehausse l'effet global de luminosité pâle de la peinture, unifiant les nombreuses teintes ivoire de la couche peinte. Les couleurs sont légères, comme du pastel, avec ajout de beaucoup de blanc de céruse pour accroître leur pouvoir réfléchissant la lumière, et leur évocation des effets du soleil.

En direction du nord-ouest, en haut de la rue de Berne, le soleil d'après-midi tombe de gauche à droite à travers la rue peinte. Ses couleurs jaune chaud baignent la chaussée et les maisons à droite, donnant des ombres pleines de lumière, rendues bleu-violet par contraste... Ni ombres noires, ni forts contrastes ne rompent l'unité imposée par la lumière du soleil. Le bleuté de l'air à l'extrémité de la rue dans le lointain est admirablement rendu ici, où Manet a frotté un mince voile transparent de bleu pâle opaque sur les couleurs de la pierre, pour donner une qualité flottante, et presque sans substance à la lumière réfléchie dans les ombres. L'éclairage dur de son atelier de 1860 a cédé sa place aux effets chaud-froid naturel de l'extérieur, étudiés par les Impressionnistes. La lumière du soleil, envahissante, se combine avec la composition d'ensemble pour produire une ambiguïté entre surface et espace dans cette peinture. La lumière qui uniformise et le manque de contraste entre la profondeur de la couleur au premier plan et à l'arrière-plan tendent à contrarier l'illusion d'espace créée par le profond rétrécissement de la rue plongeant dans le lointain. Les mêmes bleus pâles de l'arrière-plan sont apparents sur les maisons proches et les personnages, et le fragment bleu brillant de ciel en haut à gauche repousse en avant l'arrière-plan, vers l'extérieur du tableau. Le bloc rectangulaire brun-rouge du panneau en haut à gauche est le plus grand morceau de couleur foncée dans le tableau ; par sa couleur frappante et sa forme épousant les bords droits de la peinture, il prend une place prépondé-

*Palette probable de Manet : blanc de céruse (1) et de zinc, noir (2), peut-être terre d'ombre (3), terre de Sienne brute (4), ocre jaune (5), terre rouge ou minium (6), vermillon (7), probablement laque rouge garance (8), bleu de cobalt (9), bleu outremer (10), vert de chrome (11), viridien (12) ou vert de cobalt (13), peut-être du bleu azur.*

*Manet abandonne ici les contrastes de tonalité et les fortes juxtapositions de noir et de blanc, qui avaient caractérisé son œuvre vers les années 1860. Du blanc a été ajouté à la plupart des couleurs, les rendant pâles avec des valeurs pastel, appropriées à rendre le flot de la lumière du soleil.*

rante sur la surface du tableau. Et ceci propulse également vers l'avant l'arrière-plan. La forme du panneau répond également à celle du rectangle de la maison éloignée qui ferme la fin de la rue et, par le fait, relie cette forme à la surface du tableau.

Le point d'observation du peintre, regardant la scène de la fenêtre de son atelier, projette la rue vers la surface de la toile, éliminant l'horizon, qui aurait pu accentuer l'effet restrictif du tableau. Cet effet est cependant renforcé par le changement d'échelle du trait de pinceau, qui est séparé dans le premier plan et brouillé dans l'arrière-plan, et par la diminution d'échelle des personnages et les lignes de perspectives sur les maisons à droite. Ainsi, Manet établit une tension dans la peinture, un équilibre fragile entre ces éléments qui favorisent une lecture de l'espace naturel de la scène et d'autres qui renforcent les qualités du dessin en deux dimensions de la peinture.

Le travail du pinceau de Manet est vif et descriptif, épousant les formes des personnages et des maisons, et accentuant les textures variées de la surface. Les hommes du premier plan refont cette rue avec des pavés, preuve de sa récente construction. L'ouverture de la rue sur le côté gauche, derrière la palissade de bois, semble être encore la construction, représentation du modernisme de la ville et de la peinture.

*Des ivoires pastel mélangés à des bleus froids donnent des ombres vaporeuses pleines de lumière. L'ajout de grandes quantités de blanc rehausse les propriétés réfléchissantes de la peinture. Les bleus pâles, légers mais opaques, ont été brossés. Pour le feuillage, du jaune et des verts de chrome, avec ajout de blanc. Bleu juteux et blanc effleurés et brouillés créent des personnages lointains.*

*Travail libre et très relâché du pinceau, avec plusieurs couleurs pour chaque trait. Ils sont en partie barbouillés, mais les traits séparés sont encore souvent distincts. La peinture, en traînées, laisse voir le fond. Le bleu-vert, très pâle, est probablement du bleu azur, le bleu plus violet, de l'outremer.*

*Un traitement vigoureux combine un travail frais sur frais et un travail frais sur sec. Texture fine, grenue, de la toile, visible par endroits. Des touches orange contrastent avec les bleus complémentaires vifs. Le toucher, délié et diffus, renforce l'impression d'une vie affairée.*

Détail grandeur nature
*Un noir léger transparent, sous-tend les tons de pierre en bas à gauche. Il a été effacé ou gratté par l'artiste, révélant une moucheture de fond gris pâle aux nœuds de la toile. Le grattage était courant pour éliminer les irrégularités de l'ébauche. Le flou autour des épaules et de la tête du travailleur courbé est aussi une preuve du grattage. Des couleurs opaques, frais sur frais ou frais sur sec, ont été appliquées sur l'ébauche. Les couleurs sont, pour la plupart, des teintes cassées de terres pâles et d'ocre. Quelques-unes, comme les bleus et les jaunes, sont additionnées de blanc. Le jaune pâle chaud est peut-être un bleu mélangé, ou le jaune de Naples que Renoir commençait à utiliser de préférence au jaune de chrome.*

*La couleur est généralement très mince, quoique surtout opaque, mais quelques endroits montrent la charge du pinceau qui a laissé des traces en relief. L'usure a effacé le relief de la toile, tout en laissant voir son fond plus sombre.*

# Edgar Degas

*Portrait de Duranty*
(1879)
Détrempe et pastel sur une grande toile non apprêtée
100 cm x 100 cm

Froid, distant, intellectuel, Degas était le type du dandy parisien. Abandonnant, au début des années 1860, les sujets historiques inspirés de l'Académie, il se contraignit, tout au long de sa vie, à traduire les sujets de la vie moderne qu'il voyait autour de lui. Influencé par un jugement éclectique de l'art des Anciens Maîtres et par les grands peintres du XIXe siècle, spécialement Ingres et Delacroix, Degas introduisit dans son art les grandes traditions du dessin et de la couleur. Il combinait tradition et innovation. Il voulait apporter dans la peinture une nouvelle et subtile émotion, débarrasser l'art des caricatures schématisées des émotions auxquelles avaient recours les artistes académiques.

Degas rencontra Duranty vers 1865, et une étroite amitié se noua avec cet esprit frère. Duranty avait été un ferme soutien du Réalisme depuis plus de dix ans, et avait édité une revue *Le Réalisme* qui eut une vie éphémère (1850). Critique d'art et romancier dans la ligne de Flaubert et de Zola, sa renommée fut éclipsée par celle de ces écrivains, ce qui lui laissa un cynisme ironique semblable à celui de Degas. Duranty fut le seul écrivan de son monde dont Degas fit le portrait.

Le *Portrait de Duranty* se situe au début de la période 1875-1885, qui a vu les essais de techniques artistiques les plus réussis de Degas. A cette époque, les artistes exploitaient de plus en plus la matité des peintures modernes, et ici, Degas a utilisé une combinaison d'agents opaques, sans huile : la détrempe. Un mélange à base d'eau et de colle fut le matériel de base de ce portrait, exécuté sur une toile sans apprêt. Un brillant, visible seulement aux endroits où l'on peut voir la toile brute, révèle que le tissu est encollé d'un enduit à la colle. La combinaison de détrempe, retravaillée avec du pastel, utilisée ici, a imparfaitement adhéré au support de tissu souple et les manques sont nettement visibles par places. Le beige pâle de la toile est resté volontairement nu par endroits, et sa chaleur unifie la tonalité générale qui, à cause des tons adoucis de la toile, donne une harmonie sourde.

Les moyens utilisés — détrempe et pastel — sont tous deux mats et opaques, diffusant la lumière réfléchie de la toile. On voit nettement que le pastel, avec ses traits séparés et hachés et poudreux a été travaillé sur les couleurs fraîches de la détrempe. Le pastel a été utilisé avec discernement, surtout sur le modèle, où il concentre l'attention sur le personnage assis en renforçant le dessin et en rehaussant la couleur. Des traits d'un bleu violacé étonnant, pour rendre la lumière réfléchie sur l'ombre, par exemple sur les doigts supportant la tête, ont une qualité lumineuse presque flottante. Un travail de pastel plus bleu, plus sombre, dans le bleu du veston, et quelques coups de noir contribuent à préciser la forme. Des hachures de pastel sur le visage le construisent en termes de couleur modulée et de tonalité ; mais, comme leur direction ne suit pas toujours la forme, ces traits ont une vie propre. Ils contredisent la structure du visage, même vue à certaine distance, ce qui contribue à donner une tension frappante entre l'illusion et la surface du modèle.

La composition du tableau est puissante et caractéristique des expériences tentées par Degas sur la construction picturale et l'espace. Influencé par les estampes japonaises et la photographie, il cherchait à rendre “la marque particulière de l'individu moderne, dans son habillement, dans son comportement social” déclarait Duranty en 1876. Adoptant un format carré, inhabituel, qui renforce l'aplatissement de la surface, Degas a placé la tête du modèle au centre ; le point central de la toile coïncide avec les doigts dressés soutenant la tête. C'était peut-être une allusion humoristique à l'activité intellectuelle de l'homme, aussi bien qu'une pose typique. Le modèle, tel qu'il est placé, semble accablé par l'amas de livres, grossièrement traités, sur les rayons qui se trouvent derrière lui. Il paraît enfermé dans un espace borné, complètement entouré par le témoignage de sa profession qui, sur la pente raide de son bureau encombré, le sépare effectivement du spectateur, dont il évite le regard.

L'alignement des rayons de livres n'est pas non plus fortuit. Le second rayon, en bas à gauche, se relie au troisième en bas à droite, formant avec lui une horizontale gênante, qui coupe l'espace pictural, démentant le retrait, et le plaquant sur la toile. Les couleurs, le bleu brillant et le brun en dessous au premier plan à gauche, remplissent la même fonction, se liant avec les couleurs similaires de l'arrière-plan pour aplanir l'espace pictural. Le résultat général de l'emploi de tels moyens est d'amplifier la tension inquiétante entre le dessin précis et l'illusion de la représentation qui donne du modèle un sentiment aigu de présence.

Degas, à la différence des Impressionnistes, auxquels l'associaient l'amitié et une idée commune de participation aux expositions non officielles, ne travaillait pas d'après nature : “l'art n'est pas un sport”, disait-il. Il travaillait toujours en atelier, souvent de mémoire, reprenant des idées de ses propres tableaux, préférant les effets de l'éclairage artificiel à ceux de la lumière de plein air. Pour lui, l'art était un “mensonge”, un tableau : “quelque chose qui demande autant de ruse, de fourberie et de vice que l'accomplissement d'un crime”.

*Comme beaucoup de ses contemporains, Degas essaya les toiles de format carré en 1870. Ses travaux sur papier, facilement coupé et corrigé, servaient ses idées, lui permettant de les développer avec une grande assurance sur des supports de toile, plus coûteux. Degas employait rarement l'huile sur une toile non apprêtée, techniquement impropre, mais les peintures à l'eau pouvaient sans inconvénient être utilisées sur une toile brute. En fait, l'apprêt sombre sur les parties non recouvertes laisse penser que Degas a donné à son support une protection limitée en l'encollant. En même temps que Degas utilisait des couleurs à l'huile presque exemptes de liant, et appliquées avec de la térébenthine pour donner des effets mats et poudreux, il se servait également de matières naturellement mates. Ici, gouache et pastel, les plus mates de toutes, furent mélangés pour donner une surface pâle, réfléchissant la lumière.*

*Par endroits, la gouache mince a été renforcée par du pastel noir. La signature de Degas semble faire partie du livre. Le flocage est particulièrement visible dans le blanc teinté.*

Détail grandeur nature. *La toile naturelle encollée apparaît comme une couleur et un tissu dans la gouache et le pastel. Le dessin de la toile est essentiel, cassant le flux des couleurs, pour donner un effet de vibration, là où la toile plus sombre se voit à travers les couleurs pâles du haut. Les fils horizontaux sont visibles sur le front du modèle, imitant des rides profondes. La tête est accentuée par un ajout de pastel, et la toile y est utilisée comme couleur.*

*Le traitement large, libre, va à l'encontre de la confiance de Degas en son métier de dessinateur. La torsion du poignet est superbement captée. Les roses dans la partie éclairée contrastent avec les verts de l'ombre. De la gouache noire renforce le dessin des doigts.*

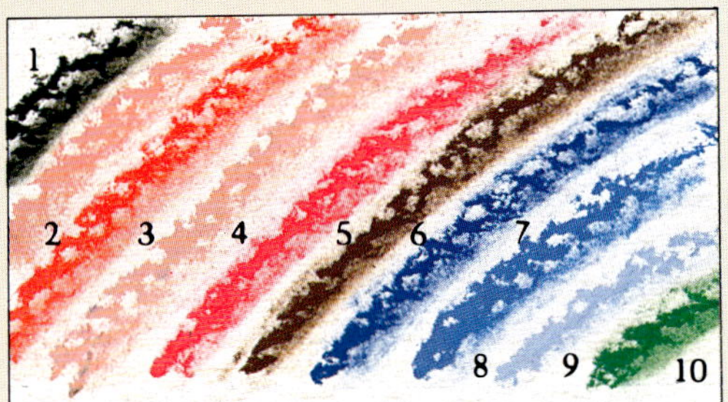


*Les pastels de Degas : blanc (1), différentes teintes de rosés (2-5), terre rouge (6), bleu outremer (7-9), bleu vert de cobalt foncé (8), peut-être du vert viridien pâle (10).*

*Ces deux études dessinées montrent comment l'artiste a commencé son portrait. Seuls de minimes changements sont intervenus quand il a transposé l'étude d'après nature sur la toile. Le torse a été déplacé pour accentuer le relief de l'épaule droite et le modelé du bras a pris plus d'importance. Le nouvel angle des épaules répond à l'angle le plus aigu du bureau, suivant le mouvement du rayonnage et paraissant emprisonner le buste puissant de Duranty dans l'encombrement des papiers. Le dessin final, frappant, des rayons à l'arrière-plan a été imaginé par Degas.*

# Introduction

**1880**
**1890**

Pendant les années 1880, les Impressionnistes affermissaient leurs innovations techniques de la précédente décennie, pendant que faisait son apparition une nouvelle génération d'artistes qui commençaient à remettre en question les idées des Impressionnistes et à adopter leurs techniques à de nouvelles fins. Depuis 1879, la cohésion du groupe impressionniste originel était entamée par l'apparition de nouveaux venus. L'arrivée de Paul Gauguin (1848-1903) et peu après de Georges Seurat (1859-1891) et de Paul Siguere aux Expositions du groupe Impressionistes aviva les germes de désaccord qui s'élevaient parmi les membres les plus anciens. Certains, tel Pissarro, étaient en faveur d'une évolution progressive. D'autres comme Monet et Renoir, voyaient d'un mauvais œil les nouveaux arrivants.

**L'héritage des années 1870**

A la fin de 1870, la plupart des membres du groupe impressionniste commençaient à trouver des moyens plus appropriés, plus structurés pour dépeindre leurs "sensations" visuelles de la nature ; Paul Cézanne (1839-1906) commença, dans la seconde moitié de cette décennie, à adopter ce que l'on a appelé depuis, son coup de pinceau "directionnel". C'est-à-dire que ses coups de pinceau étaient tracés parallèlement, du bord supérieur droit au bord inférieur gauche : direction logique pour un peintre droitier. A

Dans la salle à manger, *de Berthe Morisot (1884) représente la bonne de l'artiste dans sa salle à manger rue de Villejuste à Paris. Dans les années 1880, comme la plupart de ses amis impressionnistes, Morisot continuait à étudier les effets de la lumière naturelle, à l'extérieur et à l'intérieur. Ici, la lumière du jour entre à flots par les larges fenêtres derrière le modèle, mais comme dans le portrait de Pissaro représentant sa femme en train de coudre (1879), les contrastes discordants entre lumière et ombre sont supprimés. Les ombres, comme celle de la servante, qui descendent vers le spectateur, sont pleines de lumière réfléchie et c'est entre les teintes chaudes et les teintes froides que s'établit le contraste. Le trait de pinceau est vif, traînant les couleurs opaques pâles pour créer l'effet flou de la lumière supprimant forme et contours.*

Le château de Médan *de Cézanne fut probablement peint pendant l'été 1880, quand Cézanne était à Médan chez son ami Emile Zola. Il possédait la petite île dans la Seine où fut peinte cette vue. Cézanne a peint la rive du fleuve et le village dans un alignement parallèle au plan de la peinture. Une série de bandes court ainsi, horizontalement, répondant aux bords supérieur et inférieur de la toile. Combinées avec les verticales des arbres, elles forment une solide composition en grille. Des coups de pinceau hachés sont répandus presque uniformément sur le tableau, et la couleur est presque partout de même densité. Ce procédé met l'accent sur le plat de la surface peinte.*

l'origine, dans la peinture traditionnelle et académique, la structure sous-jacente de la composition était basée sur la ligne, sur l'habitude de dessiner en marquant le contour et les bords des formes, sur une tombée conventionnelle de la lumière et de l'ombre, pour obtenir une charpente de lignes ou de tons sur laquelle était alors posée la couleur. La préoccupation de la couleur chez les Impressionnistes, qui impliquait de commencer leur tracé par des touches représentant les taches colorées qu'ils percevaient dans la nature, indiquait que la structure évoluait à mesure que la peinture progressait, par une combinaison de deux éléments clés. Le premier était le tracé global de la composition du sujet sur la toile, le second était l'élaboration de délicates valeurs de couleurs et de contrastes chaud-froid, qui peu à peu se fondaient en une unité harmonieuse égalant l'effet offert par le décor naturel. Le dessin, en tant qu'activité indépendante dans la peinture, fut abandonné. Comme le rappelait Cézanne lui-même dans ses dernières années, "Dessin et couleurs ne sont absolument pas séparés : si vous peignez, vous dessinez. Plus les couleurs s'harmonisent, plus le dessin devient exact".

Dans la première moitié des années 1870, les Impressionnistes s'était appuyés sur un travail de pinceau descriptif pour soutenir le modelé des valeurs de couleurs. Mais, dans la deuxième moitié, le travail du pinceau devint plus libre et prit une vie personnelle. Cette libération eut des conséquences importantes. Cela signifiait que les sensations visuelles de taches de lumière colorée étaient rendues avec plus de justesse, qu'une plus grande conscience des qualités plastiques de la peinture était accentuée. La dimension des coups de pinceau était relativement uniforme sur toute la toile, et ainsi ne contribuait pas à donner une illusion de retrait, mais accentuait la surface de la peinture. Ainsi, l'artiste obligeait le spectateur à se souvenir que le tableau examiné était une *peinture,* avec sa propre réalité, et pas simplement un prolongement du monde du spectateur. Les Impressionnistes n'étaient pas à la recherche d'un art qui trompait l'œil en lui donnant l'illusion du "réel", mais ils songeaient plutôt à imposer au spectateur le sentiment personnel des visions de l'artiste.

A la fin des années 1870, Renoir et Pissarro avaient tous deux développé leurs équivalences personnelles au trait de pinceau "directionnel". Cela est nettement apparent dans le personnage au premier plan de la *Place Clichy* (1879-1880) qui établit un contraste frappant avec les effets frottés et flous évoquant le mouvement, en arrière-plan, de la foule dans la rue parisienne. L'épaisseur du travail de pinceau sur la silhouette de la femme se découpe comme une enseigne, pour attirer sur elle l'attention du spectateur. Pissarro, qui avait travaillé

Monet peignant dans son jardin. *Renoir acheva ce tableau en 1874. Il montre l'artiste avec son équipement de travail pour le plein air au début de 1870. Le chevalet à trois pieds, pliant, est plus facile à porter et l'on peut voir par terre, en dessous, une petite boîte à peinture. A côté, un parasol de peintre blanc est replié. Il servait, aux moments de soleil brillant, à abriter le travail et à éliminer de la surface du tableau le réfléchissement des brillances. Un ciel couvert donne ici une lumière brillante, mais sans ombres pour souligner la forme. Les horizontales et les verticales de la barrière et des bâtiments courent parallèlement au plan du tableau, géométrie adoucie par les coups de pinceau variés suggérant le feuillage et les fleurs. Les couleurs étaient pré-mélangées et travaillées frais sur frais. Mais pour Renoir, c'est une surface lourdement chargée, et de la peinture fut également ajoutée frais sur sec.*

régulièrement aux côtés de Cézanne durant cette décennie, employait une touche “directionnelle” plus contrôlée dans des tableaux comme *Le Bois de l'Hermitage,* Pontoise (1878), une grande toile magnifique que l'on peut considérer comme un résumé de son travail pendant les années 1870 et dans *Paysans surveillant les vaches* (1882). En s'associant à la génération plus jeune des Néo-Impressionnistes, la technique de Pissarro évolua vers son style pointilliste de la fin des années 1880.

Chez Renoir, la nouvelle rigueur annonçait un retour à des méthodes plus traditionnelles, où il remettait en pratique l'habitude de dessins et d'esquisses préparatoires ; il faisait de nombreuses études d'atelier à grande échelle, tout en demeurant attaché à l'éclat des couleurs et à la luminosité des Impressionnistes.

**Seurat et les Néo-Impressionnistes**

C'est le jeune Georges Seurat, chef des Néo-Impressionnistes, dont la vie fut brève, qui a adopté le nouveau style impressionniste du travail ordonné du pinceau, lorsqu'au début des années 1880, il commença à peindre des études à l'huile d'après nature. Son innovation fut une application de hachures entrecroisées qui donnait à ses études une apparente uniformité. Cette technique a pu trouver ses origines en partie chez Delacroix (1798-1863) qui l'utilisait parfois, et dans l'enseignement, à l'Ecole des Beaux-Arts, des méthodes de peinture à l'huile. Comme Degas, Seurat travailla dans l'atelier de l'un des élèves d'Ingres. Comme Degas également, Seurat retira de cette expérience un assujettissement au dessin, à de minutieuses études préparatoires, à la fois dessinées et peintes, et à une symétrie classique harmonieusement construite dans ses études d'atelier. En un sens, Seurat était un classique moderne, amalgamant des aspects de cette tradition, en particulier un solide modelé de la forme, avec l'attachement des Impressionnistes à rendre la lumière extérieure. Cependant, la nouveauté de Seurat résidait dans son désir de trouver une manière systématique, scientifique, de traduire la lumière naturelle, manière, qui, à la différence de l'approche des Impressionnistes, ne laisserait rien au hasard dans ses tableaux. Jusqu'au milieu des années 1880, il concentra ses efforts à systématiser la peinture de la couleur et de la lumière, adoptant une variante de la palette limitée aux couleurs brillantes des Impressionnistes.

La palette des Impressionnistes n'était pas à proprement parler “prismatique”. Pas conforme non plus à la complète saturation chromatique pure des lumières colorées du spectre, pour la simple raison que leurs couleurs étaient des combinaisons de pigments

*Dans* La Cueillette des pommes, *(1886) Pissaro expérimentait les propriétés décoratives d'une toile de format carré. Il subsiste un certain nombre de dessins préparatoires pour cette grande toile. Ils montrent le soin avec lequel l'artiste faisait le plan du tableau. Trois personnages s'éloignent dans l'espace. Ils répondent à la forte diagonale d'ombre violette qui court du bas du centre au centre éloigné. Dans le haut à droite, un second triangle de lumière répète, en l'inversant, celui du bas. La puissance de ces formes et de l'ombre, en rapport avec la forme carrée de la toile, donne à la peinture un aspect plat. Le travail du pinceau, est fait de petites touches hachées qui n'ont pas encore la dimension des touches pointillistes. Les coups de pinceau créent une contexture, qui affermit les qualités de la surface, tout en évoquant les formes. La couleur est plus riche et plus amortie que dans la variante pointilliste ultérieure de ce thème, qui date de 1888.*

chimiques. Les Impressionnistes choisissaient les pigments les plus approchants du cercle chromatique, se concentrant sur les couleurs primaires (rouge, jaune, bleu) et une ou deux secondaires (orange, vert, violet), qui, mélangées, donnent une large gamme de nuances brillantes. Les gradations relatives de teintes sombres ou de teintes de couleurs neutres étaient obtenues en mélangeant des couleurs complémentaires ou proches des complémentaires. Les couleurs complémentaires sont les couleurs en opposition sur le cercle chromatique — rouge et vert, bleu et orange ou jaune et violet. Cela permettait aux artistes d'éviter les effets salissants de l'adjonction de brun ou de noir pour donner des teintes plus sombres. Pour les teintes pâles, on ajoutait habituellement des quantités de blanc de céruse.

L'analyse scientifique des pigments, l'examen visuel des peintures peuvent donner une idée raisonnablement précise des couleurs généralement employées par les Impressionnistes. C'était le blanc de céruse, les jaunes de chrome, les jaunes de cadmium, l'ocre jaune, le vert émeraude, le vert viridien, le bleu de cobalt, le bleu outremer, des laques garance rouge et pourpre et du vermillon. Le noir avait virtuellement disparu des palettes, sauf chez Renoir et Cézanne, après le milieu des années 1870; ils l'utilisaient même comme une couleur en soi. Les jaunes de chrome furent en fait abandonnés par la plupart de ces artistes à la fin des années 1870, car ils avaient tendance à noircir quand ils étaient en contact avec des pigments contenant des sulphides.

L'éclat des couleurs dépendait moins de leur relation à l'intérieur d'une peinture, que de l'éclat particulier de chacune. C'est pour cette raison que Renoir adopta le jaune de Naples, terne, au lieu des jaunes de chrome brillants.

A la fin des années 1870, Monet substitua les jaunes de cadmium aux chromes problématiques. Lui, Pissarro, Sisley (1839-1899) et Mary Cassatt (1845-1926) utilisaient tous des violets de cobalt relativement purs dès le début de 1880. Ils avaient pourtant déjà employé cette couleur beaucoup plus tôt, mais seulement en mélanges. Cézanne et Renoir utilisaient tous deux quelques-unes des terres de couleur, plus ternes, mais pâles, comme l'ocre jaune, la terre de Sienne brute, des terres vertes et jaunes, et aussi le jaune de Naples. Renoir les appelait "intermédiaires", voulant dire par là que l'on pouvait les obtenir en mélangeant les couleurs primaires plus brillantes et le blanc. Malgré tout, ces artistes essayaient d'éviter des mélanges excessifs dangereux, et les couleurs en tube, plus ternes, ne furent employées que comme expédients.

Plus les couleurs sont mélangées, plus la teinte qui en résulte est sombre, les pigments réagissent "soustractivement". C'est-à-dire que le total des couleurs qu'ils réfléchissent vers l'œil diminue proportionnellement à chaque adjonction de couleur dans un mélange. La lumière colorée réagit de façon inverse ou "additionnellement" : l'ajout de couleurs lumineuses donne un mélange progressivement pâle, aboutissant finalement à une lumière blanche pure, c'est-à-dire à la reconstitution du prisme de l'arc-en-ciel. Ainsi, en évitant un mélange excessif de couleurs pigmentaires on retenait le maximum du pouvoir réfléchissant de chacune d'elles ; par exemple, le jaune de Naples du tube serait plus pâle que ne le serait celui obtenu par un mélange sur la palette.

*Mary Cassatt :* Lydia faisant du crochet dans le jardin à Marly *(1880). Cette toile représente la sœur de l'artiste, qui était invalide. Elle figura à la sixième exposition impressionniste de 1881. Degas remarqua qu'elle "tenait" bien à la lumière de l'atelier. La teinte adoucie du fond s'harmonise avec les valeurs de demi teintes du tableau. Il fut peint dans un éclairage assombri, sans ombres. Le modèle sort de la toile et est poussé vers le spectateur, contre une rangée de superbes plantes rougeoyantes comme une plaque massive de couleur. Cela donne un effet aplanissant renforcé par la couleur unie du sentier et le grillage des fenêtres au fond. Tous moyens qui fixent l'attention sur le modèle.*

**La palette des Néo-Impressionnistes**

Les Néo-Impressionnistes eurent une attitude encore plus rigoureuse que celle des Impressionnistes à l'égard des mélanges de couleurs. Ces derniers mélangeaient sur la toile, ou même sur la palette des couleurs opposées sur le cercle chromatique, parce que cela donnait des teintes neutres tendant vers le gris. Au contraire, les Néo-Impressionnistes prônaient le seul mélange de teintes voisines sur le chromatique, qui donnait des couleurs plus brillantes, plus pures. Comme les Impressionnistes, ils augmentaient la luminosité réfléchissante des surfaces peintes en ajoutant du blanc à la plupart de leurs mélanges. Bien que, à partir de 1883 ou 1884, quand Seurat acheva sa première grande toile *Bains à Asnières,* il introduisît des couleurs de terre dans sa palette, qu'il supprima ensuite de sa gamme de couleurs. Paul Signac se souvint de la palette typique néo-impressionniste, version prolongée de celle des Impressionnistes, excluant les terres de couleur. Pour les jaunes, ils utilisaient les cadmiums, du plus foncé au plus pâle, les laques garance et le vermillon pour leurs rouges. Le violet de cobalt, l'outremer et les bleus de cobalt, le bleu azur couvraient la gamme du pourpre au bleu. Ils utilisaient plus de verts que les Impressionnistes, vert viridien et deux verts "composés", probablement différentes teintes de vert de chrome, mélange du commerce de jaune de chrome et de bleu de Prusse.

Depuis le XVII^e siècle, la palette des artistes était traditionnellement disposée, dans un ordre tonal, commençant par le blanc, placé près du pouce, et se déployant autour du bord de la palette pour finir avec

*Louis Hayet, peintre ami de Pissaro, et son fils Lucien, ont peint ce cercle chromatique basé sur la roue des couleurs d'Ogden Rood. Cette carte a aidé les Impressionnistes dans le choix méticuleux de leurs couleurs. Au contraire du cercle chromatique établi précédemment par Chevreul, la gamme des verts a été plus lorgement accentuée. Seules les couleurs contiguës sur le cercle étaient prémélangées, aussi les couleurs gardaient-elles la pureté de leur teinte.*

le noir. Dès 1880, une nouvelle méthode de disposition sur la palette est apparue. Les Impressionnistes ne faisaient pas de mélange préalable et disposaient toutes leurs couleurs avant de commencer à peindre. Leur façon rapide d'enregistrer les effets fugitifs de la lumière nécessitait un réajustement constant de leurs couleurs. Leur technique de presser les tubes de couleur et de les appliquer à mesure des besoins, leur donnait une plus grande spontanéité, que celle des mélanges préalables des anciens. Durant les années 1870, il est vraisemblable que les Impressionnistes développèrent le nouvel arrangement "prismatique" de leurs couleurs, les disposant comme sur le cercle chromatique, dans l'ordre des couleurs de l'arc-en-ciel, plutôt que du blanc au noir.

Ce procédé fut affiné et systématisé par les Impressionnsites. Depuis, sauf pour les études préparatoires à l'huile d'après nature, la rapidité à saisir les effets fugitifs de la lumière n'était pas dans leur méthode, et le placement sur la palette redevint prémédité. Non seulement leurs couleurs pures sorties du tube étaient disposées selon le cercle chromatique — jaunes, rouges, violets, bleus, verts et retour au jaune — mais les nuances modulées avec le blanc étaient préparées d'avance et disposées séparément sur la palette.

Cependant les Néo-Impressionnistes continuèrent à utiliser certaines méthodes développées par les Impressionnistes. Comme eux, ils étaient convaincus des avantages des surfaces mates et des mélanges avec le blanc qui donnaient une plus grande réflexion de la lumière et, par le fait, une évocation plus lumineuse et plus juste de la lumière. Les Néo-Impressionnistes récusaient aussi l'usage du vernis qui faussait les réactions des couleurs délicates et soigneusement calculées, assombrissait les effets de la surface pâle et opaque, et détruisait la matité de leurs peintures. Les Néo-Impressionnistes adoptèrent des peintures relativement exemptes d'huile qui donnaient des surfaces mates produisant le même effet que des surfaces sous la lumière du soleil. Pour recréer les effets de vibration de la lumière extérieure, ils adoptèrent des toiles préparées avec un apprêt absorbant.

Pour la peinture à l'huile, les artistes avaient préféré des fonds non absorbants, à base d'huile, parce qu'ils rehaussaient les couleurs tout en sauvegardant le fond brillant. Cependant, les fonds absorbants furent réintroduits par les marchands au début du XIX^e siècle. Ils étaient semblables aux fonds plâtreux, faits de craie et de blanc d'œuf utilisés a tempera avant la Renaissance. Le but des marchands était purement économique, les fonds absorbants séchant plus rapidement que ceux à base d'huile. Cependant, les fonds absorbants retirent l'huile des couleurs, donnant une peinture plus sèche et plus crayeuse. Ce fini mat, combiné avec le fond blanc absorbant, donnait une qualité de brillant, réfléchissant la lumière, qui convenait parfaitement aux Néo-Impressionnistes.

Dans ses grandes toiles achevées dans la première moitié des années 1880, Seurat employait un fond opaque qui occultait la plus grandc partic de l'apprêt blanc ; mais cela ajoutait encore à la brillance générale et à la solidité de sa couche peinte. Cependant, dans ses études — souvent d'après nature —

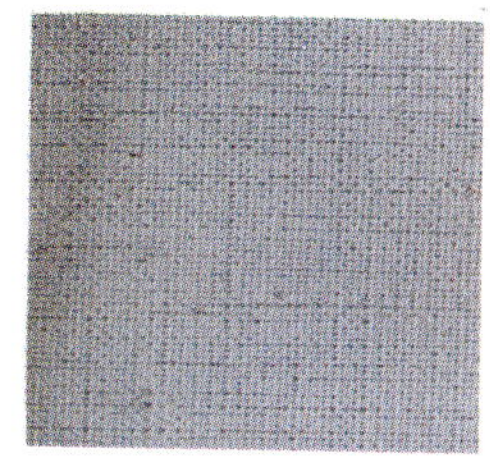

*Ce spécimen d'une toile ordinaire date d'environ 1900. Son fond est un fond "absorbant" du type préféré par les Néo-Impressionnistes. Il a probablement reçu comme apprêt un simple enduit de craie et de blanc d'œuf, et était couramment vendu par les marchands français.*

*Dans ce détail des* "Attributs des Arts" *(1766) de Chardin (1699-1779) : une palette, un couteau, une boîte de peinture et des pinceaux. La palette est ovale et porte un assortiment de couleurs. Elles sont placées, du blanc, près du trou du pouce, aux teintes plus sombres. Avec l'apparition des viroles en étain, on pouvait obtenir des formes plates, en usage chez les Impressionnistes. Un gobelet de métal pour garder la peinture moyenne ou diluée est fixé au bord de la palette. Les palettes étaient en bois sombre, ce qui rendait difficile pour les artistes, peignant sur des fonds légers, de juger les valeurs des couleurs mélangées sur la palette.*

ses traits de pinceau libres entrecroisés, laissaient apparaître l'apprêt. Il est clair qu'il utilisait alors des fonds teintés, surtout gris, semblables à ceux employés par les Impressionnistes. A l'occasion, il utilisait des petits panneaux de bois, ordinairement des couvercles de boîtes à cigares, souvent laissés sans apprêt pour que le rouge-orange chaud du bois joue un rôle actif, unifiant et complétant les couleurs appliquées franchement sur la couche peinte. Comme dans la pratique académique, ces petites peintures étaient soit des études, sorte d'aide-mémoire, où Seurat notait ses premières impressions de lumière et de couleur sur place, soit des pochades rapides où il expérimentait des alternatives de composition pour des travaux à grande échelle. Tout cela était finalement utilisé comme le matériel brut de son travail d'atelier.

La technique de dessin de Seurat, adoptée par beaucoup de ses suivants, était très personnelle, malgré une similitude avec les techniques qui inspirèrent Millet dans ses dernières œuvres.

Dans les premières années de sa carrière, tout en approfondissant son intérêt pour la couleur en lisant et en étudiant les maîtres comme Delacroix, Seurat se consacra presque exclusivement au développement de sa technique du dessin. Ceci était tout à fait en accord avec la pratique académique ; pourtant les images qui en résultaient, leur classicisme limpide, hors du temps, offraient peu de références aux méthodes académiques reconnues. L'outil préféré de Seurat pour ses dessins était un crayon Conté noir, une mine de fabrication si fine qu'elle semblait, au toucher, être de cire.

Il travaillait sur un papier rugueux fait à la main, le papier Michallet, marque française renommée, appelé communément "papier Ingres".

En variant la pression de la mine douce, sur le blanc-ivoire de ce papier, il pouvait obtenir une grande variété de tons. Les marques légères prenaient uniquement sur les protubérances du papier, laissant blancs les creux, alors que les marques appuyées poussaient le crayon dans les trous, donnant une surface totalement noire. Cette méthode éprouvée de dessin renonçait à l'usage de la ligne pour créer la forme, s'appuyant au contraire sur un subtil modelé de tons, donnant à Seurat la possibilité de développer son vigoureux traitement de la forme à travers des contrastes de tonalité, qu'il transposait dans sa peinture en modulation de couleurs et en contrastes.

**Pointillisme et théorie de la couleur**

La technique pointilliste mûrie de Seurat, dans laquelle des points de couleurs pure presque uniformément "mécaniques"

*Palette "d'harmonie complémentaire" publiée en 1889 : interprétation de la palette restreinte des Impressionnistes et Néo-Impressionnistes. Bleu de Prusse (1), bleu outremer (2), bleu de cobalt (3), laque jaune (4), terre de Sienne pure (5), jaune indien (6), ocre jaune (7), jaune de cadmium foncé (8), jaune de cadmium pâle (9),*

*jaune de Naples (10), blanc de céruse floconneux (11), vermillon (12), rouge garance (13), rose garance (14), rouge indien (terre rouge) (15), Sienne brûlée (16) brun Van Dick (17), terre d'ombre foncée (18), ivoire noir (19), vert viridien (20), vert émeraude (21), vert de cobalt (22), vert de chrome (23) et vert malachite (24).*

*Placement de la palette prismatique de Signac. jaune de cadmium moyen (1), jaune de cadmium profond (2), vermillon (3), rouge garance (4), rose garance (5), violet de cobalt (6), bleu outremer (7), bleu de cobalt (8), bleu azur, vert viridien (9), vert de chrome pâle (10), vert de chrome foncé (11), et jaune de cadmium pâle (12).*

*Cette photographie de* Neige à Louveciennes *(vers 1874) de Sisley a été prise au cours de sa restauration par le département de technologie de l'Institut Courtauld à Londres. Elle montre les effet dramatiques de la saleté et du vernis décoloré. Le vernis jaunâtre bleuit les verts et jette une chaleur indésirable sur toutes les valeurs colorées. Pour éviter cela, la plupart des Impressionnistes et Néo-Impressionnistes préféraient ne pas vernir leurs toiles. Non seulement le vernis rendait la surface brillante, mais obscurcissait aussi les teintes pâles.*

Le Glaneur *(vers 1883) fut dessiné par Georges Seurat au crayon Conté sur papier Ingres. Dans ce dessin, Seurat fit ressortir les gradations tonales en variant la pression et la densité des marques de crayon. Le blanc du papier transparaît donnant l'impression que la lumière émane du dessin lui-même. La trame entrecroisée des coups de crayon peut sembler téméraire et désordonnée, mais le procédé peut, en fait, avoir été inspiré par l'approche de l'esquisse à l'huile enseignée par son professeur d'académie Lehmann. A cette période Seurat travaillait de la même façon pour de petites esquisses à l'huile. Indubitablement, le travail de pastel de Millet eut une importance encore plus grande dans la formation du style carastéristique du dessin de Seurat.*

*Seurat développa sa touche du point pendant l'été 1885, quand il exécuta* Le Bec du Hoc à Grandchamp *(ci-dessous). Le bord central du rocher (à droite) montre que, malgré une touche réduite, la forme de la marque varie toujours, différenciant subtilement la contexture et suivant les formes.*

étaient déposés sur la surface entièrement apprêtée, lui était déjà habituelle avant 1885, quoique utilisée différemment. Ainsi, un effet de points est visible dans ses dessins au crayon Conté. Les points de peinture crayeuse s'accrochant aux grains de la toile ou à de premiers coups de pinceau déjà secs dans des œuvres comme *La Baignade* (1883-1884), présentent à l'œil un effet de petites taches sans ordre, comme des couches de couleurs brisées laissant apparaître les couleurs précédentes. Cependant, son application méthodique de points colorés, développée dans des œuvres comme *Le Bec du Hoc* était une systématisation de précédents effets “accidentels”. L'usage de cette technique du point aurait été inspirée à Seu-

rat par le développement de l'impression en couleur. Seurat montra beaucoup d'intérêt pour cette forme d'art populaire, à la fois pour ses techniques et pour ses dessins stylisés. Le goût de Seurat pour les formes d'art populaires, "démocratiques", et sa fascination pour la science moderne et la technologie, reflètent ses tendances politiques foncières.

Seurat trouva les fondements de son utilisation de points de couleur dans l'important traité : *Chromatique moderne* écrit par un théoricien américain de la couleur, Ogden Rood et publié en 1879. Cependant, une préfiguration de ces idées avait paru dans les écrits de Michel Eugène Chevreul, Charles Blanc et John Ruskin, théoriciens de la couleur et critiques, que Seurat avait également consultés. Rood soutenait que les mélanges optiques des rayons de lumière colorée, réfléchis par la surface peinte et se fondant sur la rétine du spectateur, avaient une luminosité bien supérieure à celle fournie par les mélanges tristes et conventionnels sur la palette.

Dans la peinture de Seurat, les rayons de lumière colorée venant de chaque point séparé ne devaient pas produire un mélange optique de plus grande intensité que leurs composants primitifs individuels. Ils ne devaient pas non plus se fondre complètement sur la rétine, car les points étaient généralement trop distincts pour cela. Vue à la distance appropriée — trois fois la longueur de la diagonale du tableau — la fusion incomplète des points colorés procurait une sensation optique clignotante. Parce que, comme le remarqua avec perspicacité l'influent critique symboliste Felix Fénéon, en 1886, "la rétine, attendant l'action sur elle de groupes distincts de rayons lumineux, perçoit, dans une très rapide alternance, à la fois les éléments colorés dissociés et leur couleur résultante". Pour Seurat, cela donnait un équivalent pictural aux chatoiements subtils de transparence, et reflétait la lumière que l'on trouve souvent dans les demi-tons et les ombres de la nature. Il atteignait un double objectif. D'une part, il ajoutait à la peinture la luminosité limpide de l'atmosphère, de l'autre, il donnait un fort sentiment du modelé des formes, car il pouvait créer, à partir des couleurs pleines de la palette, d'infinies variations en augmentant la proportion de blanc.

Entre 1886 et 1888, le désir de Seurat de systématiser la peinture s'accrut : il chercha une méthode pour transposer les effets privisibles de l'émotion en utilisant des combinaisons précises de lignes de couleur et de tons. Cette nouvelle préoccupation était inspirée à la fois par les écrits de son contemporain, le psychologue et critique esthétique Charles Henry et par les idées des écrivains symbolistes, qui commençaient à percer. En réaction contre les idées acceptées du naturalisme, et contre la société moderne et la technologie, le Symbolisme mettait l'accent sur le monde intérieur et émotionnel du créateur, en opposition au monde naturel extérieur, qui avait été si longtemps la principale source d'inspiration des artistes.

L'idéal symboliste influença les mouvements artistiques pendant les années 1880-1890, représentant le premier refus général des idées impressionnistes. En dépit de cette réaction, les procédés impressionnistes de peinture continuèrent à fournir une source fertile d'inspiration à de nombreux artistes. Les développements d'après 1890, qui apparaissent comme une réaction contre l'Impressionnisme doivent beaucoup, en fait, au potentiel vivant libéré par le style et les innovations techniques des Impressionnistes.

*Ceci est un exemple de chromotypogravure paru dans* l'Illustration *en décembre 1885. Dans les débuts de cette méthode de reproduction, les couleurs se présentaient comme une série de points. Cela peut avoir inspiré le développement de la méthode pointilliste de Seurat. On sait qu'il avait été séduit à la fois par la technologie moderne et par les images tirées de la culture populaire. Ce détail montre la similitude entre la méthode de Seurat et celle utilisée pour cette impression en couleur.*

# Paul Cézanne

## *Montagnes vues de l'Estaque*
## (1878-1880)
## Huile sur papier ivoire préparé, monté ensuite sur toile
## 53,3 cm x 72,4 cm

Cézanne naquit à Aix-en-Provence, pas très loin de la côte méditerranéenne française où fut peint ce tableau. Son éducation de peintre fut influencée en permanence par la brillante lumière dorée du Midi. Après des séjours réguliers et prolongés dans la capitale entre 1860 et 1870, le dégoût de la ville et la désillusion due à son manque de succès l'encouragèrent à revenir dans le Midi pour y reprendre son existence plus solitaire. Visité régulièrement par des amis, comme Monet et Renoir au début de 1880 et plus tard par des artistes de la jeune génération, Cézanne passa moins de temps à Paris. Le climat généralement plus stable et plus clément, la luminosité et la pureté du ciel du Midi offraient à l'artiste les conditions idéales pour résoudre ses préoccupations personnelles : peindre d'après nature.

Cézanne peignait lentement et soigneusement, revenant souvent sur la même toile pendant des années. Le climat plus régulier du Midi travaillait en sa faveur, lui permettant de retoucher un motif ou un sujet pendant plusieurs jours et de comparer différents effets atmosphériques. Il prit conscience que, la peinture ne pouvant reproduire la lumière du soleil, l'artiste devait traduire la lumière par le truchement de la couleur. Son souci constant de trouver le ton précis et la juste couleur dans chaque coup de pinceau venait de son besoin de construire une totale harmonie de couleurs (comme dans la nature) où nulle touche ne devait jurer avec les autres. Une seule note choquante dans un tableau et il aurait dû retravailler l'œuvre entière.

*Montagnes vues de l'Estaque* est un exemple de cette recherche appliquée de la nature chez Cézanne. Comme nombre d'esquisses de paysages à l'huile des XVIII^e^ et XIX^e^ siècles, le travail fut exécuté sur papier. Cézanne choisit peut-être ce support par souci d'économie, ou à cause de sa maniabilité ; le format, le fini de l'œuvre montrent qu'il ne considérait pas son travail comme une simple esquisse. Environ 15 années plus tard, il exécuta sur un support à peu près identique une œuvre importante : *Nature morte avec l'Amour en plâtre.* Ce papier préparé était vendu dans les formats standard des toiles ou des papiers. Ici, il a la taille d'un 20 paysage (73 x 54 cm) et d'un "demi grand aigle" (75 x 52 cm). Le papier préparé était recouvert d'un apprêt teinté d'ivoire pâle, et disponible dans deux textures différentes. La première avait l'aspect de la toile qui était pressée sur le support humidifié afin d'y marquer son empreinte. La seconde texture donnait l'illusion d'une peinture moderne émulsionnée appliquée au rouleau. C'est ce dernier revêtement que choisit Cézanne. Des trous d'épingle aux coins indiquent qu'il a dû être fixé pendant le travail sur un carton solide ou sur une planchette en bois.

Dans *Montagnes vues de l'Estaque* comme dans *Nature morte avec l'Amour en plâtre,* Cézanne laissa intentionnellement transparaître çà et là le fond ivoire à travers les touches de couleur, le laissant même à nu par endroits. Ces taches ivoire, mêlées aux couleurs du peintre économisaient peut-être son temps ! Ou bien laissait-il des blancs en attente pour les recouvrir plus tard de couleurs brillantes. Comme Renoir, Cézanne exploitait les effets de contraste entre couleurs chaudes et froides. Là où la chaleur du fond ivoire transparaît, il crée de vibrants contrastes avec les couleurs froides de la peinture. Ainsi, en se juxtaposant, les bleus opaques sur l'horizon à gauche et le fond ivoire auquel ils se heurtent, se renforcent mutuellement. Le bleu froid semble plus bleu et plus froid, l'ivoire du fond en est réchauffé et paraît rosé. Par un effet d'optique, les couleurs chaudes ressortent et les froides donnent de la profondeur ; elles peuvent ainsi être utilisées pour modeler les formes et donner du recul aux structures de l'espace. La palette de Cézanne est limitée, mais par des mélanges subtils et modulés et l'usage répété de la même couleur dans différents contextes, le peintre donne à son œuvre une extraordinaire harmonie.

*Composition probable de la palette de Cézanne pour ce tableau : blanc de céruse (1), blanc noir de zinc (2), jaune de chrome (3), ocre jaune (4), terre rouge (6) ou vermillon (7), bleu de cobalt (8), bleu outremer (9), vert viridien (11) et vert émeraude (12).*
*Probablement d'autres pigments tels que : jaune de Naples (5), bleu de Prusse (10) et vert de chrome (13).*

Peinture translucide et légère du ciel, fond ivoire visible

Fond ivoire visible parmi les couleurs de l'horizon

L'absence d'ombre de l'arbre laisse entier le mouvement de la butte.

L'ombre est teintée par le bleu du ciel

Les lignes fluides dessinent l'ombre

La reprise hachée des couleurs du ciel est inachevée

Large travail des couleurs

Rouge brillant

Les lignes verticales parallèles suivent le plan

Coups de pinceau courbes et pleins pour le feuillage

*Les coups de pinceau séparés de Cézanne servaient à la fois à enregistrer ses visions de la couleur et à structurer sa composition. Ici, les touches varient selon les angles des plans et la direction des formes. Les arbres du premier plan sont traités avec des courbes qui suggèrent leur forme caractéristique. Les couleurs du site brillent dans une lumière claire, modifiée par la chaleur de la lumière et le bleu froid de l'ombre.*

La construction en pierre du premier plan révèle les effets de la chaude lumière du soleil en plein air. A la différence de la plupart des Impressionnistes, Cézanne a souvent choisi des sujets éclairés de côté ; ici la lumière tombe avec un angle d'environ 45 degrés, de droite à gauche, à travers le paysage. Le jaune chaud du soleil projette une ombre bleutée qui capte la lumière du ciel bleu clair de la Méditerranée. Cette ombre ajoute même une structure à la composition en "ancrant" la forme qu'elle dépouille et en délimitant le sol sur lequel la construction repose. L'alternance des couleurs chaudes et froides donne forme et espace à la scène.

On peut voir dans ce tableau le travail du pinceau "directionnel" développé par Cézanne dans les années 1870. Par endroits, il reste grossier. A l'arrière plan, la montagne, par exemple, est très sommairement exécutée, mais la direction et la dimension des touches sont uniformes. Parfois, le trait s'enroule, suivant et accentuant les plis bien distincts du paysage qui s'emboîtent, comme à certains endroits du premier plan. Cézanne a choisi un point élevé qui domine la scène, valorisant le paysage qui va en s'aplanissant vers le bas, et coupe en haut l'espace du ciel.

Cézanne travaillait de préférence en plein air, sous une lumière très claire, particulièrement après les orages, lorsque l'air est très pur. Dans une telle lumière, même les lointains semblent très proches et le phénomène de perspective aérienne — couleurs plus pâles et plus bleues vers l'horizon — est réduit au minimum. Les tons du paysage sont au maximum de leur pureté, et les couleurs des lointains ont presque la même intensité que celles des plans plus rapprochés. Cette saturation uniforme de la couleur apparaît dans le tableau et contredit l'illusion d'espace. La dimension uniforme du trait de Cézanne rend le spectateur très conscient des textures et des qualités visibles et produit un effet tout à fait similaire. Les contradictions entre la surface plane et l'illusion d'espace dans la peinture de Cézanne, comme dans celle de Monet et de Pissarro, créent une tension visuelle tout à fait caractéristique.

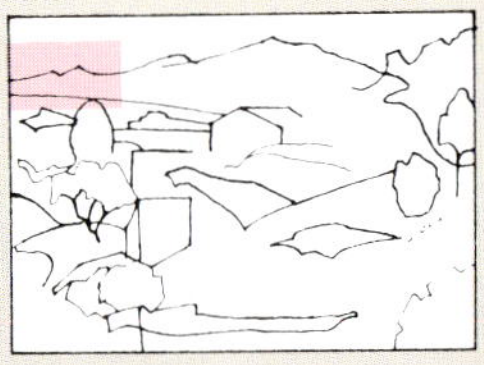

Détail grandeur nature.
*Le fond ivoire sur le support de papier est nettement visible ici, car il n'est pas recouvert le long de la ligne des montagnes. Là, la couleur ivoire rend plus intenses les bleus froids du ciel et des collines. Le bord chiffonné du papier apparaît à gauche. Le travail fut fixé sur toile pour en assurer la conservation, probablement quand Gauguin l'eut en sa possession vers 1880.*

*Les coups de pinceau délimitant la surface de l'arrière-plan sont de même dimension que ceux du premier plan. Ce procédé est contraire à l'usage plus conventionnel de coups de pinceau de dimensions variées qui suggèrent la profondeur et l'éloignement. Les paysagistes plus traditionnels avaient tendance à peindre largement le premier plan et à diminuer l'échelle du trait pour les "lointains". De même, Cézanne évitait l'usage de la perspective aérienne, l'échange des tons vers la ligne d'horizon pour évoquer la distance. Il peignait tous ses paysages avec la même intensité de couleur.*

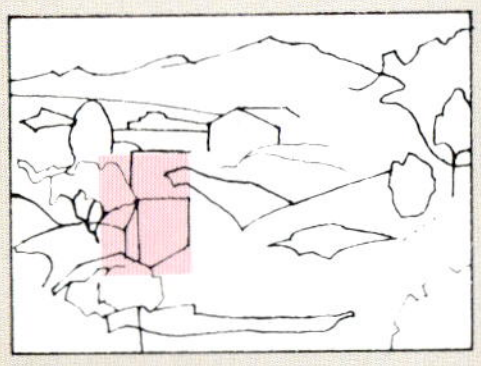

*Des coups de pinceaux verticaux, massifs, contribuent à définir la forme de la structure, tandis que l'ombre bleue lumineuse sur le côté du mûr ajoute de la solidité. L'ombre jetée par la construction l'ancre dans l'espace, délimitant le sol sur lequel elle repose. La peinture est épaisse et opaque. Les touches de blanc évoquent la qualité de la lumière d'été du Midi en se posant sur les surfaces pâles et poudreuses.*

*La* Nature morte avec l'Amour en plâtre *de Cézanne (vers 1895) est peinte sur le même support que les* Montagnes vues de l'Estaque. *Un papier préparé du commerce, enduit d'un fond ivoire que l'on perçoit à travers les couleurs. Par endroits, le fond ivoire a été laissé à nu pour apparaître comme une nuance, un ton propre, tandis que sur le centre droit, les teintes légères chaudes et froides de la surface, du plancher sont nuancées par le ton ivoire qui transparaît.*

*Ici, les contrastes entre les coups de pinceau et l'épaisseur de la peinture sont très visibles et constituent l'arrière-plan du tableau. En même temps, ce sont les coups de pinceau directionnels de bleu léger qui délimitent le plan médian.*

# Pierre Auguste Renoir

*Rochers à l'Estaque*
(1882)
Huile sur toile blanche apprêtée
66 cm x 80,5 cm

A l'instar de Monet, Renoir, au début des années 80, rechercha de nouveaux sujets de paysages. Au printemps de 1881, il se rendit en Afrique du Nord, suivant les pas de Delacroix (1798-1863) qui avait fait le même voyage presque 50 ans plus tôt. Durant l'hiver 1881-1882, Renoir fit le traditionnel pélerinage en Italie. Très tôt ce voyage avait été considéré essentiel pour les artistes de tradition classique. Mais, au XIXe siècle, la tradition classique était inextricablement liée au monopole académique par le système des Prix de Rome. Renoir espérait ainsi calmer la critique qui, en 1870, avait classé ses œuvres comme révolutionnaires. Il était en train de rejeter ce que, à ce moment, il considérait comme l'inconsistance de la méthode des Impressionnistes, et il cherchait à allier à la vision et à la palette des Impressionnistes une technique plus organisée et plus structurée.

A son retour, après avoir étudié les fresques de Raphaël à Rome et les fresques de Pompei, il s'arrêta à l'Estaque, au début de 1882, pour voir Cézanne. Là il contracta une pneumonie et Cézanne le soigna.

*Les Rochers à l'Estaque* datent de cette visite, et furent exécutés probablement pendant que Renoir travaillait en compagnie de Cézanne. Alors que Cézanne apprenait de Renoir l'emploi raffiné des harmonies de couleurs chaudes et froides, qu'il admirait sans restriction, Renoir apprenait de Cézanne la façon de donner une plus grande structure à l'arrangement de ses compositions.

Au début des années 80, Renoir s'essaya aux fonds épais, d'un blanc doux, qui masquaient la texture de la toile et donnaient une base brillante réfléchissant au maximum la lumière à travers les couleurs transparentes comme des joyaux, du fond de peinture. Au contraire des fonds plâtre, doux, mats, absorbants, de la peinture de chevalet des Italiens et des Flamands, les fonds de Renoir à base d'huile, étaient brillants et relativement absorbants. Ils étaient appliqués au couteau, probablement par Renoir lui-même, comme le révèlent, sur les bords, les marques grossières de la lame. Les fonds étaient ordinairement ajoutés pardessus un simple enduit grenu de blanc du commerce, excellent support pour la couche supplémentaire. D'autres exemples donnent à penser que le fond épais, au couteau, était parfois appliqué directement sur la toile brute — mais probablement encollée —. Jean, le fils de Renoir, rappelle, dans ses souvenirs, les ingrédients des derniers fonds de son père, probablement semblables à ceux de cette période. Du blanc de céruse avec un tiers d'huile de lin et deux tiers d'essence de térébenthine. Un fond de ce type, ajouté sur la préparation commerciale, est apparent dans les *Rochers.* La surface lisse accroît la riche saturation colorée, particulièrement des teintes plus transparentes de la couche peinte, leur donnant un aspect comparable à celui de la lumière brillant à travers une glace de couleur. Notant la préférence de Renoir pour les couleurs claires et transparentes, un écrivain remarquait plus tard : "le blanc du fond joue aujourd'hui le rôle que remplissait le kaolin dans ses assiettes, autrefois", référence à l'époque où Renoir peignait sur porcelaine.

Par endroits, malgré des effets de peintures durs, crayeux, avec du blanc de céruse opaque, l'impression dominante est celle d'une couleur brillante et pleine de saveur. Un mélange de couleurs préalable est évident, mais la plupart d'entre elles sont juxtaposées ou mélangées sur la surface même de la toile. Les mélanges de Renoir ne produisent jamais des neutres lourds, produits ordinairement par les mélanges de plus de deux couleurs ou par la combinaison de deux couleurs directement opposées sur le cercle chromatique. De telles teintes neutres étaient plus vives que celles obtenues en ajoutant des couleurs sombres ou foncées ; mais elles étaient cependant toujours plus terreuses que celles produites par la méthode de Renoir. Cela impliquait un mélange de couleurs juxtaposées, comme le bleu et le rouge ou le vert et le jaune. Cette technique devait, plus tard, être à la base des mélanges de couleurs des Néo-Impressionnistes. Les couleurs de Renoir dans ce tableau sont si pures et si bien séparées qu'il est relativement facile de les dissocier. Le vert viridien transparent domine parmi le vert et le cobalt dans les bleus. Les jaunes étaient des jaunes de cadmium, et il y

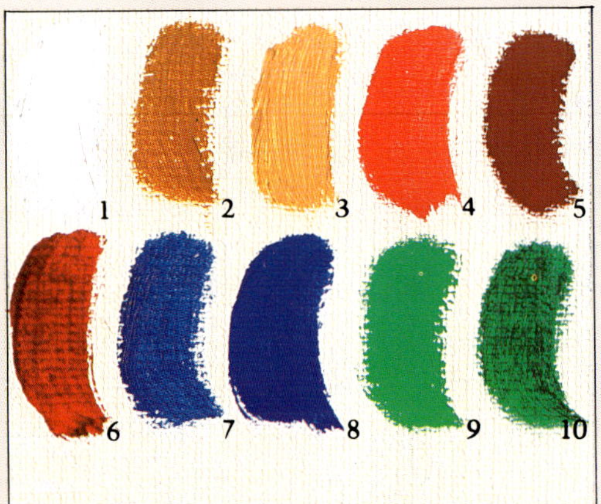


*Composition probable de la palette de Renoir pour ce tableau : blanc de céruse (1), ocre jaune (2), jaune de Naples (3), vermillon (4), ou terre rouge (5), laque rouge garance (6), bleu de cobalt (7) peut-être bleu outremer (8), vert viridien (10) et probablement émeraude (9) ou verts de chrome.*

Crème opaque crayeux

Bleus, jaunes, verts et blancs mélangés frais sur la surface de la toile

Jaune, garance et bleu mélangés

Délicates touches de couleur très légères

Traits directionnels, parallèles

Les bleus indiquent la lumière froide réfléchie dans les ombres

Garance décolorée, ou garance brûlée

Bleus azur frottés pour les ombres

Légères touches de couleurs isolées

*Certaines, couleurs de Renoir, étaient mélangées sur la palette, d'autres sur la toile elle-même, pour obtenir une combinaison partielle et leur donner vie et solidité. La couche peinte est assez mince, avec des couleurs translucides ou transparentes comme des pierres précieuses*

avait probablement aussi un jaune de Naples plus terne. Une laque rouge garance, que le temps a légèrement brunie par places, est employée seule ou mélangée pour donner un orange. Du blanc de céruse apparaît dans bon nombre de mélanges. Renoir avait commencé à utiliser cette technique dans le courant de l'année 1870. En particulier dans le premier plan, parmi les arbres, les couleurs sèches de l'enduit ont été recouvertes d'un fin voile de laque bleue opaque, frotté ensuite pour souligner les zones d'ombre. Ce voile bleu crée un film de couleur qui semble flotter devant les coups de pinceau, donnant l'impression de la lumière bleue éthérée de l'athmosphère. Cet effet est comparable à celui atteint par Manet dans l'arrière-plan de ses *Paveurs dans la rue de Berne,* de 1878. Dans les *Rochers* les bleus sont également exploités parmi les ombres des rochers, dont la forme est soulignée par le contraste entre les couleurs chaudes du soleil et les bleus froids des ombres.

Ici, Renoir n'a pas encore adopté les traits directionnels de Cézanne aussi généralement qu'il le fit dans ses toiles du milieu de 1880 ; ses touches ont tendance à suivre un dessin régulier et parallèle. Cependant, loin d'avoir leur propre vie, ils s'éloignent de leur rôle descriptif. Les touches parallèles de Renoir glissent d'un angle à l'autre en suivant le mouvement du paysage au premier plan et sur les rochers, soulignant le dessin du feuillage dans les arbres. Ainsi le travail de son pinceau reste personnel et foncièrement naturel.

*Les zones sombres, chez Renoir, sont traitées avec des couleurs pleines. Les bleus sombres translucides ont été rendus fluides avec de l'huile et de la térébenthine, et modifiés par l'addition de couleurs fraîches mélangées. Une laque garance, somptueux rouge bleuté transparent, est travaillée dans le bleu.*

*Ici la couleur appliquée est plus pâteuse, plus épaisse, avec des blancs crayeux et des jaunes pour suggérer la lumière du soleil du Midi sur les rochers poussiéreux.*

*Dans ce détail, touches variées et descriptives. Celles de couleur minces, finement brossées évoquent le feuillage, tandis que les allongées, fluides de laque garance brûlée soutiennent les troncs et les branches.*

Détail grandeur nature. *Les blancs ivoire lumineux, réfléchissant la lumière, et les jaunes évoquent le sol crayeux sur lequel poussent les oliviers. Le bleu vert argenté du feuillage est bien rendu par les touches légères et transparentes de bleu et de vert viridien. Le tronc noueux de l'arbre est suggéré par de légères touches de rouge. Ce peut être du rouge garance décoloré par le temps ou le brunissage intentionnel du garance brûlé. Le bleu ciel flou de l'ombre sous l'arbre est un très bon exemple de l'habileté de Renoir à évoquer virtuellement des touches de couleur, en appliquant un voile frotté ou brossé si léger qu'il semble flotter au-dessus des couleurs qu'il recouvre ; c'est un bleu additionné de beaucoup de blanc qui atteint ce but.*

# Berthe Morisot

*Femme et enfant dans le jardin à Bougival*
(1882)
Huile sur toile non apprêtée
59,6 cm x 73 cm

Berthe Morisot et sa sœur Edma commencèrent toutes deux leur apprentissage d'artiste au milieu des années 1850. Elles firent des copies des Anciens Maîtres au Louvre y compris le peintre vénitien, Veronèse (1528-1588), dans les dernières années de la décennie. Dès le début de sa carrière, Berthe Morisot admirait les peintures de paysages spécialement celles de Corot (1796-1875) et voulait commencer à faire de la peinture d'extérieur. En 1861, elle fut présentée à Corot avec qui elle travailla sur des paysages autour de chez lui à Ville d'Avray et devint son élève. Dès 1864, elle exposa deux œuvres au Salon annuel. Etant donné que les femmes ne pouvaient encore se permettre de peindre des modèles vivants, cela les empêchait effectivement de travailler à la peinture d'histoire, sommet de la carrière académique. Ainsi, l'autorité de l'académie étant émoussée par la popularité grandissante des peintures sur des sujets de la vie moderne ou des peintures de paysages, les femmes eurent une plus grande possibilité d'atteindre une renommée dans les conditions définies à cette époque.

En 1868 Fantin-Latour (1836-1904) présenta Morisot à Manet qui la peignit dans *Le Balcon* (1872) exposé au Salon de l'année suivante. Manet la conseilla sur son travail, et alla jusqu'à retoucher son tableau *Edma, sœur de l'artiste et leur mère* (1870), exposé au Salon de 1870. En amie dévouée et loyale collègue, Morisot participa à chaque exposition des Impressionnistes, sauf à la quatrième en 1879 car elle était enceinte (elle avait épousé le frère de Manet, Eugène en 1874). Fidèle à la ligne rigoureuse des Impressionnistes, elle n'envoya aucune œuvre au Salon après la première exposition en 1874. Elle se joignit aussi à la vente organisée par Monet, Renoir et Sisley en 1875 pour se procurer de l'argent, bien qu'elle n'eût pas elle-même de besoins financiers. Ses œuvres atteignirent un prix plus élevé que ceux des autres. En plus des peintures à l'huile, Morisot travaillait régulièrement l'aquarelle et les pastels.

Berthe Morisot avait une maison à Bougival où, depuis 1880, elle passait régulièrement ses étés à peindre d'après nature. Ce tableau qui représente probablement sa sœur Julie, plus âgée de quatre ans, avec sa bonne Paisie fut peint dans son jardin de Bougival. Le style particulier de Morisot et son trait de pinceau vigoureux et nerveux sont clairement manifestes ici. Le choix d'un support non apprêté semble tout d'abord inhabituel, car les Impressionnistes utilisaient rarement la toile brute sous la peinture à l'huile parce que les couleurs tombent et se ternissent et que les oxydes de l'huile sont corrosifs et détruisent le tissu. Cependant une étude plus approfondie des endroits de la toile non peinte spécialement derrière le coin droit du fond montre que la toile était en fait apprêtée, mais sur l'envers. Si on retourne le tableau, on peut apercevoir un autre tableau peint sur la face originale, apprêtée, format 20 portrait, que l'artiste avait trouvé peu satisfaisant et qu'elle avait abandonné. Plutôt que de gaspiller la toile, Morisot l'avait simplement déclouée de son chassis, l'avait retournée et clouée sur l'envers. Elle n'apprêta pas cette nouvelle surface, mais exploita à la fois sa couleur et sa texture.

La toile presque orange-brun qui peut être un mélange de lin-coton est presque visible parmi les verts acides de l'herbe ensoleillée. Ici elle ajoute une chaude nuance unifiante qui rehausse ces teintes d'un vert froid.

Le point culminant de la toile se trouve dans l'ovale au centre de la composition. Ceci est une réminiscence de la technique de Corot, qui construisait le relief de ses compositions vers leur point central d'intérêt. En outre, c'est ici tout à fait logique, à la fois parce que les silhouettes sont centrales, et, parce que, en accord avec la méthode des Impressionnistes qui s'astreignaient à dépeindre le vécu de leur expérience visuelle, personnelle, la vision binoculaire de l'homme se concentre sur le champ ovale du point central. Beaucoup de peintures impressionnistes moins achevées trahissent cette inégale répartition de la peinture, montrant que les quatres coins de la toile rectangulaire étaient habituellement les derniers

*La palette de Morisot pour cette peinture comprenait probalement du blanc de céruse (1) du noir (2), du chrome (3) ou cadmium (4) des jaunes, de l'ocre jaune (5) du vermillon (6) du bleu de cobalt (7) ou outremer (8) des bleus, du vert viridien (9) et du vert de chrome (10).*

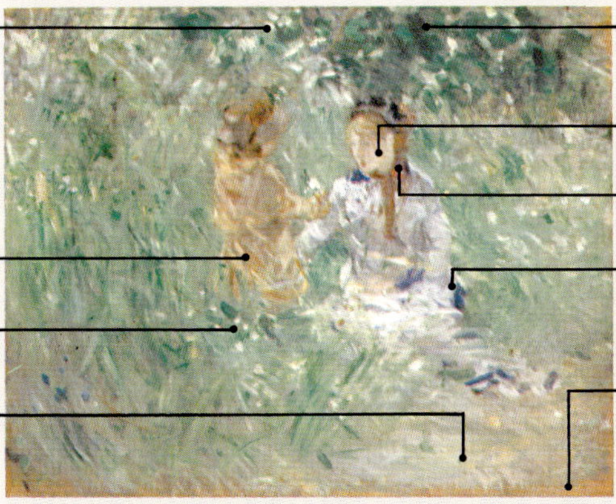


*Ceci est un des rares exemples de l'utilisation d'une toile brute, sans apprêt, sous les couleurs à l'huile, dans la peinture impressionniste. Format standard portrait — 20 points — le côté apprêté du support a été retourné après un commencement infructueux, à la suite de quoi l'artiste a utilisé l'envers de la toile.*

*Sauf dans le visage, Morisot a utilisé presque partout des touches larges, brillantes. Celui-ci est construit plus fortement et plus soigneusement, avec une application plus égale de la peinture, sans être excessivement modelé ou fondu. Dans les parties plus à l'ombre, comme le cou, un ajout de tons froids suggère les teintes réfléchies du ciel et de l'herbe. Ailleurs, le travail du pinceau, vivement enlevé, barbouillé et cassé donne un sentiment essentiel de lumière clignotante, et, travaillant les formes, évoque l'atmosphère de l'été. Il y a peut-être du noir dans la couleur du chapeau, et un barbouillis de rouge vermillon et de blanc frais dans le ruban du bonnet. Les parties brillantes de la robe sont traitées en blanc presque pur. Dans les zones d'ombre, le blanc a été travaillé pour le rendre d'une teinte neutre, colorée par des roses, des verts et des bleus.*

Détail grandeur nature. *Dans la partie centrale du tableau, peint de façon plus épaisse et retravaillé, la construction de la couleur a occulté la toile brute pour rendre la couleur brillante. Cependant dans ce coin finement peint, même*

*le vernis est devenu terne et a pénétré dans le support absorbant. La teinte orange inhabituelle de la toile peut indiquer qu'elle était en coton plutôt qu'en lin, support devenu en faveur pendant le XIX*e *siècle. Comme une toile brute est très absorbante, elle attire l'huile de la peinture et ralentit le pinceau lorsque la couleur est posée. Ceci rend le travail de la surface très difficile. L'utilisation de la peinture à l'huile sur les toiles brutes était prohibée par les experts techniques, les éléments oxydants de l'huile détériorant graduellement la toile non protégée.*

endroits à être terminés. Dans cette œuvre, là ou la peinture est la plus fine, elle est très terne car l'huile de liaison s'est rapidement enfoncée, absorbée par la toile brute. Là où elle est très épaisse, la couche de couleur a graduellement recouvert la toile et les finitions ont laissé ces endroits plus brillants. Combiné avec un balayage ascendant des coups de pinceau pour dépeindre l'herbe haute sur la gauche, le peu de retouches, particulièrement dans le coin arrière droit du fond, crée un plan horizontal, peut-être un sentier, ce qui donne à la composition une extraordinaire éloquence en dépit du minimum de détail. La composition exclut le ciel et la distance, renfermant les silhouettes dans une enveloppe de vert qui, néanmoins, semble disparaître vers la droite. Les mélanges de verts les plus sombres sont au-dessus des personnages, bouleversant la méthode traditionnelle qui exigeait les couleurs sombres au premier plan. La tonalité d'ensemble du tableau est pâle et brillante avec beaucoup de blanc dans tous les mélanges. La palette, limitée, est dominée par les verts, principalement des verts mêlés à du viridien et à du jaune. Pour la robe de la petite fille, un barbouillage de jaune et de vermillon, avec adjonction de blanc a été utilisé. tandis qu'un vermillon plus pur dépeint le ruban du bonnet de Paisie.

Des taches de bleu, probablement de cobalt, apparaissent sur sa robe, mélangées avec quelques touches de vert. Des touches d'ivoire tamponnées parmi les verts traduisent la lumière reflétée par les herbes égrainées par la sécheresse, le tout unifié par les forts coups de pinceau très libres de Morisot.

Le travail du pinceau pour le bonnet de l'enfant suit les contours, l'aidant à lui donner sa forme et sa structure. Ceci contraste avec le traitement plus léger de l'herbe et du feuillage dans l'arrière-plan. L'ocre jaune est la teinte de base du bonnet, qui a pu être assombrie par l'addition de noir travaillé frais dans le jaune.

Traînées de coups de pinceau jaune ocre, balayées, mélangées à des verts se fondant de la robe vers l'herbe, donnant l'impression de formes mal définies, car le corps de l'enfant disparaît parmi les grandes herbes. Des touches de peinture presque blanche évoquent les fleurs.

# Mary Cassatt

*Femme en noir*
(vers 1882)
Huile sur toile apprêtée pâle
100,6 cm x 74 cm

Mary Cassatt naquit dans une famille opulente des environs de Pittsburgh et manifesta très tôt sa détermination de poursuivre une carrière artistique en s'inscrivant à l'académie des Beaux-Arts de Pennsylvanie, à Philadelphie, apparemment contre le désir de son père. A cette époque, il était encore inhabituel, sinon inconvenant, pour une femme de la bourgeoisie de chercher une profession et de se livrer à un travail rémunéré. Si elle le faisait, sa position sociale en pâtissait. En Europe, où Cassatt se rendit après quatre ans d'études en Pennsylvannie, il était plus facile pour une femme de suivre une carrière artistique, comme le disait Mary Cassatt elle-même : "Aussi bien, la France m'a tout donné. Ici les femmes n'ont pas à se battre pour se faire admettre, si elles travaillent sérieusement".

Pendant ses premiers voyages en Europe, à partir de 1866, elle étudia surtout les Anciens Maîtres, dont il y avait peu d'œuvres en Amérique. Pendant la guerre de 1870 et la Commune, Cassatt retourna en Amérique, d'où elle revint après la fin des hostilités. Elle partit alors en Italie, où pendant huit mois elle étudia à Parme l'œuvre du Corrège (1494-1534), précurseur du baroque.

En 1873, comme Manet plus tôt, elle se rendit en Espagne pour étudier l'art de Velasquez à Séville et à Madrid. Ses premières expositions aux Salons, à partir de 1872, reflètent l'influence des thèmes espagnols et du style du Manet des années 1860. Après un voyage en Belgique et en Hollande pour y étudier l'art des peintres tels que Rubens, elle s'établit définitivement à Paris.

Sa rencontre avec Degas, et, par lui, avec les Impressionnistes date de 1877 ; c'est-à-dire que, comme Caillebotte, elle s'était jointe relativement tard à leur groupe. A l'invitation de Degas, elle commença à exposer avec eux en 1879. Degas avait remarqué son entrée au Salon de 1874 qu'il commenta ainsi : "Voilà quelqu'un qui sent comme moi"..., remarque qui prend tout son sens, si l'on pense que leur amitié naquit dès leur première rencontre et dura toute leur vie. Cassatt rappelait plus tard : "J'ai toujours su quels étaient mes vrais maîtres. J'admirais Manet, Courbet et Degas. Je détestais l'art conventionnel. Je commençais à vivre".

A l'inverse de Degas, sa position de femme de la bourgeoisie limitait sa liberté d'action. A cette époque des hommes comme Degas avaient accès sans restriction aux ateliers où l'on trouvait des modèles vivants, et pouvaient également louer des modèles, hommes ou femmes, pour poser nus dans leurs ateliers. Pour les femmes, qui ne pouvaient même pas rester seules avec un homme à moins qu'il ne soit de leur parenté, le travail sur un modèle masculin, fût-il habillé, était impossible. C'est pourquoi les principaux sujets de Cassatt - intérieurs domestiques, femmes lisant ou cousant, mères et enfants de la bourgeoisie à la maison ou au-dehors — étaient déterminés par ce qui convenait, à cette époque, à une femme de sa classe sociale.

Ses premières techniques doivent beaucoup à l'art espagnol et à Manet. Sa palette, à l'époque, avait encore des dominantes sombres, qui créaient une tombée de lumière et d'ombre rappelant Manet et réfléchissant le milieu de l'atelier. Les couleurs brillantes - les rouges, bleus, verts — chantent dans des œuvres comme *Le Torero et la jeune fille* (1873) contre le repoussoir atténué de teintes sombres et un arrière-plan uni. Ses visages étaient traités très près de la surface du tableau, à une grande échelle, dominant l'espace pictural avec une force vivante. A mesure qu'elle développa son style, elle abandonna progressivement cette palette, pour une palette impressionniste de teintes pâles, de couleurs brillantes et d'ombres colorées plutôt que sombres. Comme le nota Degas vers 1890, Cassatt se préoccupait des reflets et des ombres sur la peau et les costumes de ses modèles, qu'elle traitait avec des mélanges de couleurs opaques, caractéristiques de l'Impressionnisme.

A l'instar de Manet, Degas, Renoir et Cézanne, elle n'abandonna jamais l'usage du noir, comme on peut le voir dans sa *Femme en noir*. Mais elle utilisait le noir comme une couleur en soi et non pas pour

*Les contours de la forme furent posés et renforcés plus tard avec une couleur diluée, probablement un mélange de garance pourpre et de noir. La même couleur a été utilisée pour placer les masses du costume sombre ; la subtilité du mélange des couleurs permet d'éviter une dureté excessive. Dans cette première ébauche, l'artiste a laissé sécher toutes les parties du visage et certains endroits, furent ensuite grattés. Certaines zones grattées du visage sont encore visibles parmi les touches finales incomplètes ; d'autres dans l'arrière-plan furent esquissées largement avec une peinture plus épaisse, appliquée sur le tissu fin mais grenu de la toile. Sur la droite du tableau dans le haut et le bas, la faible couleur avoine du fond n'est pas recouverte. A gauche de la tête, le fond a été frotté avec une couleur opaque gris rose. Une couleur opaque plus épaisse a été appliquée sur le visage, les mains et le fauteuil. Pour les chairs, Cassatt a utilisé dans ses touches caractéristiques de couleurs fraîches une variante personnelle de la vieille technique des mélanges, utilisée pour adoucir le traitement initial vigoureux de la forme.*

atténuer ou ternir la couleur pure, par exemple dans les ombres.

Sa composition ici est typiquement tendue et soigneusement calculée, en relation avec les bords de la toile et sa forme. Le visage emplit l'espace, plaqué sur la surface de la toile. Le chignon près du bord supérieur et le coude tout proche du bord droit, créent une tension précise. Le format allongé de la toile, paysage standard 40 points (100 x 73 cm) convient parfaitement à la pose verticale et tendue du modèle assis. L'accent vertical est renforcé par la position du bras droit, créant une verticale qui dégage le centre du tableau, et se termine dans le fort contraste des couleurs de la main qui pend le long du ton garance et des couleurs sombres de la robe. L'état inachevé de la toile, dont le modèle reste inconnu, fournit un ample témoignage des méthodes de travail de Cassatt. Les lignes sèches et fluides tracées rapidement, indiquent les contours du visage et de la chair, tandis que les éléments du décor sont sommairement esquissés, non par de larges touches de couleur mais par une traînée crayeuse de couleur pure frottée rapidement sur la surface. Logiquement, dans un portrait, le volume de la construction est concentré sur la tête et le personnage, le visage étant poussé à un haut degré d'achèvement.

Le travail de pinceau de Cassatt est large et décisif, on discerne clairement les largeurs différentes de ses pinceaux, des traits minces des contours aux larges traits de la robe. Sa manière caractéristique de traiter les chairs, comme dans la main du modèle, où la peinture fraîche a été barbouillée dans le contour original du trait, date d'environ 1880. Ce tableau a été probablement terminé avec un passage sur la couleur fraîche d'un pinceau propre et sec en soie de porc, pour égaliser les touches de couleur, en les mélangeant, ajoutant ainsi un sens apaisant au mouvement nerveux du dessin. Les corrections du coude gauche, encore visibles, sont une marque de la recherche de la position du bras et du raccourci de l'avant-bras. Sa conscience du pouvoir visuel de l'espace vide, de la forme créée entre les objets, est manifeste de son souci de structurer cette partie de sa composition. Ce rapport entre l'objet et l'espace vide, exploité par Degas et Cézanne principalement, est visible dans ses compositions achevées, comme *La Jeune fille dans un fauteuil* (1878).

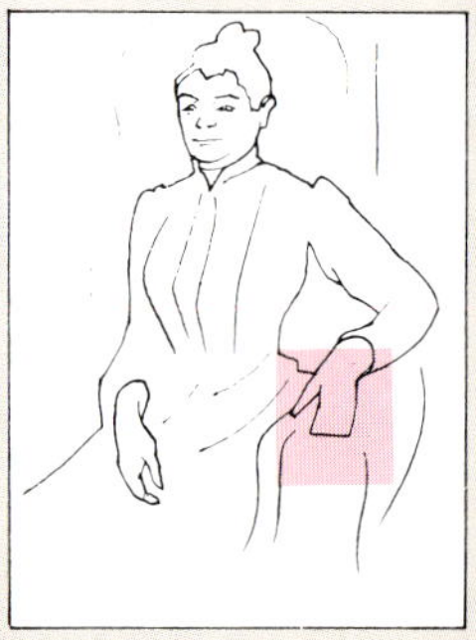

Détail grandeur nature
*Le travail du pinceau et l'épaisseur de la peinture varient beaucoup, avec des traitements frais sur frais et frais sur sec. La technique qui consiste à passer un pinceau sec sur les teintes chair encore fraîches adoucit l'exécution nerveuse de la main, rendant plus floues les teintes pâles dans le contour plus sombre, et donne une impression de mouvement vivant. Mélange noir et garance brûlée pour la robe, bleu de cobalt et blanc, librement appliqué, pour la souligner.*

*Près de l'œil gauche et de l'oreille, le fond est altéré et laisse voir les grains de la toile brute. Cela peut provenir d'un grattage excessif de la couche de fond. On peut voir des touches de vermillon brillant et de blanc sur le visage et de laque rouge sur l'oreille. L'ocre jaune domine dans le mélange employé derrière la tête. Par endroits il a été nettement brossé sur les couleurs de la figure, et ajouté tardivement. Les couleurs des chairs ont été brossées et étalées avec un pinceau sec en soies de porc.*

*Palette probable de Cassatt pour cette œuvre inachevée : blanc de céruse (1), noir (2), ocre jaune (3), vermillon (4), laque garance brûlée (5), violet de cobalt (6), et bleu de cobalt (7).*

*Le bras du fauteuil est un ajout tardif, probablement lorsque le bras droit a été ramené plus près du centre, pour rendre la pose de trois-quarts plutôt que de face. Souligné en garance et noir, le bras du fauteuil a été rempli d'un mélange d'ocre jaune, qui recouvre le dessin.*

1880
1890

# Edgar Degas

*Portrait de Mademoiselle Rouart*
(1886)
Huile sur toile apprêtée mastic
161 cm x 120 cm

Pendant les années 1880, Degas rencontra de sérieuses difficultés, et tout particulièrement avec la peinture à l'huile, par suite de l'affaiblissement de sa vue. Ce grand portrait d'Hélène Rouart fut un des derniers grands travaux à l'huile entrepris par l'artiste et sa dernière œuvre sur le thème du personnage assis dans un environnement caractéristique ; thème qui avait préoccupé Degas depuis le portrait de *La Famille Bellelli* en 1859-1860. Degas avait eu des problèmes avec sa vue depuis le début de 1870 et, en partie à cause de cela il se tourna progressivement vers un autre mode d'expression : le pastel, qui offrait une technique plus directe de mise en couleur. Avec la peinture à l'huile l'artiste mélangeait les couleurs sur la palette plus que sur le support lui-même ; le travail au pastel éliminait cette étape supplémentaire, les couleurs étant employées et mélangées directement sur le support.

L'amitié de Degas avec le père d'Hélène Rouart, Henri Rouart, débuta en 1870. Rouart était un ingénieur industriel, fortuné, et connaissant la réussite, qui entreprit la peinture de paysage. Il possédait beaucoup d'œuvres de Degas, dont le portrait de sa fille qui faisait partie d'un projet plus grandiose, le portrait de la famille entière, projet contrarié par la mort de Madame Rouart.

Les objets de la collection de Rouart qui entourent la silhouette d'Hélène dans ce portrait ont été identifiés. L'intérieur de la glace reflète trois statues égyptiennes en bois, la plus proche est une figurine funéraire. Sur le mur derrière elle, et en haut, un morceau de soie chinoise est suspendu et à droite, une vue de Naples peinte par Corot en 1828, probablement insérée ici comme une allusion au propre attachement familial de Degas à ce port. En dessous du Corot, un dessin au crayon noir d'une paysanne par Millet.

Hélène Rouart est représentée ici, non pas dans un environnement qui met en valeur ou éclaire son caractère personnel, mais qui raconte au spectateur son rôle social en tant que fille de son père. Ce portrait qui montre Hélène enfermée au milieu des objets personnels de son père comme une autre de ses possessions, est significatif de la vie cloîtrée et chaperonnée menée par la plupart des femmes non mariées de la classe moyenne et de la haute société. La précision rigide de la composition de Degas et l'impression d'enfermement de l'espace pictural expriment cela avec justesse.

Degas a présenté Hélène Rouart juste derrière le symbole de son père absent, son grand fauteuil de travail, qui amoindrit sa propre présence physique.

A sa droite le cadre rectiligne de la glace, reflète les statues égyptiennes de son père, dont la plus proche, ironiquement la figure funéraire, fait écho à sa propre pose, la tête au niveau de la sienne. C'était peut-être un clin d'œil de Degas aux formalités rigides souvent imposées aux femmes de sa classe.

Pourtant Degas n'était pas connu pour sa sympathie envers les femmes ! A sa gauche, Hélène est entourée par les peintures suspendues au mur et la distance qui les sépare est rendue ambiguë pour accentuer l'impression d'étouffement. Au-dessus, les rouges sombres de la tenture murale, s'unissant aux mêmes rouges du dossier de la chaise, l'enferment. La bordure bleue au niveau de sa tête crée une ligne horizontale saisissante qui s'équilibre visuellement avec le bord supérieur de l'encadrement de la peinture et le rouge tendu au-dessus, diminuant davantage l'espace pictural. La bordure bleue rencontre le cadre de Corot à angle droit.

Outre la chaise, le premier plan est fermé et dominé par une table où s'empilent les papiers de son père. La structure tridimensionnelle a pu être employée par Degas pour ouvrir et définir une sensation d'espace autour du personnage. En contre-partie la forme fuyante du cadre métallique est à peine visible et le bord supérieur, à angle droit avec le bord du tableau, accentue le manque de relief. On ne sait pas si le portrait fut laissé inachevé intentionnellement. Mais il ne manque ni de puissance, ni d'impact malgré des particularités, comme le petit doigt de la main droite d'Hélène Rouart, caché ou manquant.

Peinte sur un grand format 100 portrait, cette œuvre est d'une grande qualité monu-

*Au moment où cette œuvre a été peinte, la vue de Degas s'affaiblissait et son champ de vision devenait restreint. Cette invalidité peut justifier la finition un peu vague de cette peinture. Cependant, l'artiste n'avait perdu aucune de ses facultés d'acuité de perception psychologique et l'œuvre n'est dénuée ni de sûreté de touche ni de précision dans la composition. Comme toujours, Degas s'appliqua à rendre les plus subtiles nuances de son personnage assis. Ici Degas montre les contradictions rencontrées par les femmes de la bourgeoisie à la fin du XIXe siècle dans la société française. La grille géométrique dans laquelle Hélène Rouart est habilement enfermée dans cette composition, évoque la rigidité conventionnelle de son mode de vie étouffant. La gamme de couleurs dont les teintes sont atténuées et cassées renforce l'âme du tableau. Cette toile n'est pas d'un format standard.*

mentale. Par-dessus tout, son expression est feutrée, les couleurs la plupart du temps étant atténuées par les mélanges et l'utilisation de couleurs de terre. Comme dans les œuvres ultérieures de Gauguin, dont beaucoup furent influencées par Degas, les harmonies ternes unifient le tableau et aucune lumière forte ou ombre ne vient rompre la tonalité moyenne qui prédomine dans l'ensemble. Une terre rouge indienne claire a été utilisée pour souligner les formes plus pâles et la structure générale de la composition, par-dessus une préparation commerciale mastic qui se mélange parfaitement avec la combinaison des tons et de la couleur. Dans d'autres parties du tableau, une couleur plus sombre, sans doute du bleu de Prusse, a été utilisée pour souligner les contours. Sur la silhouette, des traits couleur d'ombre crue

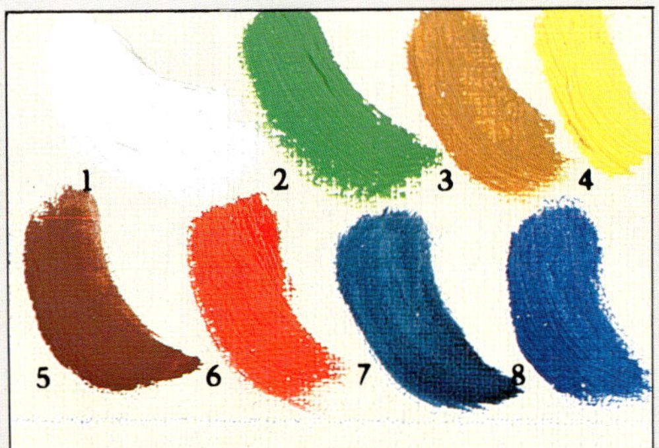


*Palette de Degas pour cette peinture : blanc de céruse (1), blanc de zinc (2), ocre jaune (3), terre rouge (5), bleu de Prusse (7) ; peut-être aussi jaune citron (4), vermillon (6), bleu de cobalt (8) et vert de chrome (2).*

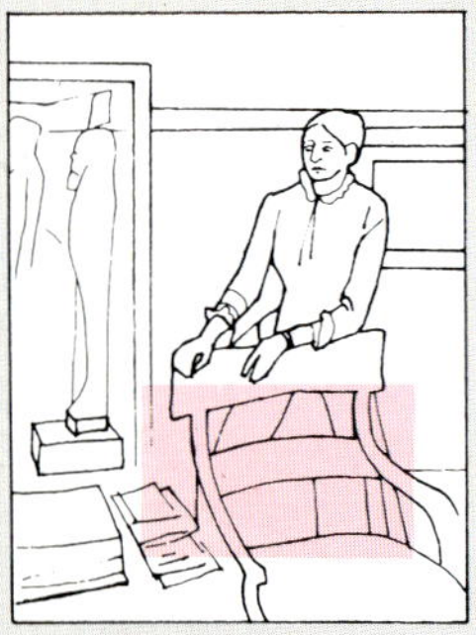

*Une couche d'ombre en transparence (ou ébauche) laisse transparaître la teinte mastic pâle du fond. Des traits légers de noir contournent le fauteuil. Une couche opaque, probablement du bleu de Prusse et du blanc, "flotte" en légers voiles estompés sur les parties sombres du bas, et apparaît brillante par contraste. De la terre indienne ou rouge et du bleu de Prusse ont été utilisés pour les contours de la robe. Un pan du bleu de la robe a été ajouté sur la peinture sèche du dossier du fauteuil, pour plaquer le visage plus étroitement contre le fauteuil.*

alternent ou sont recouverts par d'autres bleus foncés. Sur les mains, les deux couleurs sont mélangées frais sur frais. La première couche d'ébauche sur la silhouette avait été appliquée en rouge indien dilué finement estompé, qui laissait transparaître en surface la couche bleue semi-opaque, inégale. Le bleu est très léger sur la poitrine corsetée, ainsi, le rouge contribue à souligner l'impression de rondeur des formes. Là où on découvre le rouge brique parmi les bleus, par contraste il semble avoir l'éclat du vermillon. Ceci est typique de la luminosité exagérée d'une couleur qui peut être obtenue par contraste chaud et froid complémentaire ou par la juxtaposition des couleurs plus claires, le rouge orange à côté d'une couleur plus sombre, le bleu. L'usage répété de ces deux dominantes de couleur dans le tableau, le brique rouge et le bleu acier qui apparaissent à plusieurs reprises en nuances modifiées fournit la riche harmonie qui donne de l'unité à cette émouvante composition de Degas.

*Les contours sont baignés d'ombre et retravaillés autour de l'oreille avec des touches de rouge. Des contours de bleu de Prusse ont été rajoutés sur le rouge pour la robe et la collerette. De délicates modulations chaud-froid de divers roses et de verts ont été utilisés pour les couleurs de la chair, qui sont plus empâtées que partout ailleurs. La fine texture de la toile est encore visible à travers les couleurs frottées et délicatement appliquées. Le visage s'intègre bien, vu de loin, et quoique très dense, il semble*

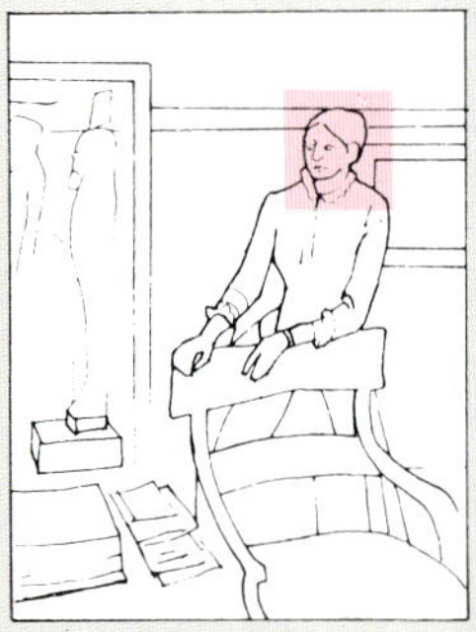

*avoir été traité très librement. Le beige rosé mat du mur du fond fut recouvert de traits verticaux qui montent au bord du visage sur la gauche et par-dessus la première ligne de contour, ce qui change la forme du visage. La première ligne des épaules est encore visible également.*

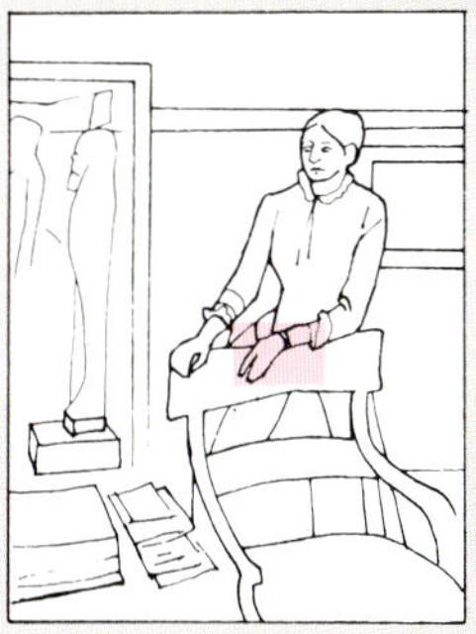

Détail grandeur nature
*Les contours de rouge et de bleu sont entremêlés. Le rouge a été quelquefois posé sur le bleu de Prusse et vice versa.*

*Ces teintes sont utilisées toutes deux frais sur sec et par endroits diluées sur frais. Le rouge est probablement de la terre rouge. Sa nuance est rendue plus intense et brillante par contraste avec le bleu de Prusse sombre, mais ce pourrait être du vermillon. Ombre et bleu de Prusse soulignent les doigts et ont été brouillés pendant le travail avec les teintes du rose frais et du vert de la chair. L'exécution est directe et rapide.*

1880
1890

# Paul Signac

*La Salle à manger*
(1886-1887)
Huile sur toile blanche
89 cm x 115 cm

Signac s'était installé à Paris au moment de l'apogée du Néo-Impressionnisme ; c'est seulement en 1892 qu'il partit s'installer sur la côte méditerranéenne, à Saint-Tropez. Pratiquement autodidacte, il basa ses premières techniques sur la peinture impressionniste, jusqu'à ce qu'il vît *Bain à Asnières* de Seurat à l'exposition des Indépendants en 1884. Signac avait été un des fondateurs du "Groupe des Artistes Indépendants", qui firent en 1884 des expositions sans récompense ni jury, sorte d'alternative aux Salons officiels. En plus de faire figurer leurs œuvres à la huitième exposition impressionniste en 1886, les Néo-Impressionnistes exposèrent régulièrement avec les Indépendants et avec les artistes indépendants belges du *groupe des XX* à leurs expositions, fondées aussi en 1884. Bien que les Belges eussent déjà établi des liens avec l'art français, invitant les Impressionnistes, tels que Monet et Renoir en 1886 à exposer avec eux, ils étaient liés plus étroitement avec les Néo-Impressionnistes. Certains artistes belges comme Théo van Rysselberghe (1862-1926) et Henri van de Velde (1863-1957) membres du *groupe des XX* adoptèrent le style néo-impressionniste.

Les Néo-Impressionnistes, réagissant contre le naturalisme "romantique" de l'Impressionnisme, et cherchant une méthode plus scientifique pour exprimer en peinture leur idées, trouvèrent un appui dans la dernière moitié de 1880 parmi les écrivains et poètes symbolistes qui avaient commencé à supplanter le Naturalisme dans la littérature au début de 1880. Les Néo-Impressionnistes ne cherchèrent plus à capter les effets éphémères de la lumière et de la couleur dans la nature comme le faisaient les Impressionnistes ; ils désiraient au contraire, rendre un témoignage hors du temps de la vie contemporaine. Signac fut le théoricien de ce nouveau mouvement, expliquant et défendant ses idées dans son livre *D'Eugène Delacroix aux Néo-Impressionnistes* publié en 1899, après l'apogée du mouvement. Il a été reconnu par l'historien d'art moderne très influent Linda Nochlin, comme "un important document de cet universalisme esthétique, qui tente d'unir et de synthétiser toute la pensée et les sentiments humains dans une harmonie symbolique et fondée sur les mêmes lois, qui animaient tant d'écrivains et d'artistes pendant les dernières vingt années du XIX$^{e}$ siècle".

En 1886, l'année où fut commencée *La Salle à manger* Signac adopta dans son coup de pinceau "le point" que Seurat avait développé dans sa toile monumentale *Un dimanche après-midi à l'Ile de la Grande-Jatte* peinte entre 1884 et 1886. Outre sa fonction de diviser les différents composants de couleur à l'intérieur d'une peinture, la technique du point donnait la possibilité aux Néo-Impressionnistes de traduire de minutieuses variations de tonalités. En général, les Impressionnistes avaient cherché à débarrasser leur peinture de la tonalité modelée, qui était encore associée à la peinture académique et, au lieu de cela, les effets où les contrastes de tonalité (clair et sombre) étaient réduits à leur minimum. Le manque de relief que ce procédé conférait à leur peinture leur permit de pousser au maximum les tensions inhérentes à la peinture entre la surface peinte à deux dimensions et l'illusion de profondeur. Les Néo-Impressionnistes rétablirent le modelé tonal dans leurs peintures et recherchèrent les moyens de représenter la graduation tonale par des juxtapositions de couleur pure.

Dans *La Salle à manger* de Signac, la scène est éclairée de derrière par une fenêtre, ce qui donne un éclairage scénique aux silhouettes et de forts contrastes de lumière et d'ombre. Ce mode d'éclairage fut occasionnellement utilisé par Degas mais non par les Impressionnistes, qui évitaient des contrastes aussi poussés. Quand ils peignaient les couchers de soleil (par exemple certaines séries des *Meules de foin* de Monet de 1890-1891), chaque ombre brillait d'une lumière colorée se refléchissant sur les objets environnants et sur le ciel. Dans la peinture de Signac, l'éclairage venant de l'arrière crée dans la composition un sens très fort de la forme et de la structure, une solennité glaciale qui peut être une critique ironique du caractère conventionnel et formaliste de la bourgeoisie dépeinte ici. La forme est créée par des gradations de couleur depuis les teintes pâles jusqu'à une pleine saturation. Aussi, les surfaces fortement éclairées sont à peine teintées, ou avec des blancs jaunâtres.

*La palette prismatique limitée de Signac utilisée ici comprend probablement : du blanc de céruse ou de zinc (1), du jaune de cadmium pâle (2) du jaune de cadmium moyen et profond (3) du vermillon (4) de la laque garance (5) du violet de cobalt (6) du bleu de cobalt (7), du bleu outremer (8), du bleu azur (9) du vert viridien (10) et des verts de chrome clairs et foncés (11-12).*

*Le fort contrejour ou la lumière venant de l'arrière, exagèrent la stylisation et la raideur des silhouettes. Leurs profils stricts et leurs visages pleins rappellent ceux de Seurat dans* La Grande Jatte *et montre l'influence de l'ancien art égyptien stylisé. Comme Seurat, Signac fit une série importante de tableaux sur les thèmes de la vie moderne.*

*La tranquillité solennelle des figures de Signac provient d'une combinaison de leurs poses statiques avec un sens aigu du modelé de la forme. Tandis que les Impressionnistes préféraient supprimer les forts contrastes d'ombre et de lumière pour éviter le modelé des tons, les Néo-Impressionnistes utilisant souvent un éclairage scénique venant de l'arrière ou de côté, pour rehausser le sentiment de la forme. Ils remplaçaient le modelé de couleur académique — ivoires ou bruns monochromes — par un modelé coloré. Cette technique exploitait la lumière naturelle en l'ombre de nuances déterminées, avec ajout de blanc. Ainsi, le jaune pâle traduit la grande lumière, avec l'aide des couleurs spécifiques du modèle, par exemple le veston de l'homme soigneusement gradué, de la teinte la plus claire jusqu'au bleu le plus profond.*

Puis elles traversent une gamme de faibles gradations dans lesquelles, progressivement, des masses de couleur typiques du site sont ajoutées dans les parties les plus sombres jusqu'à la couleur saturée pure de la peinture sortant du tube.

Pour assombrir les teintes d'ombre sans ajout de noir salissant ou de terre de couleur, le bleu et le vert sont mélangés sur la palette et juxtaposés aux bleus les plus purs. Les effets de couleur réfléchie dans les couleurs de l'ensemble sont traduits par addition de points de teintes appropriées. La soigneuse gradation des tons, appliqués en petits points, donne un caractère rigide, sculptural à la composition, dont la combinaison de couleurs est dominée par les couleurs complémentaires orange-jaune jusqu'au bleu-violet.

Signac encouragea Seurat à abandonner les terres de couleur comme celles utilisées dans *La baignade, Asnières* (1883-1884) et à adopter la version plus pure de la palette impressionniste. Il eut également une influence sur Van Gogh en ce qui concerne la luminosité de sa palette. Signac et Vincent Van Gogh travaillèrent ensemble à Asnières en 1887 et Signac encouragea l'artiste danois à remplacer ses couleurs sombres, tonalité principale de sa palette par des couleurs "prismatiques" brillantes, ce qui l'amenait à une utilisation des contrastes complémentaires plus moderne que ce que Van Gogh avait appris de Delacroix.

*Pour éviter de salir ses couleurs, Signac mélangeait seulement les teintes voisines l'une de l'autre sur sa palette prismatique. Puis les couleurs étaient placées en petits points*

*séparés sur la surface de la toile pour éviter qu'elles ne se mélangent alors qu'elles étaient encore fraîches. Il évitait le barbouillage accidentel d'une couleur dans l'autre en laissant sécher chaque trait de couleur ou point avant d'en ajouter un autre. Les points étaient trop grands pour une fusion complète de couleur sur la rétine du spectateur, mais une fusion partielle de points de couleur détermine une certaine vibration optique. Ceci donne à la peinture un effet d'atmosphère claire et lumineuse.*

Détail grandeur nature
*La touche néo-impressionniste était théoriquement un point uniforme, mais les légers changements de forme presque imperceptibles à une distance de vision correcte deviennent clairs vus de près. Ici, les petits points deviennent des taches qui suivent la direction des formes. Parmi les bleus de l'ombre, une impression de légèreté aérienne est créée par l'addition de touches d'orange contrastant, pour simuler des taches de chaude clarté traversant l'ombre lumineuse. A quelques endroits, les points dessinent de fines lignes entourant les formes comme le bleu sur la cuillère et les rehauts de blanc sur la tasse. L'ombre très profonde sur l'anse est modifiée par des taches de bleu plus pâle et enferme la clarté par des touches orange qui tracent le bord flou entre l'ombre et la lumière.*

# Camille Pissarro

## *La Cueillette des pommes à Eragny-sur-Epte*
## (1888)
## Huile sur toile apprêtée blanche
## 60 cm x 73 cm

En 1884, Pissarro s'éloigna de Paris pour aller à Eragny-sur-Epte à quelques kilomètres à l'est de Giverny, où Monet s'était installé l'année précédente. Contrairement à Renoir qui, à ce moment-là, était revenu à une inspiration plus proche de l'art classique, Pissarro resta toujours ouvert aux idées originales des jeunes artistes et adopta bientôt le nouveau style néo-impressionniste qui fit son apparition au milieu de 1880. Il rencontra Seurat et Paul Signac (1863-1935) à l'automne 1885, et, reconnaissant l'importance des théories scientifiques développées par Seurat, commença à utiliser la technique du pointillisme. L'amitié et la fidélité de Pissarro envers ces jeunes artistes étaient inappréciables, car il plaidait fortement en faveur de leur admission dans le groupe des Impressionnistes, à laquelle beaucoup d'adhérents plus anciens étaient opposés.

Pissarro expliqua les théories du Néo-Impressionnisme à son marchand Durand-Ruel dans une lettre qui date de la fin de 1886. Il insistait sur l'importance du rôle de Seurat en tant qu'inventeur de la théorie et décrivait le nouveau rôle de la couleur qui remplaçait le mélange systématique des teintes par un fondu uniquement optique où la vision du spectateur produisait à elle-même ce mélange des touches de couleur. Pour obtenir un effet de fondu, chaque composante des couleurs devait être appliquée séparement de manière à garder sa propre pureté. Sur une palette les couleurs peuvent seulement être mélangées avec les teintes voisines du cercle chromatique afin d'éviter de perdre leur éclat. Pissarro signala que les pensées de Seurat avaient été influencées par les grands théoriciens de la couleur : Chevreul, l'Ecossais Maxwell et l'Américain Ogden Rood. Ils affirmaient que le mélange visuel de couleurs était plus lumineux que le mélange de pigments.

Les Néo-Impressionnistes ne prêtaient pas d'importance à l'exécution ou au travail du pinceau, comme Pissarro l'expliqua : "l'originalité consiste seulement dans la personnalité du dessin et dans la vision de chaque artiste". Le style de touche descriptif et individualiste associé à l'Impressionnisme était qualifié de "romantique" par les Néo-Impressionnistes qui cherchaient une touche plus impersonnelle, plus technique pour éliminer de leur travail toute expression individuelle.

Ainsi l'originalité qui avait été depuis si longtemps liée à la personnalité du travail de pinceau était rejetée en faveur d'une manipulation plus restrictive et plus anonyme. Ce dessin de rester en accord avec les idéaux coopératifs de la politique anarchiste, auxquels adhéra Seurat, fut cependant pour lui, par ironie, cause de désarroi. Il sentit que sa touche "impersonnelle", sa marque distinctive, en effet, était menacée par un véritable anonymat, comme c'était le cas pour le nombre croissant de ses partisans et imitateurs.

Le point pointilliste était considéré comme le moyen idéal de poser une myriade de touches isolées sur la toile pour obtenir les éléments composants de la couleur, sans mélange mécanique excessif.

Bien que les points fussent trop gros pour n'être pas distincts et pour créer sur la rétine l'effet d'une complète fusion des composants, un fondu partiel suffisait à donner l'illusion d'un reflet de couleur ambiant.

En dépit de cette théorie, quelques-uns des "points" sont parfaitement ronds. Fréquemment, comme on peut le voir dans : *La Cueillette des pommes* de Pissarro, la dimension unique des touches de couleur a la taille d'un petit pinceau : miniscules masses rectangulaires assemblées de manière à former une mosaïque dense à la surface de la peinture, ce qui ne les empêchait pas d'avoir une fonction descriptive. Dans ce tableau, par exemple, et même dans la première grande peinture où Seurat utilisa cette technique *Un Dimanche d'été à l'île de la grande Jatte* (1884-1886), les marques de pinceau changent de plan selon les contours, et indiquent le changement de relief, montrant de légères variations qui répondent aux changements dans la contexture des surfaces. Ainsi, le tronc de l'arbre dans *La Cueillette des pommes* est décrit par de longues touches verticales de couleur, contrastant avec les minuscules hachures entrecroisées qui représentent l'herbe. Sur les silhouettes de Pissaro également, la direction de la touche, souvent arrondie pour suivre les contours, leur donne du relief et contribue à les séparer de l'arrière-plan.

La méthode néo-impressionniste était très lente et laborieuse car chaque pose de touches devait sécher totalement avant que d'autres points n'y soient ajoutés, ceci pour éviter que l'application frais sur frais ne brouille les couleurs, ce qui aurait atténué la pureté de chaque touche successive.

Le fond blanc généralement employé pour les toiles néo-impressionnistes fournissait la base la plus brillante et la plus lumineuse possible, rehaussant la luminosité des couleurs étendues en surface, laissant même transparaître complètement à certains endroits son propre éclat. Leur palette de couleurs était plus limitée que celle des Impressionnistes : aux terres de couleur ils préféraient des couleurs en tubes très étincelantes, particulièrement les verts. La technique pointilliste reproduisait fidèlement les effets pénétrants de la lumière extérieure et surtout de la lumière solaire. Parmi les ombres sur l'herbe par exemple, se retrou-

*Le naturalisme relatif de Pissarro en 1870 a ouvert la voie à un plus grand degré de stylisation. Cependant,* La Cueillette des pommes *reste essentiellement naturaliste. Bien que ses mélanges des couleurs soient maintenant plus purs, ils réfléchissent encore les couleurs observées dans la nature. Toile format 20 portrait.*

vaient les verts parfaits de l'herbe, les bleus foncés et les violets, couleur complémentaire de la chaude lumière du soleil avec addition du bleu réfléchi par le ciel, et aussi les teintes jaune orangé de la lumière du soleil éparses dans les ombres. Chacun de ces traits de lumière et de couleur était représenté par des points séparés, de différentes teintes, pour arriver à éclairer l'ensemble d'une lumière atmosphérique brillamment colorée.

Pendant la dernière moitié de 1880, Pissarro adhéra à ces théories, mais les trouvant trop lentes et contraignantes, à la fois pour son expression personnelle et ses besoins financiers, il abandonna la technique du pointillisme.

*Composition probable de la palette de Pissarro pour cette toile. Blanc de zinc ou de céruse (1), jaunes de cadmium (2,3) vermillon (4), laque rouge alizarine (5), violet de cobalt (6), bleu outremer (7) et bleu de cobalt (8), probablement bleu céruléen (9), émeraude (10), vert viridien (11) et vert de chrome (23).*

*Les teintes pâles des couleurs au premier plan se retrouvent dans l'arrière-plan, donnant une unité à la peinture tout en ajoutant au sens de la distance à travers l'éloignement.*

*Les traits sont hachés ou entrecroisés, suivant et suggérant la forme. Les parties fortement éclairées du visage sont traitées dans des jaunes pâles brillants, évoquant la chute de la lumière du soleil. Les parties ombragées, remplies par des bleus tombant du ciel, sont traitées dans une teinte sombre correspondante à dominante bleu froid. Des touches chaudes rouge orangé filtrent à travers l'ombre pour suggérer le reflet du soleil.*

*Les Néo-Impressionnistes préféraient les toiles enduites d'un blanc brillant. Ils utilisaient souvent la craie et la colle plutôt que l'huile pour leurs fonds. Ils étaient plus absorbants et donnaient une peinture de surface plus lumineuse. Le support blanc de Pissarro transparaît à travers les touches abruptes de couleur, ajoutant du brillant aux effets de lumière. Même là où il est recouvert de couleurs, le blanc améliore leur éclat.*

Détail, grandeur nature.
*Les rouges et bleus vifs sont les teintes dominantes de cette silhouette dont la pose inhabituelle a été peinte avec grâce et simplicité. Le thème du travail court à travers l'œuvre de Pissarro depuis les petites silhouettes des ouvriers d'usines des faubourgs, visible dans ses œuvres de 1860 et 1870, et jusque dans les compositions de silhouettes monumentales, principalement de femmes aux champs, qui datent du début de 1880. Ces travaux font écho à la foi de Pissarro dans le travail rural en coopérative, idéal conforme à sa pensée politique anarchiste. La silhouette est esquissée et la forme évoquée largement, avec des masses arrondies dont la simplicité rappelle Millet. A l'intérieur de ces masses, des petits traits de couleurs directionnels et isolés construisent la forme à travers le contraste des couleurs chaudes et froides aussi bien qu'avec les teintes pâles et saturées. Alors que les parties les plus éclairées sont rendues en teintes pâles de jaune, d'orange et de vert, les surfaces dans l'ombre le sont par des teintes plus sombres de rouge, bleu, vert et violet. Les contours viennent renforcer et renfermer les formes.*

*Les coups de pinceau de Pissarro sont ici beaucoup plus petits et plus près des points du Néo-Impressionnisme que dans la précédente version de sa composition en 1886. Cependant ils ne sont pas exactement conformes à un point rond. La couleur est divisée en surfaces principalement chaudes et pâles, contrastant avec des surfaces aux teintes dominantes plus sombres.*

# Claude Monet

*Antibes*
(1888)
Huile sur une toile apprêtée mastic pâle
65 cm x 92 cm

Après 1870, Monet, ayant parachevé sa technique pour rendre l'éphémère dans la nature, aborda des thèmes plus exigeants. En 1878, il s'installa à Vétheuil où sa première femme, Camille, mourut en 1879. Pendant le dur hiver 1879-1880, il peignit les dramatiques effets de la débâcle de la glace sur la Seine toute proche. Ces scènes donnèrent à son étude le ton des aspects les plus élémentaires de la nature, étude qu'il poursuivit pendant une décennie. En 1881, Monet s'installa à Poissy, également au bord de la Seine, mais plus près de la ville que Vétheuil. Cette région d'abord, puis les alentours de Giverny, où il s'établit en 1883 dans une maison qu'il acheta en 1890, lui offrit des thèmes plus apaisants que les paysages dramatiques qu'il avait peints pendant les voyages des années précédentes. Sa première grande exposition rétrospective de 56 toiles eut lieu à la galerie Durand-Ruel au printemps 1883.

Monet trouva ses nouveaux sujets çà et là en France. Dans les années 1880, il garda l'habitude de travailler le long de la côte normande, cherchant l'inspiration sur les hautes falaises blanches entre Etretat et Pourville.

Puis, en décembre 1883, Renoir et lui descendirent sur la Côte d'Azur et à Gênes, bref voyage d'exploration pour Monet qui cherchait sur la côte des sujets. Il y retourna seul en janvier 1884.

Contrairement à son habitude des années 1860 à 1870, Monet désirait travailler seul et n'informa pas Renoir de ce voyage. Il écrivit en janvier 1884 à son marchand Paul Durand-Ruel que cela le paralyserait de travailler en tandem, affirmant "J'ai toujours mieux travaillé dans la solitude, et d'après mes impressions personnelles". Renoir avait fait l'expérience de peindre dans le Midi les deux années précédentes ; et Monet a pu désirer trouver sa voie dans cet environnement nouveau, à la brillante lumière et aux couleurs déconcertantes, sans que son ami regarde par-dessus son épaule.

*La palette de Monet pour ce tableau comprenait probablement du blanc de céruse (1), des jaunes de cadmium (2), du vermillon (3), de la laque rouge garance (4), du bleu de cobalt (5), du violet de cobalt (6), et du vert viridien (8). Il a peut-être employé du bleu outremer (7), de l'émeraude (8), et des verts de chrome (9, 10).*

Monet éprouvait, de toute évidence, des difficultés à choisir ses couleurs et ses tonalités pour capter l'éclat de l'hiver finissant qu'il contemplait autour de lui dans le Midi. Il était incapable de travailler dans une lumière triste, sentant que c'était un paysage qui demandait le soleil. Quand celui-ci brillait, il répandait une lumière de fête, éblouissante, des bleus brillants et des roses qui soulèveraient, craignait-il, la colère de ses critiques qui n'auraient pas pu les contempler par eux-mêmes ; il sentit pourtant que les teintes qu'il essayait de rendre étaient bien endessous de la réalité. Il décrivait les couleurs qu'il voyait : gorge de pigeon ou punch flambant, films chatoyants et évanescents de lumière colorée. Après quatre années de voyage consacrés principalement aux sites sauvages et déserts de la Normandie, et spécialement les lieux abrupts de la côte atlantique bretonne aux environs de Belle-Ile, Monet retourna vers le Sud en 1888. Il était attiré par le contraste total du paysage, de la lumière et de la couleur.

C'est lors de ce second voyage que Monet peignit *Antibes.* Comme il ne connaissait pas la région, il cherchait dans les guides touristiques des renseignements sur les sites. Ces renseignements le conduisaient à des paysages intéressants, et susceptibles d'attirer d'éventuels acheteurs, qui préfèrent souvent posséder des vues d'endroits bien connus et familiers, plutôt que de belles cartes postales. Dans cette peinture, l'évolution de son travail de pinceau — où plusieurs signes soulignent un phénomène naturel différent — est évidente. Il y a une telle sûreté de touche dans ses traits de pinceau qu'ils semblent calligraphiés. Des traits courbes flamboyants indiquent la ligne lointaine des collines contre lesquelles — avec une désinvolture calculée — il fait ressortir le tronc de l'arbre, qui dessine une arabesque. La forme rythmée de cette courbe a été modifiée pendant le travail pour la renforcer. Le bleuté emblématique de l'eau est cassé uniquement par les traînées vibrantes des couleurs de la pluie tracées horizontalement, pour marquer la surface ondoyante de l'eau. Les branches basses de l'arbre se trouvent au-dessus de l'horizon, limitant l'illusion de la distance, qui aurait résulté de leur débordement sur la ligne de l'horizon. La végétation est rendue par des courbes ou de légères cassures, mêlant souvent plusieurs couleurs dans un seul coup de pinceau.

La teinte pâle de l'apprêt sur cette toile, marine 30 points, a été presque entièrement effacée par la couche opaque des couleurs. Sur le ciel et la mer, Monet a appliqué une couche générale, peut-être pour rendre le sol plus lumineux et réfléchissant davantage la lumière, parce que c'est un blanc rosâtre,

*Pour peindre* Le printemps d'Antibes, *Monet a utilisé le dessin d'un arbre sombre et courbe opposé aux couleurs pâles de l'arrière-plan, composition très populaire parmi les artistes japonais. Les bleus pastel brillants et les roses servent de superbe repoussoir aux contrastes sévères plus foncés dans l'arbre et le premier plan, où dominent de dures juxtapositions de rouge et de vert. Les extrémités sont modifiées par l'apparition de bleus dans le feuillage, et des rouges plus pâles le long de la lointaine ligne d'eau.*

*Des ouvertures sur la peinture pâle du ciel, dans le feuillage, laissent voir la teinte plus sombre de l'apprêt, couleur de mastic pâle. Plus bas à gauche, des bleus brouillés, épais, peinture fraîche sur peinture fraîche, ont été surajoutés pour augmenter la lumière et casser la masse sombre du feuillage. Dans les bleus, à droite, empâtés et couvrants, on peut voir la brillante nuance blanc bleuté du fond. De minuscules taches de vermillon animent le vert.*

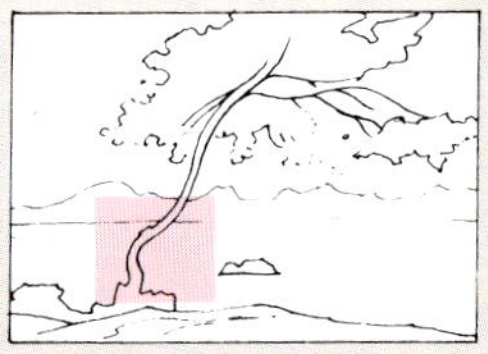

*La courbe flamboyante de l'arbre a été exagérée par Monet. Les couleurs de la mer se découpent dans la concavité de la forme à droite, tandis que les couleurs de l'arbre sont appliquées sur la base sèche de la mer à gauche, en courbe convexe. Le travail de pinceau de Monet, ici et le long de la ligne montagneuse du ciel est un écho à une plus petite échelle de la vigoureuse arabesque du dessin. Les coups de pinceaux fluides, sinueux, sont équilibrés par les touches de couleur empâtées d'une peinture sèche dans le feuillage du premier plan. Une peinture amplement chargée de larges coups de rouges et de verts donne une présence au paysage du premier plan.*

crayeux et brillant, d'une couleur plus légère que le fond original. Le grain très fin de la toile se remarque à peine. Sur cette couche, visible seulement par endroits parmi le feuillage et les traits de pinceau de la mer, Monet a appliqué la couche de peinture en forts coup de pinceau empâtés, particulièrement vibrants quand ils sont brisés et traînés, laissant apercevoir les premières couleurs.

Les teintes du ciel, grossièrement estompées, jouent autour de l'arbre, tandis que les taches de couleur du ciel à travers le feuillage sont principalement travaillées pardessus celles des branches. Le bleu de cobalt et le rouge garance des collines ont été chargés de blanc, pour les rendre très pâles et lumineux. Un mélange de vert viridien et de blanc a été appliqué sur les verts plus sombres au premier plan, et le même vert brillant parsème l'eau de petites taches reliant ces deux surfaces aux tonalités contrastées. Un mélange de cobalt plus bleu et de blanc a été travaillé sur la surface de l'eau et le feuillage est piqueté de gouttes de même teinte. Les rouges du premier plan, mélange à base de vermillon, furent employés pour la retouche finale, à nouveau, dans l'arbre, et également pour la signature.

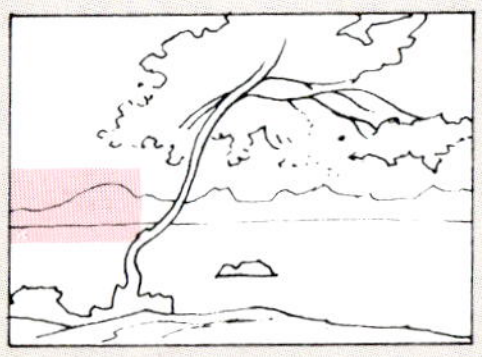

*Bord de la toile sans peinture. On voit le fond terne, mastic pâle, légèrement décoloré. Les bleus pâles de la couche du ciel montent et entourent le bord supérieur des montagnes, laissant voir la peinture mince et opaque qu'ils recouvrent. De légers traits vermillon pâle frais sur sec ponctuent le rose pastel plus doux et les teintes bleues.*

# Georges Seurat

*Le chahut*
(1889-1890)
Huile sur toile blanche apprêtée
169 cm x 139 cm

Mécontent des méthodes des Impressionnistes, qu'il estimait apparemment arbitraires et passagères, Seurat visait à un témoignage permanent monumental de la vie moderne, à la dimension de l'art égyptien ou de l'art classique. Pendant la première moitié des années 1880, il se consacra au développement de sa méthode "couleur et lumière" ou "chromo-lumineux", d'enregistrement scientifique des effets conjugués de la lumière et de la couleur de la nature. Sa formation académique, bien que relativement courte, lui apporta les bases d'une tradition classique et d'une maîtrise du dessin qu'il devait garder tout au long de sa carrière. Il abandonna rapidement l'accent plus linéaire du dessin académique, pour lui préférer une approche plus douce, plus musicale, devenue plus populaire, principalement chez les artistes indépendants. Il s'appuya sur ces études pour analyser les délicates graduations de la chute de la lumière et de l'ombre. La connaissance des théories de la simultanéité, ou contraste complémentaire des tonalités et des couleurs, Seurat l'avait acquise grâce à la lecture des théories de Chevreul et des publications postérieures, comme celles de l'Américain Ogden Rood, publiées en France en 1881.

On peut remarquer l'usage du contraste simultané des valeurs dans des dessins comme *Le Garçon assis au chapeau de paille,* dessiné en 1883-84, pour l'un des portraits de *La Baignade à Asnières.* Quand une masse de tonalité noire en rencontre une plus légère, les tons se mettent respectivement en valeur par contraste. Ceci signifie que les bords de la masse sombre apparaîtront, par effet d'optique, plus sombres par contraste et les bords clairs plus légers. Dans ce dessin Seurat a matérialisé cet effet optique. Ainsi, il a dessiné l'arrière-plan plus pâle derrière le garçon et le dos du garçon plus foncé, à l'endroit ou les deux se rencontrent, pour exagérer le contraste et pour détacher le visage de l'arrière-plan, lui donnant ainsi de la solidité. Le profil du garçon révèle le même procédé. La technique est inversée là où la lumière tombe de la droite directement sur le garçon, éclairant fortement les bras et les jambes. Ainsi, les parties claires de ses membres deviennent plus claires et l'arrière-plan plus obscur, ce qui renforce au maximum le contraste et fait se détacher le visage sur l'arrière-plan.

Ces effets cependant aidaient parfaitement Seurat à renforcer la structure et le modelé de ses dessins ; utilisés dans ses peintures, ils accentuent le sens de la forme tout en ajoutant à leur atmosphère un caractère étrange d'irréalité. Dans ses peintures, la dégradation du noir ou du blanc des études était remplacée par une dégradation de la couleur pure au moyen du blanc, pour éviter de ternir les teintes, mais le principe reste le même. On peut le remarquer très clairement dans *Le Chahut* où les plans du fond semblent s'enfoncer dans le tableau et en émerger, s'obscurcissant ou s'éclairant, selon leur place par rapport aux formes du premier plan. Ainsi, l'arrière-plan devient intensément plus obscur là où il rejoint les teintes pâles de la jupe de la danseuse du premier plan. Dans la peinture de Seurat, le contraste des couleurs remplace le contraste du noir et du blanc, de sorte que le contraste entre la lumière et l'obscurité est également contraste entre des couleurs complémentaires. Ainsi, les couleurs chaudes, spécialement les touches orange de la lumière du gaz s'infiltrent dans les zones pâles d'un blanc crémeux tandis que, plus sombres, les bleus froids, les violets et les verts dominent dans les parties ombrées éloignées de la lumière. La complémentarité de l'association bleu-orange sert de base aux harmonies de couleurs, tandis que les taches orange reflétant la lumière du gaz se répandent sur la toile. La stylisation guindée de la composition est beaucoup plus accentuée que pendant sa précédente période. Seurat était influencé par l'étude du récent travail du savant Charles Henry, avec lequel il s'était lié en 1886. Henry recherchait les moyens de formuler scientifiquement les relations entre la ligne, la couleur et la tonalité, de même que leur influence sur les émotions. Ainsi les rouges orangés, tels ceux qui dominent dans cette peinture, étaient censés marquer la gaieté. De même, les lignes du haut, les jambes, les bras et les traits de la figure des danseuses renforcent l'émotion associée à la couleur chaude. Les dernières peintures de Seurat, basées en toute liberté sur les théo-

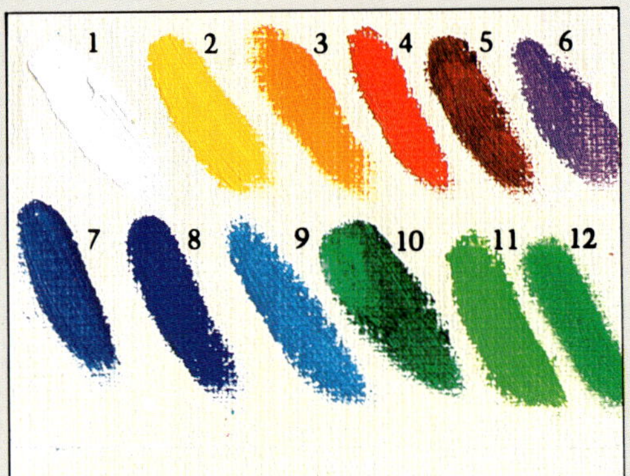


*La palette de Seurat comprenait probablement du blanc de céruse ou de zinc (1), du jaune de cadmium pâle (2), du jaune de cadmium moyen ou profond (3), du vermillon (4), de la laque garance (5), du violet de cobalt (6), du bleu de cobalt (7), du bleu outremer (8), du bleu azur (9), du vert viridien (10) et des verts de chrome composés (11, 12).*

*Par la suite pendant un certain nombre d'années, les contemporains commencèrent à remarquer que les couleurs brillantes de Seurat s'assombrissaient. Ceci rend difficile de mesurer l'impact de la couleur ou de ses effets dans l'œuvre de Seurat, car il est impossible de se rendre compte à quel point ils sont maintenant différents. Cependant, l'utilisation par Seurat de touches de couleurs séparées en petits points avait pour résultat une tonalité très atténuée, presque grise, comme on peut le constater ici. Et parce que la fusion des couleurs, pratiquée ici, est en fait minorisante, aboutissant à des tons plus sombres ou tirant sur le gris, en accord avec les lois de la couleur pigmentée, opposée aux lois additives de la lumière colorée. En plus le mélange des lumières colorées devient plus clair, pour devenir finalement lumière blanche. La peinture était prévue pour être réalisée à une très grande échelle, plus grande que les plus grands formats de peinture de chevalet. La toile mesure 169 cm x 139 cm et cette reproduction ne fait que quelques centimètres de haut. Une comparaison avec le détail de cette reproduction montre à quel point la couleur est concentrée grâce à l'importance de la réduction.*

ries de Henry reposaient sur la recherche des émotions particulières provoquées par la ligne, la couleur et la tonalité. Ainsi, dans ses œuvres, les couleurs claires, chaudes signifiaient gaieté et action, tandis que les couleurs froides et sombres représentaient la tristesse, des tons moyens et un équilibre entre les couleurs chaudes et froides dans une peinture symbolisant l'harmonie de la tranquillité.

Les lignes ont une fonction comparable : les lignes ascendantes expriment la joie et la gaieté, les lignes horizontales et verticales sont la manifestation d'un tranquille équilibre et les lignes descendantes traduisent la peine. On ressentait que la systématisation de ces théories pourrait conduire à une façon de peindre dans laquelle l'impact émotionnel de la peinture serait scientifiquement prédéterminé ! Cette idée d'un absolu universel dans la représentation de l'expression artistique est en concordance avec certaines idées courantes dans la théorie symboliste. Cependant, elle témoigne également d'une alternative moderne aux absolus classiques de la vérité et de la beauté qui étaient devenus ainsi associés aux contraintes du dogme académique du XIXe siècle.

Quoique Seurat soit resté le chef incontesté des Néo-Impressionnistes, la rigueur de sa méthode scientifique fut progressivement abandonnée par ses cadets, après sa mort prématurée en 1891. Chacun cherchait des variations plus personnelles du style pointilliste. La stylisation décorative de Seurat et son utilisation des proportions classiques furent très admirées par les artistes du XXe siècle.

La chaude lumière du gaz produit une source lumineuse

Les traits indiquent la gaieté

Couleur et tonalité de l'arrière-plan sont complémentaires de celles des figures

Contours pleins pas entièrement supprimés

Le chassis coloré peint sur la toile complète les couleurs de l'œuvre, les protège de l'influence des couleurs au-delà du cadre

*Contre le jaune orangé pâle du bord de la jupe, l'arrière-plan devient bleu foncé par contraste pour renforcer la forme et la séparer de l'arrière-plan. Cette disposition maintient l'harmonie de la couleur dans l'ensemble du tableau. Des modifications du même genre se retrouvent sur toute la toile.*

*Comme dans l'affiche de Jules Chéret pour les Folies Bergères* Les Girards, *de 1877, Seurat a stylisé les visages et allongé les formes. Cependant dans* Le Chahut *la stylisation accentue le côté factice du monde des fêtards, et traduit sa fausse gaieté.*

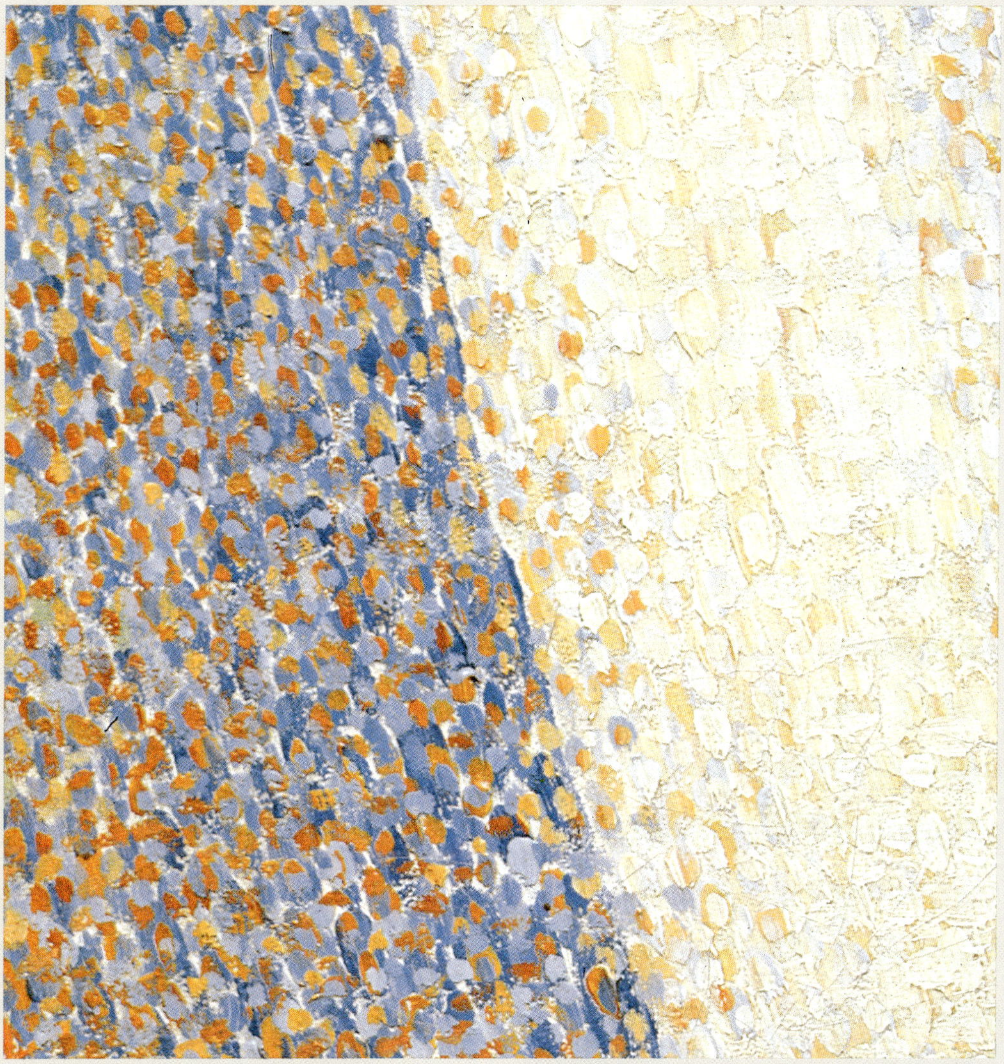

Détail grandeur nature. *Ce détail suggère comment apparaissent en réalité les surfaces de Seurat. Les premiers points de couleur, les bleus et les blancs ivoire, sont, en fait, des traits allongés qui épousent les formes, ici les lignes de la jupe. Des points plus arrondis, bleus ou orange pâle, sont tous travaillés sur de la couleur sèche, pour éviter de ternir la pureté des teintes séparées. Ainsi, les points n'ont pas une totale uniformité de forme et de direction, ils bâtissent des rythmes de dessin à travers la surface du tableau. Les points orange sont supposés évoquer la luminosité diffuse des lampes à gaz.*

*Détail du dessin de Seurat au crayon Conté noir sur papier Ingres à grains de 1883-1884. On y voit sa maîtrise du dessin et de la tonalité. Le contour précis et les hachures ont complètement disparu dans* Le Garçon assis avec un chapeau de paille. *Par contre, de subtiles gradations de tons sont obtenues par la variation de la pression du crayon doux et épais sur le papier. Des traits légèrement appliqués prennent seulement sur les grains du papier, laissant des trous blancs. Des points appuyés créent des noirs profonds veloutés. Ces variations de tons bâtissent la forme.*

*La petite ébauche à l'huile de Seurat pour* Le Chahut *est l'un des quelques travaux préparatoires à la toile finale. Sa méthode de travail caractéristique reflète la méthode académique, en ce qu'il utilisait pour la composition des études dessinées, des études à l'huile et des esquisses comme celle-ci. Elle est peinte sur bois, probablement le couvercle d'une boîte de cigares. L'apprêt de la toile est blanc ; elle est entourée sur trois côtés d'un cadre fictif peint, mais on y a ajouté un cadre de bois également peint.*

# Introduction

**1890**
**1905**

De 1890 à 1900 la reconnaissance des Impressionnistes de la première génération par le grand public n'était encore que sélective. Monet, en particulier, avait remporté un vaste succès d'estime, doublé de réussite financière. Renoir avait connu la même fortune. Mais Sisley et Pissarro qui, pour leur part, avaient renoncé au style pointilliste, ne parvenaient qu'à une modeste notoriété. Cézanne, qui travaillait encore dans un isolement relatif, exception faite de quelques amis peintres, demeura pratiquement inconnu jusqu'à sa première exposition individuelle chez Vollard en 1895. A partir de 1855 en effet, de nouvelles formes picturales commençaient à poindre qui devaient remettre en question les fondements du mouvement impressionniste.

## Gauguin et Van Gogh

Chez l'artiste hollandais Vincent van Gogh (1853-1890), comme chez l'artiste français Paul Gauguin (1848-1903), des éléments de tradition réaliste sont associés à une expression subjective. Gauguin fut cependant plus directement soumis à l'influence du groupe impressionniste dont il collectionnait les tableaux à la fin des années 1870. Van Gogh, en revanche, avait dessiné et peint assidûment en Hollande pendant près de six ans (ce qui représente plus de la moitié de sa carrière d'artiste), lorsqu'il arriva à Paris en 1886 ; il se familiarisa avec l'œuvre des maî-

*Ce tableau de John Singer Sargent représentant* Monet peignant à la limite de la forêt *date de 1890 environ. Américain, né à Florence, Sargent avait étudié la peinture à Paris. Il se lia d'amitié avec Monet à la fin des années 80 et lui rendit plusieurs fois visite à Giverny. Ce tableau montre Monet travaillant en extérieur.*

tres français comme Delacroix (1798-1863) et les paysagistes de l'Ecole de Barbizon, sans compter la production des artistes parisiens contemporains. Il est clair qu'avant de prendre contact avec la peinture française, Van Gogh avait déjà un style bien formé, plus tributaire des peintres hollandais réalistes contemporains et anciens comme Franz Hals (ca. 1580-1666) et Rembrandt (1606-1669) et caractérisé par son "graphisme", comme si l'artiste dessinait avec de la couleur. Les tableaux de la maturité, postérieurs à 1887 attestent, selon un mode personnel et simplifié, le rôle des théories influentes de Chevreul sur la complémentarité des contrastes chromatiques — contrastes que l'artiste exploita pour leur impact affectif, exagèrant les couleurs qu'il trouvait dans la nature.

De 1885 à 1890, Gauguin subit fortement l'influence de Degas, Pissarro et Cézanne et commença à travailler d'après nature. Il n'allait pas tarder toutefois à abandonner les idéaux impressionnistes. Dans une œuvre comme les *Quatre Paysannes* (1886) sa dette envers Pissarro apparaît clairement. Il avait, en l'occurence, adopté le coup de pinceau directionnel qui caractérise l'œuvre de ce dernier au début des années 1880 ; son sujet est en outre comparable à ceux de Pissarro à cette époque, à cette différence près que Gauguin choisit d'habiller ses paysannes en costumes régionaux traditionnels et non en vêtements de travail ordinaires. Cet élément vestimentaire relève d'un genre pictural "rustique", à la mode dans les Salons, où l'on ne voyait guère les ouvriers agricoles effectivement occupés aux travaux des champs. Sur le plan de la composition également le tableau s'apparente aux tableaux de Pissarro. Gauguin rapprochait ses figures de grand format du plan du tableau, réduisant la profondeur de champ, en éliminant le ciel auquel il substituait un fond aux modulations de verts.

Cependant des éléments décoratifs plus résolument non naturalistes — caractéristiques de sa facture parvenue à maturité — se décèlent déjà dans l'œuvre. L'espace pictural traité en aplat a en lui-même une fonction décorative, aucune indication géographique précise n'étant donnée. De la même manière, la répartition selon un rythme propre à la frise des figures que relient entre elles les mouvements ondulatoires des bras et des collerettes blanches, accentue l'abstraction du tableau. Le rythme des figures de droite est repris et renforcé par la courbe de l'arbre qui, bien que situé "derrière" elles, paraît étrangement proche du plan du tableau. Plus étroitement apparentées à cette œuvre, par le sentiment qui s'en dégage, sont les scènes d'intérieur de Degas, représentant des baigneuses. L'espace encombré, exigu, dans lequel Degas plaçait habituellement ses personnages, captifs en quelque sorte des limites étroites du tableau, est semblable à celui que recherche Gauguin dans cette composition d'extérieur, peinte en studio néanmoins. Gauguin s'inspirait de la forme épurée, de la couleur et de la composition en aplat de l'estampe populaire et des expérimentations qu'il avait faites en 1886-87 avec les techniques de la décoration simplifiée de la céramique.

C'est en 1888 au plus tard que Gauguin et Van Gogh expérimentèrent — isolément ou ensemble — les couleurs à l'huile sur la toile brute, non apprêtée, qui absorbe comme un buvard. Dans la peinture impressionniste, on ne recourt que rarement à des subterfuges techniques de ce genre, la toile non apprêtée n'étant normalement utilisée qu'avec des couleurs non corrosives et exemptes d'huile, comme la gouache. A l'évidence, l'aspect de la toile brute, toile à sac ou jute, revêtait aux yeux de Gauguin et de Van Gogh un attrait particulier puisqu'ils l'utilisèrent de temps à autre, comme c'est le cas dans *La Chaise et pipe* (1889) de Van Gogh.

Van Gogh plus que Gauguin resta tributaire des toiles déjà apprêtées, que l'on trouvait en rouleaux dans le commerce et les tendait lui-même sur des châssis. Cette méthode était un peu plus économique que les toiles achetées toutes tendues. S'agissant du fond, l'artiste avait une prédilection pour le gris, le mastic, le blanc et parfois, à l'instar de Millet, un rose audacieux qu'il lui arri-

*Cette petite étude intitulée* Tête de femme *de Vincent Van Gogh atteste l'achèvement du style de l'artiste avant son départ de la Hollande pour Paris. La pâte abondante était appliquée énergiquement à la manière de Franz Hals, précurseur hollandais admiré de Van Gogh. Dans ce tableau de 1885, la couleur est plus lumineuse et la peinture plus opaque, contenant davantage de blanc que celle utilisée pour sa première grande œuvre à l'huile,* Les Mangeurs de pommes de terre *d'avril 1885. La peinture fraîche est appliquée sur la peinture fraîche. Les couleurs sont dans l'ensemble mélangées préalablement, mais l'artiste en poursuit souvent l'amalgame sur la surface peinte, empâtée de part en part ; mais les rehauts, comme ceux que l'on observe au-dessous de la gorge, sont d'une épaisseur plus lourde encore. Le modelé des formes est encore essentiellement une affaire de tonalités.*

vait de laisser transparaître à travers les différentes couches de peinture, lui faisant jouer un rôle actif dans l'effet final, aux côtés des coups de pinceau linéaires. Les couleurs appliquées en couches épaisses et les empâtements des coups de pinceau évoquaient des textures diverses tout en suivant et en renforçant la forme des sujets. Il rechercha et exagéra les formes naturelles et les lignes rythmiques des objets, mais demeura fidèle à son engagement d'étudier et de travailler d'après nature. Dans certains tableaux, une ambiguïté délibérée de la composition suggère l'intérêt de Van Gogh pour la méthode nouvelle de traitement par les Impressionnistes de la structure et de l'espace pictural. Comme quantité d'autres artistes d'alors, il collectionnait lui aussi les estampes japonaises. Mais son souci permanent de restituer une profondeur de champ satisfaisante dans ses paysages en s'aidant du cadre de la perspective est le vestige de sa dette et de son allégeance à l'art des Maîtres Anciens.

On décèle à la surface des tableaux de Van Gogh, comme chez les Impressionnistes, l'empreinte de la main de l'artiste, œuvrant à créer des textures qui renforcent, chez le spectateur, la conscience de la surface peinte. Les coups audacieux du pinceau de Van Gogh et sa couleur exacerbée allaient devenir sources d'inspiration importantes dans l'évolution du style fauve.

**Les Fauves — Matisse et Derain**

Les deux principaux artistes fauves, Henri Matisse (1869-1954) et André Derain (1880-1954) ont travaillé ensemble à Collioure au cours de l'été 1905, leur association productive n'est pas dissemblable de celle de Monet et de Renoir en 1869. C'est à Collioure qu'ils élaborèrent, chacun à sa façon, le style vibrant qui devait leur valoir le qualificatif de "Fauves" de la part de critique, un peu plus tard au cours de cette même année.

Certains aspects de leur nouvelle manière sont déjà présents chez les Néo-Impressionnistes, en particulier dans l'œuvre de la maturité de Signac et les tableaux anti-naturalistes de Gauguin. En 1888, à Pont-Aven, Gauguin engageait ses émules à intensifier les couleurs observées dans la nature afin de souligner leur caractère intrinsèque et à abandonner la couleur "imitative".

Matisse, en revanche, ne chercha ni la couleur symbolique ni la couleur imitative, mais la couleur pour elle-même, exclusivement soumise à l'harmonie interne du tableau. En 1908, il déclarait en substance qu'il lui était impossible d'exécuter des copies serviles d'après nature, qu'il était obligé d'interpréter et de subordonner le réel à l'esprit de la peinture. L'inspiration de Matisse est plus directement le fruit de ses découvertes picturales que de celles qu'il aurait pu faire dans la nature. Contraire-

La Vision après le sermon, la lutte de Jacob avec l'Ange *peint par Gauguin à Pont-Aven en 1888. Comme l'indique son titre, le tableau de Gauguin traque davantage la vérité intérieure que la vérité extérieure. Il associe des images de figures bretonnes stylisées, dans un espace pictural sans profondeur de champ, avec la "vision" dans l'angle supérieur droit. Ainsi les mondes "réels" et "imaginaires" sont-ils séparés par la forte diagonale de l'arbre, inspirée des estampes japonaises. Comme les Impressionnistes, Gauguin étudia les estampes japonaises et adopta même leur utilisation d'aplats audacieux de couleur unie. Les figures sont distribuées de façon non conventionnelle, coupées sur la gauche et au premier plan, selon un mouvement qui suit le bord de la toile. Aucune source de lumière identifiable n'est utilisée : procédé qui annonce déjà les développements du Fauvisme.*

*Le* Paysage à Collioure *de Matisse date de l'été 1905. Ce paysage fut exécuté sur la côte française près de la frontière espagnole. Il fut exécuté* alla prima, *par la juxtaposition de couleurs appliquées sans temps de séchage, aussi pures et lumineuses que possible, et non amalgamées. Cependant les larges coups de pinceau, les masses de couleur et les longues lignes sinueuses nous montrent Matisse se soustrayant à l'influence de Signac dont les méthodes néo-impressionnistes avaient dominé son travail au cours de l'année précédente. La lumière est suggérée et non pas directement représentée par la juxtaposition des couleurs vives.*

Collioure *d'André Derain fut, comme le paysage de Matisse (ci-dessus), exécuté en 1905. Le paysage de Derain associe les traits de couleur issus de la méthode néo-impressionniste aux aplats lumineux de facture plus ample. Dans une lettre écrite dans le Midi, il déclare : "La lumière ici est très forte, les ombres très lumineuses. L'ombre est tout un monde de clarté et de luminosité qui contraste avec la lumière du soleil – c'est là ce que l'on appelle réflexions". Ces propos auraient pu être ceux d'un Impressionniste, toutefois la palette de Derain rompt littéralement avec les nécessités de la description naturaliste.*

Au-dessus de Saint-Tropez, Le Sentier de la maison de la douane, *de Signac (1905). La facture de Signac dans les années 1900 est plus libre qu'à la fin des années 80 ; la touche est aussi moins rigoureuse. Le détail ci-contre montre la mosaïque des blocs de couleur qui varient en nuances et tonalités pour constituer la structure du sujet.*

ment à l'approche synthétique de Gauguin, la peinture de Matisse fut à la fois analytique et conceptuelle, comme il ne manqua pas de le souligner : pour lui tout était dans la conception, aussi fallait-il d'emblée avoir une vision claire de l'ensemble. Malgré toute sa conviction, l'artiste travaillait et transformait souvent considérablement les correspondances de couleurs sur le tableau en cours d'exécution. Ainsi, comme chez les Impressionnistes, l'immédiateté et la spontanéité apparentes de son œuvres sont-elles souvent le fruit d'une progression réfléchie et laborieuse.

Les Fauves adoptèrent généralement la toile blanche apprêtée et brillante pour laquelle les Impressionnistes et les Néo-Impressionnistes avaient marqué une prédilection dans les années 1880. Les Fauves, tout comme les Impressionnistes, appréciaient l'apprêt appliqué en une seule couche grenue et texturée. Leur facture ample et ouverte laissait souvent cette base lumineuse et réverbérante partiellement découverte. Pour Matisse, notamment, elle permettait le plus souvent de séparer des zones de couleurs contrastées, contribuant à activer la vibration née de ces masses juxtaposées. Si les contrastes chromatiques utilisés chez les Impressionnistes faisaient la part belle au couple complémentaire jaune/violet-bleu, car celui-ci restituait le plus fidèlement les effets d'ombre et de lumière solaire dans la nature, Matisse adopta pour sa part les complémentaires rouge/vert. Ces deux couleurs créent la vibration optique la plus forte, surtout juxtaposées, parce qu'elles sont, de tout le spectre, celles qui sont les plus proches par la tonalité. Tandis que l'œil se fatigue à lire, disons, le rouge comme dominante, le vert à côté semble surgir et dominer. Cette vacillation de l'œil entre les deux couleurs rivalisant pour dominer l'impression rétinienne engendre une vibration optique qui souligne simultanément les propriétés chromatiques de chacune d'entres elles. En se concentrant sur le couple rouge-vert, souvent transformé en rose-turquoise, Matisse échappait à la représentation naturaliste liée à l'utilisation de la couleur par les Impressionnistes. C'était également là un couple qui, en raison d'équivalences tonales, affirmait l'aplat de la représentation à la surface du tableau par la négation de l'illusion de profondeur de champ.

Toutes les techniques et procédés picturaux des Fauves mettaient l'accent sur la prééminence du geste pictural. S'ils demeurent figuratifs par le sujet, le coup de pinceau, la palette et le dessin, tous se libèrent finalement dans leur expression des restrictions de la représentation naturaliste.

Femme devant une fenêtre *(1905) de Matisse ; cette petite toile de dimensions non standard est presque carrée. Le fond blanc apparaît parmi les touches de couleur interrompues indiquant la fenêtre et la baie au-delà. Le traitement contraste ici avec celui de l'intérieur. Les grands aplats de couleur lumineuse sont réalisés au moyen de couches très fines, mais opaques, de peinture. Ils remplissent les contours bleus et fluides qui entourent les formes. La lumière tombante ne semble être posée que sur le visage, mais le procédé ne s'assimile en rien aux effets naturalistes. Il divise simplement le visage en deux régions de couleurs différentes. Le choix des couleurs de la composition est déjà destiné à évoquer la lumière par les contrastes et les nuances, davantage que par l'imitation des couleurs effectivement perçues. L'équilibre chromatique – comme celui des verts de l'angle supérieur droit et de l'angle inférieur gauche – de part et d'autre des rouges, des orangés et des jaunes est plus important que la représentation fidèle. Ce sont des existences picturales internes qui déterminent la structure chromatique du tableau.*

Les Peupliers *de Monet (1891) furent exécutés à l'huile sur une toile à l'apprêt pâle. L'utilisation d'une toile de format carré à des fins spectaculaires est évidente ici. Bien que la rive recule légèrement à gauche, la puissance de la structure géométrique souligne le plan du tableau. L'interaction de la grille sombre et froide du premier plan et des nuances chaudes et pâles de la ligne courbe des arbres à l'arrière-plan contribue à animer le tableau. Le rapport de ces éléments à l'ensemble du carré est rigoureusement traité.*

**L'héritage impressionniste**

L'Impressionnisme, libérant la peinture des conventions du clair-obscur, avait donné un intérêt nouveau à la couleur pure, lumineuse et éclatante du spectre. Il avait permis une nouvelle approche des problèmes posés par l'espace et la composition ; il avait libéré la peinture de l'illusionnisme prévalant depuis la Renaissance et en vertu duquel la peinture assumait le rôle de "fenêtre sur le monde". Il avait libéré le travail du pinceau de son rôle purement illusionniste ou descriptif, montrant la voie d'une peinture qui, d'ores et déjà, donnait de l'importance aux qualités abstraites et formelles et à un potentiel expressif plus grand de la touche.

C'est cette transformation en marche que l'on observe chez Seurat, dont les derniers tableaux suggèrent une forme de peinture nouvelle plus stylisée et non naturaliste, qui chez Gauguin se manifeste d'une manière entièrement différente dans les tableaux symbolistes tahitiens. Les Fauves, et Matisse plus particulièrement, renoncent définitivement à l'héritage du naturalisme impressionniste ; ils libèrent la couleur de sa fonction mimétique, ouvrant la voie à l'abstraction du XX^e siècle dont on perçoit déjà dans la peinture d'avant-garde des années 1860 et 1870 les signes avant-coureurs. Ainsi, jusqu'en 1907, date de l'avènement du Cubisme, l'approche et les techniques radicales de l'Impressionnisme restèrent-elles prépondérantes et les nouvelles générations ne purent qu'en tenir compte et transiger avec elles.

*Dans* En bateau à Rames *De Mary Cassatt, peint en 1893/1894, le point de vue élevé fait incliner vers le haut et réduit le ciel à une fine ligne bleue. Tous les bleus sont riches et saturés et se rejoignent, soulignant l'ambiguïté de l'espace créé par les virougeuses formes courbes, comme celles de la voile et du bateau. Les figures de la femme et de l'enfant sont délicatement contrastés.*

# Vincent Van Gogh

*La Crau d'Arles : pêchers en fleurs*
(1889)
Huile sur toile
65,5 cm x 81,5 cm

Vers 1880, après une jeunesse tumultueuse où il fut tour à tour courtier en tableaux, enseignant et missionnaire, Van Gogh, alors proche de la trentaine, embrassa le métier de peintre. Il passa dans son pays natal — la Hollande — les cinq premières années de sa carrière, étudiant brièvement à la Haye en 1883 et à Anvers au cours de l'hiver de 1885-1886. Fidèle à l'enseignement académique, Van Gogh se consacra d'abord exclusivement au dessin, mais expérimenta une grande variété de matériels insolites comme la craie noire et cireuse du lithographe et les crayons de menuisiers à large mine de graphite. Ceux-ci lui permirent de produire des contrastes durs de lumière et d'ombre, un tracé et un modelé puissants caractéristiques du style hollandais de ses débuts qui se perpétuent dans l'œuvre peinte où les contrastes de couleurs remplacent les contrastes de tons. D'emblée il fut influencé par les Anciens Maîtres hollandais et par ses amis de l'école réaliste hollandaise contemporaine.

Van Gogh se rendit en France en mars 1886. Il ne tarda pas à faire la connaissance de nombreux artistes de la nouvelle génération. Il travailla quelque temps dans l'atelier de Frédéric Cormon (1845-1924) où il rencontra Toulouse-Lautrec et Emile Bernard (1868-1941). Bernard fut, avec Gauguin, l'un des fondateurs de l'Ecole de Pont-Aven en Bretagne. A l'automne de 1886, Van Gogh fit la connaissance de Gauguin et, par son frère Théo, celle de Degas, de Pissarro et des Néo-Impressionnistes Signac et Seurat. Van Gogh travaillait régulièrement en extérieur à Asnières, peignant en 1887 des paysages aux côtés de Bernard et de Signac. Grâce à Signac en particulier, il apprit à éclaircir sa palette et à utiliser des contrastes chromatiques complémentaires lumineux. S'il adopta pendant un temps très court la touche brisée des Néo-Impressionnistes, il ne fut que superficiellement influencé par les Néo-Impressionnistes et les Impressionnistes.

Vers la fin de son séjour en Hollande, sa facture avait déjà évolué, devenue plus colorée et plus libre à la faveur de ses lectures relatives aux techniques de Delacroix, et par sa propre étude de la peinture audacieuse d'artistes hollandais comme Frans Hals (ca. 1580-1666). L'impact de la complexité de la peinture française contemporaine sur Van Gogh est dérisoire comparé à son admiration pour des artistes qui exploitaient la couleur comme Delacroix ou le peintre provençal Adolphe Monticelli (1824-1886). Comme quantité de ses contemporains, Van Gogh fut fortement attiré par les estampes japonaises qu'il entreprit de collectionner sérieusement dès la fin de 1886, organisant même une exposition de celles-ci au café Tambourin, à Paris, en mars 1887. Mais à la différence de ses collègues peintres, Van Gogh ne s'intéressa pas aux qualités picturales novatrices de l'estampe japonaise, dont il appréciait en revanche les couleurs franches et la représentation de la nature.

Perturbé par l'agitation, nouvelle pour lui, de la vie parisienne et recherchant la couleur et la lumière qu'il percevait dans les estampes japonaises, Van Gogh partit pour le Midi en février 1888. Il s'installa à Arles où il peignit *La Crau d'Arles : pêchers en fleurs* l'année suivante. Après un flirt de courte durée avec le style symboliste de Gauguin, pendant la visite de ce dernier chez lui d'octobre à décembre 1888, Van Gogh revint à son premier amour et découvrit dans sa propre peinture un langage moderne qui situait l'homme au sein de la nature. Contrairement à Gauguin, Van Gogh n'aimait pas travailler d'imagination, préférant chercher son inspiration dans les sujets que lui offrait la nature même. *La Crau d'Arles : pêchers en fleurs* est l'une des six études de printemps exécutées en 1889 ; dans une lettre à Théo, l'artiste déplore cette floraison éphémère qui pose des problèmes de représentation. En fait, dans ce tableau, l'exécution des fleurs se superpose à une peinture sèche, plus ancienne en maints endroits, ce qui laisse supposer qu'il s'agit là d'une toile retravaillée de mémoire en juillet 1889, après son départ pour Saint-Rémy.

*La Crau d'Arles : pêchers en fleurs* fut exécutée sur une toile d'étude ordinaire, apprêtée d'un blanc légèrement jaune que l'artiste dut tendre lui-même sur un chassis classique 25 figures (65,5 x 81,5 cm). La fine couche d'apprêt laisse apparaître la texture grenue de la toile sous les zones plus finement travaillées, entre les empâtements. Une sous-couche de peinture n'apparaît que dans la surface du ciel, où des couleurs mates et fines furent largement appliquées. Ici l'artiste utilisa des couleurs sourdes, du blanc à peine teinté de bleu pâle pour la partie supérieure du ciel et un gris rosé pour sa moitié inférieure. Le ciel fut recouvert de coups de pinceau courts et horizontaux d'une couleur plus lumineuse, de bleus froids et durs et de verts pâles, probablement de cobalt ou de malachite. Comme dans la technique impressionniste, les couleurs de Van Gogh contenaient du blanc dans la plupart de ses mélanges et la couche de peinture est uniformément couvrante et opaque.

La touche de Van Gogh est énergiquement descriptive et fait écho aux textures et aux formes de son sujet. Quoique l'empâtement de la couleur tende à souligner le motif de tableau, son souci de créer une impres-

*La qualité essentiellement descriptive des coups de pinceau est plus abstraite dans le traitement du ciel et du premier plan. Les traits de bleu, jaune pâle et vert du ciel sont repris et multipliés, faisant écho au mouvement du sentier au premier plan. Les couleurs sont accentuées, mais demeurent naturalistes.*

sion d'espace et de perspective grâce au recul des champs et au changement d'échelle des objets, confirme son attachement à la peinture paysagiste hollandaise traditionnelle.

Bien que le tableau soit brillant et lumineux, on perçoit déjà, dans les tons plus neutres du premier plan, la préfiguration de l'œuvre exécutée à Saint-Rémy entre mai 1889 et mai 1890, période au cours de laquelle sa nostalgie des nuances sombres de la campagne hollandaise le conduisit à utiliser des couleurs moins lumineuses que celles qui caractérisent les tableaux exécutés à Arles. En mai 1890, Van Gogh remonta vers le Nord, mais non jusqu'en Hollande ; il s'installa à Auvers-sur-Oise, ancien haut-lieu des Impressionnistes.

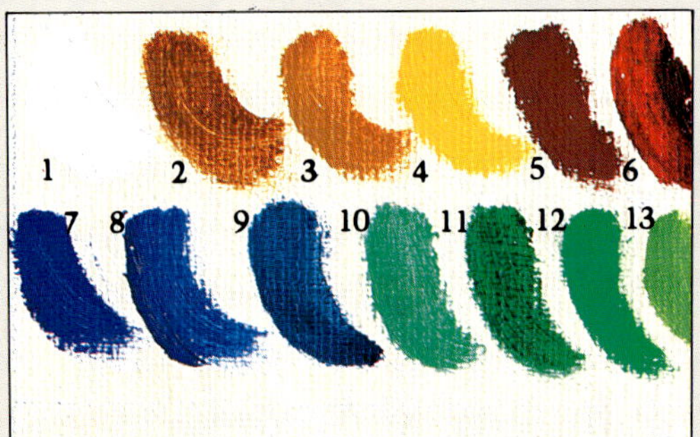


*Palette probable : blanc de zinc (1), terre de Sienne naturelle (2), ocre jaune (3), jaunes de chrome (4), laque d'alizarine rouge (6), bleu outremer (7) ou bleu de cobalt (8), bleu de Prusse (9), vert de cobalt (10) et vert viridien (11). Peut-être également la terre rouge (5), le vert de chrome (13) et le vert émeraude (12).*

Détail grandeur nature. *La texture de la toile, finement apprêtée avec un blanc cassé apparaît entre les empâtements de la surface. Souvent oblitéré, le fond pâle demeure une teinte lumineuse et stable qui contribue à soutenir l'éclat général des couleurs utilisées. Les couleurs opaques, souvent chargées de blanc, renvoient la lumière vers l'œil du spectateur. L'addition de couleur dans les fleurs des arbres laisse supposer que le tableau fut retravaillé ultérieurement. Van Gogh exécuta six tableaux de floraison printanière au cours de cette même année. Les touches brillantes animent les couleurs plus sourdes de la terre et celles plus pâles des fleurs.*

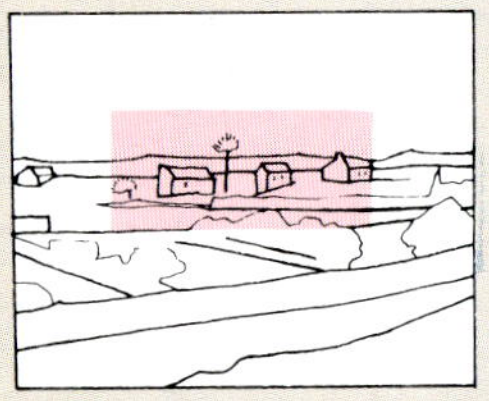

*Profondeur de champ créée par un traitement moins empâté des éléments lointains. Les traits fins et horizontaux suggèrent l'éloignement progressif des champs dans des tons de bleus, de verts et des teintes crémeuses.*

*L'artiste appliqua et laissa sécher les couches de couleurs fines et opaques aux teintes pâles — verts par endroits, bleus à d'autres — avant d'apporter les touches horizontales de couleurs plus lumineuses et plus saturées. Ces taches de peinture frais sur sec animent le ciel. La peinture est crayeuse et épaisse et abonde en pigment blanc.*

*Les couleurs sont presque entièrement opaques et intensément chargées, la marque du pinceau en soies de porc reste apparente. Le mélange sur la toile des couleurs est visible dans l'herbe, tandis que la couleur brossée frais sur sec de la clôture crée un effet granuleux et vibrant. Les couleurs sont dans l'ensemble mélangées et cassées.*

# Paul Gauguin

*Te Reroia*
(1897)
Huile sur toile de jute non apprêtée
95 cm x 130 cm

Gauguin fit deux séjours à Tahiti, le premier de 1891 à 1893, le second de 1895 à 1901; *Te Reroia* (1897) appartient donc au second séjour. Né à Paris, Gauguin vécut au Pérou de 1849 à 1855 et passa une partie de sa jeunesse à voyager, tout d'abord dans la marine marchande puis dans la marine militaire, entre 1865 et 1871. Ces voyages lui donnèrent le goût de l'exotisme et engendrèrent en lui une agitation qui ne devait jamais s'apaiser.

C'est en amateur qu'il avait abordé la peinture en 1873, mais dès 1879 il exposa avec le groupe impressionniste en dépit de l'hostilité de certains de ses membres. Par son tuteur Gustave Arosa, Gauguin avait fait la connaissance des Impressionnistes et, dès 1879 peignit de temps à autre avec Pissarro dont le style et la méthode devaient avoir une influence profonde sur sa formation. Gauguin travailla également avec Cézanne en 1881, mais son enthousiasme à découvrir ce qu'il pensait être la méthode "secrète" de Cézanne, irrita violemment ce dernier. Si les peintres symbolistes de la nouvelle génération furent tous tributaires de son style profondément novateur, Gauguin resta lui-même très éclectique, puisant son inspiration aux sources les plus diverses : de l'art bouddhique d'Extrême-Orient à la frise du Parthénon et à l'*Olympia* (1863) de Manet. Il avait à Tahiti des photographies de ceux-ci, ainsi que d'autres documents iconographiques. Voici ce qu'il dit, en substance, à leur sujet : "lorsque des gravures sur marbre ou sur bois dessinent une tête pour vous, il est très tentant de le dérober". Gauguin avait clairement le sentiment que de tels emprunts étaient préjudiciables à son art — qu'ils rendaient moins original — et à lui-même, jetant le doute sur ses propres facultés créatrices. Cependant, la pratique était fréquente et tous ces emprunts furent transformés au point de se traduire en une œuvre personnelle.

Le rejet par Gauguin de la société occidentale décadente et son adoption de ce qu'il considérait comme la simplicité naïve, plus authentique, de la vie dans les mers du Sud, était symptomatique d'une désillusion qui frappait la civilisation européenne de son temps. Le mouvement symboliste en peinture et en littérature peut, d'une façon générale, être considéré comme une réaction contre les maux de la société industrielle naissante et comme un besoin d'idéal plus introspectif et plus contemplatif. Il n'est pas possible de considérer Gauguin, lui-même intellectuel européen évolué, ou sa peinture, comme "primitifs". Cependant, en choisissant de vivre parmi des peuples dits primitfs et en chargeant son œuvre de symboles et de significations issus de différentes sources d'art non européennes et non chrétiennes, Gauguin cherchait à exprimer sa foi dans l'innocence de la nature et de la vie primitive. La conception que se faisait Gauguin de la culture et des rituels polynésiens était fondée sur les ouvrages d'histoire qu'il avait emportés avec lui, parce qu'à l'époque de son séjour à Tahiti, les missionnaires chrétiens avaient déjà détruit la culture autochtone. La mélancolie tout intérieure de la peinture de Gauguin est à l'image de sa propre humeur et caractérise son pessimisme.

Dès le début de la carrière de Gauguin, le critique Félix Fénéon, dans un compte rendu de la dernière exposition impressionniste de 1886, remarquait la "triste harmonie" de ses tableaux, créée par le rapprochement de tons sourds. L'élément irréel, quasiment onirique, engendré par ces couleurs est manifeste dans *Te Reroia* (peint onze plus tard à Tahiti) et dont la signification ("rêve diurne") est bien traduite par cette qualité picturale particulière. Le 12 mars 1897, Gauguin écrivait à son ami Daniel de Monfried que tout dans ce tableau participait du rêve, rêve de l'enfant, rêve de la mère ou du cavalier, ou mieux encore, rêve du peintre lui-même. Contrairement aux Impressionnistes, Gauguin ne s'attacha pas à représenter l'aspect superficiel des choses dans son tableau. En revanche, comme le poète symboliste français Stéphane Mallarmé, Gauguin rechercha dans son art l'essence de la réalité, l'expérience individuelle de l'objet, plutôt que ses caractéristiques externes. Le tableau de Gauguin est anti-naturaliste parce qu'il tente de décrire la conception que se fait le peintre du monde, et non pas simplement son appréhension directe de celui-ci.

La technique de Gauguin est souvent partiellement dictée par des facteurs extérieurs. Il était souvent à court d'argent, devant utiliser des matériaux qu'il pouvait se procurer à bon compte. Ses surfaces peintes, souvent délibérément maigres, l'étaient aussi parfois parce que l'artiste n'avait pas des quantités de peinture suffisantes. Le support de toile à sac non apprêté de *Te Reroia* ajoute à ces qualités dites barbares que Gauguin admirait. Les fibres de sa surface sont clairement visibles sous les couleurs délicates de la couche de peinture.

Gauguin réagissait contre ce qu'il considérait comme la virtuosité consciente de la facture impressionniste, préférant appliquer ses couleurs avec le moins d'inflection gestuelle possible dans de vastes zones aux nuances subtilement modulées. Il ajoutait souvent de la cire à ses peintures pour accroître la matité et la régularité des surfaces. Il était sans doute plus facile de manipuler des couleurs additionnées de cire sous le chaud climat tahitien où elles restaient malléables. La

Couleurs prémélangées et cassées frais sur frais et frais sur sec

Texture du jute fortement apparente sur les contours

Le titre, la signature et la date reprennent sur le plan du tableau le ton de vermillon qu'ils renforcent

Accent vermillon sourd ou terre rouge

Couleurs opaques en fines couches

Teintes où prédomine l'ocre jaune unifiant les couleurs du fond et du sol

Peinture appliquée au couteau puis retravaillée au pinceau

Des lignes sinueuses de bleu renforcent les contours

*Ce travail, exécuté par Gauguin à Tahiti en mars 1897, six ans avant sa mort, est empreint de mélancolie traduite dans les couleurs sourdes et cassées et dans l'éclairage étrange et irréel. Le monde extérieur se distingue par ses couleurs plus lumineuses. Les personnages sont traités comme des statues ; celle de l'avant-plan notamment qui adopte la pose et le regard énigmatiques de Bouddha.*

*Palette probable de Gauguin pour ce tableau : blanc de céruse (1), noir (2), terre de Sienne (3), ocre jaune (4), jaunes de cadmium (5), terre rouge (5), vermillon (7), bleu de Prusse (7), vert viridien (10) et vert de chrome (11). Peut-être Gauguin utilisa-t-il également le bleu de cobalt (9).*

peinture est appliquée en couches fines sur le contour des formes là où un bleu de Prusse sombre ou un rouge de terre sombre avaient été utilisés pour dessiner la structure de la composition initiale. Ces lignes furent par la suite retravaillées et renforcées par endroits, après que les formes eurent été construites et remplies. C'est aussi pourquoi le contour des formes laisse entrevoir plus nettement la toile brute qui donne un effet de tapisserie à l'ensemble du tableau.

Les éléments du fond, comme la moitié droite du sol, furent d'abord appliqués avec un couteau à palette, ce qui donna sa régularité à la surface, puis de fines couleurs transparentes au pinceau furent appliquées. Les tons sombres de l'intérieur contrastent avec la vue de l'extérieur découpée par la porte, exécutée en nuances plus lumineuses qui renforcent l'atmosphère onirique de la pièce.

Gauguin mourut aux Iles Marquises sans avoir connu la gloire tant attendue.

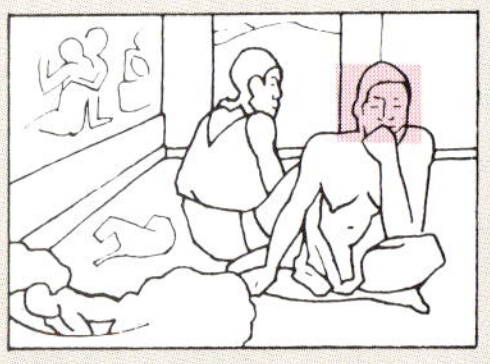

Détail grandeur nature.
*La simplicité monumentle de ce visage trahit le degré de sophistication nécessaire à sa réalisation. Les formes sont réduites à des plans lisses de nuances subtilement modulées qui ont l'aspect de la sculpture, sentiment renforcé par le bronze verdâtre des tons de la chair. Echo de l'autre tête, celle-ci est également placée contre un fond clair, les teintes d'ocre jaune étant reprises dans des accents suggérant la lumière sur le nez et le front. Si la chair bénéficie de la peinture la plus abondante, la trame fruste du support de juste reste néanmoins visible. Cette toile étant non apprêtée, l'absorption par les fibres a contribué à ternir les couleurs à l'huile. L'addition de cire n'a fait qu'augmenter cet effet, qu'achève la couleur sombre du tissu naturel. Les fibres de la toile de chanvre ont été aplaties et "collées" par la peinture. Aucune source de lumière identifiable n'éclaire la figure, mais en revanche, une luminosité surnaturelle semble provenir de l'intérieur.*

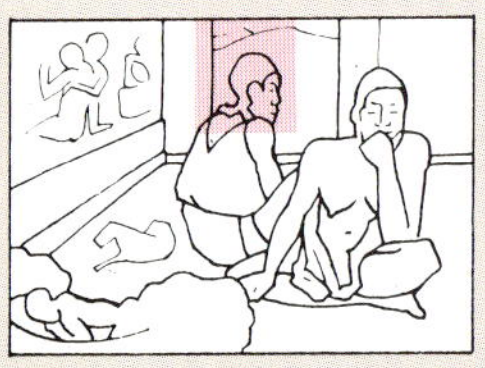

*La tête non éclairée de la femme de profil se détache énergiquement des nuances acides et pâles du paysage. Les verts vifs reprennent le vert modulé des nuances de la chair, les accentuant au lieu de les rendre plus chauds par contraste. L'artiste obtient l'aspect d'irréalité de cette œuvre en évitant tout lien évident entre les scènes d'intérieur et d'extérieur. Les murs plus épais de la hutte n'ont aucun volume, ce qui prive de perspective l'encadrement de la porte. Grâce à la peinture plus épaisse au niveau de la tête, celle-ci se détache de l'arrière-plan, caractérisé par une application à la fois plus ample et plus ténue de la couleur.*

1890
1905

# Henri de Toulouse-Lautrec

*En Cabinet particulier*
(1899)
Huile sur toile préparée avec un apprêt pâle
35 cm x 45 cm

En 1885, Toulouse-Lautrec emménageait dans un atelier de Montmartre où il allait travailler pendant les treize années suivantes. Toulouse-Lautrec prit essentiellement ses sujets dans la vie nocturne de Montmartre, à la mode et populaire. Il avait été formé dans l'atelier de Léon Bonnat (1834-1922) en 1882, puis dans l'atelier de Frédéric Cormon (1845-1924) où, en 1886 il rencontra Van Gogh et l'artiste Louis Anquetin (1861-1932). Si Toulouse-Lautrec avait fait la connaissance d'Aristide Bruant, chanteur et propriétaire de café en 1885, c'est à Anquetin qu'il doit d'avoir été introduit dans le cercle brillant du Mirliton, café-cabaret dont Bruant était propriétaire à Montmartre. Dès cette époque, Toulouse-Lautrec travailla régulièrement dans les cafés de Montmartre où il dessina d'après nature personnages et entraîneuses. Il peignit également des femmes entretenues et des prostituées. En fait, la figure centrale de *En Cabinet particulier* est la célèbre demi-mondaine Lucy Jourdan, attablée dans un cabinet particulier du non moins célèbre restaurant de l'époque, le Rat Mort, rue Pigalle.

Toulouse-Lautrec subit fortement l'influence de Degas, qui fut un proche voisin entre 1887 et 1891. Mais la peinture de Toulouse-Lautrec est plus immédiatement accessible aux sens que l'art plus intellectuel de Degas. Comme Degas, Toulouse-Lautrec a expérimenté la peinture à la térébenthine que l'on a appelée *peinture à l'essence.* Suivant la technique de Degas, l'huile était extraite des couleurs posées sur un buvard. Puis, la peinture crayeuse était diluée avec de la térébenthine et appliquée à la manière d'un lavis sur son support. En raison de l'évaporation rapide de la térébenthine, les couleurs séchaient vite, si bien que la surface peinte pouvait être retravaillée et édifiée en très peu de temps. A la différence de la peinture appliquée en fin glacis, cette technique permet à la couleur de devenir mate en séchant et de présenter une surface crayeuse finement et maigrement colorée. De même que Degas dans le *Portrait d'Hélène Rouart* (1886), Toulouse-Lautrec avait une prédilection pour les couleurs sourdes en guise de fond, assorties d'une palette de nuances cassées plutôt que pures et lumineuses. Ces couleurs convenaient parfaitement à la représentation d'éclairages intérieurs nocturnes, aussi fréquents chez lui que chez Degas. Toulouse-Lautrec expérimenta également les effets "assourdissants" obtenus par l'absorption de l'huile par la toile non apprêtée et par l'utilisation de supports aussi peu traditionnels que le carton brun.

*Palette probable : blanc de céruse (1), noir (2), ocre jaune (4), terre rouge (5), bleu de Prusse (7) et vert viridien (8). Sans doute l'artiste utilisa-t-il également la terre de Sienne (3) et la laque d'alizarine rouge (6).*

*En Cabinet particulier* est une peinture tardive, exécutée sur une toile apprêtée, de format carré standard. Une fine couche de peinture recouvre tout, ce qui ne facilite pas l'identification de la couleur du fond. Sans doute est-il pâle (mastic) car sa luminosité transparaît sous les sombres couleurs translucides superposées. La fine trame de la toile et sa texture relativement lisse sont particulièrement adaptées à l'application de couleurs fluides. La lumière du tableau est théâtrale et ne semble pas provenir d'une source d'éclairage spécifique, tout en éclairant exclusivement le visage du personnage central depuis le bas, exagérant et caricaturant ses traits. Comme dans l'art graphique du peintre et caricaturiste Honoré Daumier (1808-1879), le dessin de Toulouse-Lautrec résume les caractères essentiels de son sujet. Son talent de caricaturiste est un aspect important de son style, qu'il a exploité pleinement dans la lithographie. Dans les affiches qu'il exécuta à partir de 1890, la simplicité et l'impact de l'image étaient exigés par la technique autant que par la fonction commerciale de l'œuvre. Les expérimentations de Toulouse-Lautrec avec la lithographie en couleur ont fait de ce médium l'un des plus importants et des plus intéressants de la peinture à la fin du XIXe siècle.

La composition de *En Cabinet particulier* est puissante et directe, son effet immédiat provient du découpage brutal de l'homme assis qui contribue à créer une impression de rencontre fugitive. Cependant, comme chez Degas, l'impression d'immédiateté est illusoire, car le tableau est soigneusement structuré et équilibré. L'arrière-plan esquissé est simple, avec les seules lampes à gaz sur la gauche pour ponctuer son vide jaune/vert. Au-dessous, une tache massive de rouge indien, terne, de facture large, suggère une banquette de peluche rouge qui dessine une vigoureuse ligne horizontale là où elle rencontre les nuances de vert au-

*La couche de peinture, finement appliquée, qui caractérise la facture de Toulouse-Lautrec apparaît ici. Sa technique, tout comme sa fascination pour l'expérimentation, semblent venir essentiellement de Degas. L'artiste utilisait également des couleurs diluées à la térébenthine pour leur donner la fluidité et la matité des lavis. C'était une méthode extrêmement rapide, qui permettait la poursuite du travail après un temps de séchage relativement court. Lorsque Toulouse-Lautrec reprend sa toile, c'est pour y appliquer des couleurs un peu plus épaisses et plus opaques que les premières, produisant l'effet d'une rencontre fugitive. Cependant, contrairement aux autres Impressionnistes, Toulouse-Lautrec et Degas préfèrent étudier les effets de la lumière artificielle plutôt que ceux de la lumière diurne.*

dessous. Au milieu de cette horizontale s'élève la coiffure enrubannée flamboyante de Lucy Jordan. Sa chevelure d'un blond jaunâtre est parcourue de reflets verts.

Le plateau de table, disposé de telle manière que le spectateur pourrait se croire engagé dans une conversation avec le modèle, permet de localiser la scène. Verres et plats montrent les traces du dîner, tandis qu'un abondant plateau de fruits semble quasiment jaillir de la toile en direction du spectateur. L'analogie entre l'épanouissement du modèle et la rondeur des fruits est un cliché séculaire de la peinture européenne. Chez Toulouse-Lautrec, la surface picturale peu épaisse, à la couleur pratiquement exempte d'empâtements, n'en demeure pas moins d'une richesse surprenante de textures. La surface est couverte de façon relativement uniforme, avec des lavis fluides et transparents sur lesquels sont appliqués de délicats glacis opaques. Par exemple, les ruches de la robe semblent presque flotter. L'espace pictural est peu profond, enfermé derrière la barrière visuelle de la table et du plateau de fruits au premier plan, découpé à l'arrière-plan par le mur dont les nuances verdâtres soulignent le caractère artificiel du mode de vie confiné dépeint.

Des contours sombres définissent la forme

Rouges opaques en couches peu épaisses

Rehauts de couleurs opaques appliquées en couches épaisses

Les blancs et les verts pâles opaques créent des gris optiques

Noir transparent sur sous-couche

Composition coupée sur les bords

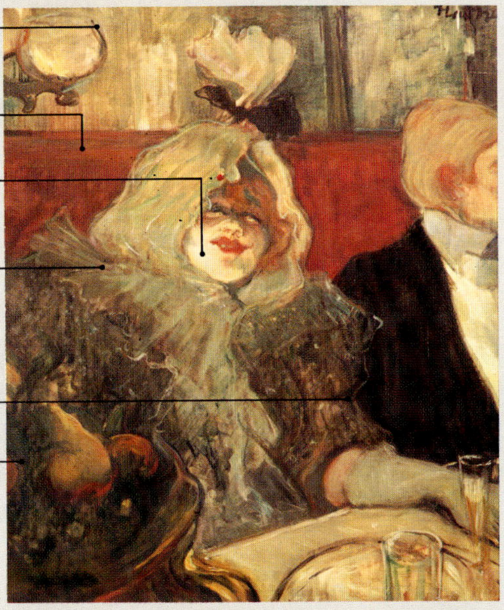

*La forme décorative des lampes à gaz ajoute un élément pittoresque au mur noir traité en aplat. Elles sont exécutées avec une peinture translucide diluée et leur contour est constituée de touches de peinture énergiques et sombres. Une touche opaque d'un jaune blanchâtre représente la flamme. La lampe à gaz ne procure pas l'éclairage qui tombe sur le sujet central. La femme est curieusement éclairée par le bas et l'éclairage rasant et dur est peu flatteur pour son visage. On pourrait penser qu'une source lumineuse est cachée derrière la coupe de fruits à la manière d'un projecteur dirigé vers son visage. Si c'était le cas, cependant, un tel éclairage ne manquerait pas d'illuminer ses vêtements. Toulouse-Lautrec a créé un éclairage arbitraire.*

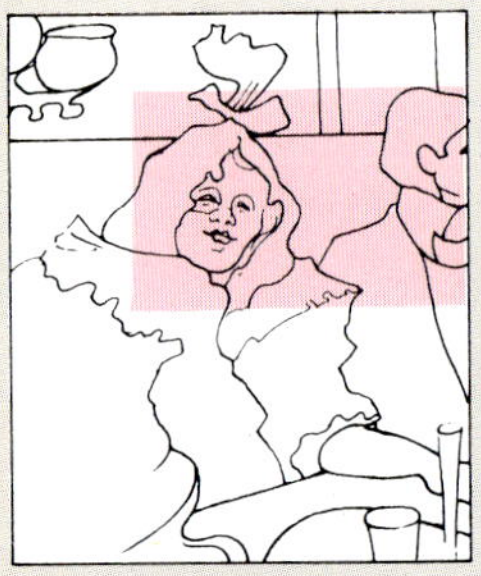

*La deuxième tête altère l'aspect portrait du tableau. La chevelure blonde de la femme est lacérée d'un vert viridien vif mais pâle, qui ajoute au flamboyant et au spectaculaire de l'éclairage. Lautrec donne vie aux formes prisonnières entre les sujets ; ici la banquette rouge est une forme autonome.*

Détail grandeur nature.
*Le traitement vivant et fluide de la nature morte sur la table du premier plan est caractéristique de la technique habile mais allusive de Toulouse-Lautrec. La peinture est appliquée en lavis légers sur des couleurs diluées avec des quantités importantes de térébenthine. Le séchage rapide permet de retravailler la toile sans attendre (ici addition de nouvelles couches fines et d'accents, comme les touches vertes qui donnent substance au verre). La toile fine est recouverte d'un apprêt commercial ténu, de teinte claire (blanc cassé ou farine d'avoine). Il est difficile d'identifier cette couleur avec certitude car elle est modifiée par les différentes couches de peinture très diluées. Ainsi la couche de peinture, souvent diaphane et transparente est-elle assez colorée pour dissimuler la couleur du fond.*

# Paul Cézanne

*Les Grandes Baigneuses*
(vers 1898-1905)
Huile sur toile apprêtée blanc crème
136 cm x 196 cm

Cézanne que l'on a souvent — à tort ou à raison — assimilé au Post-Impressionnisme est resté, tout au long de sa carrière fidèle aux principes essentiellement naturalistes de l'Impressionnisme comme Monet. Enregistrer des sensations visuelles fut le point de départ de sa démarche et il ne se départit jamais de la palette ainsi que des méthodes de travail fondamentalement impressionnistes. Ses grandes compositions de personnages, exécutées d'imagination, comme *Les Grandes Baigneuses* n'étaient ni plus ni moins "irréelles" que ses compositions de baigneuses exécutées dans les années 1870, pas plus que la couleur n'est moins naturaliste que celle des intérieurs impressionnistes de Renoir, comme celui de *La Parisienne* (1874) par exemple. Ils utilisèrent l'un et l'autre leurs observations et leur appréciation des effets de la lumière d'extérieur, pour donner aux tableaux exécutés en atelier une luminosité comparable.

Au cours des dix dernières années de sa vie, Cézanne travailla, entre autres, à trois importantes compositions de baigneuses dans un décor de paysage. L'étude de leur chronologie suggère que cette version est la seconde entreprise par Cézanne, mais le temps de l'exécution des unes et des autres se chevauche car elles furent retravaillées pendant de nombreuses années. Le thème du nu dans la nature est une très ancienne tradition dans la peinture européenne et quantité d'artistes de la seconde moitié du XIXe siècle ont relevé le défi que représentait un tel sujet. Des tableaux de ce genre devaient nécessairement être exécutés d'imagination, en atelier, car faire poser des nus en extérieur était chose inadmissible à cette époque. Matisse, à l'aube du siècle, fut le premier à transgresser le tabou. Cézanne se montra, pour sa part, un artiste d'une réticence exceptionnelle lorsqu'il s'agissait d'utiliser des modèles vivants, le faisant rarement dans ses ateliers d'Aix-en-Provence par crainte du qu'en dira-t-on. On sait, en fait, que pendant la période au cours de laquelle il exécuta ses grandes compositions de baigneuses il travailla une seule fois directement à partir d'un modèle. C'était à Paris, en 1898-1899. Aussi les personnages de ses tableaux devaient-ils s'inspirer des tableaux anciens, tant par les études qu'en faisaient ses propres étudiants que par les siennes propres.

Les bleus riches qui dominent les harmonies de couleur de cette version des *Baigneuses* évoquent la luminosité bleue (le bleu du ciel) qui sature la campagne méditerranéenne, sans qu'aucun paysage particulier ne soit peint. Le modelé des figures est obtenu par des contrastes de couleurs chaudes et froides, de bleus pour les bords fuyants des formes, de tons de rose, orangé et jaune chauds pour la chair, là où elle fait face au spectateur. Aucune source lumineuse directionnelle particulière n'est utilisée pour sculpter (modeler) la forme, bien qu'un sentiment de lumière soit créé par les ombres projetées par les membres des deux principales figures assises à droite et à gauche, au premier plan. En revanche, comme pour la couleur, la forme est suggérée par les modifications de tons : pâles dans les parties charnues exposées aux yeux du spectateur, elles deviennent sombres lorsqu'elles s'en détournent. Comme dans *La Parisienne* de Renoir, les rehauts ou, si l'on préfère, les parties les plus proches du spectateur chez Cézanne, sont celles dont la couche de peinture est la plus fine, laissant transparaître le fond blanc cassé. Aux "ombres" ou parties les plus éloignées correspondent les couches de peinture les plus épaisses. Lorsqu'on éclaire le tableau avec une lumière rasante, les régions en relief apparaissent clairement. Les bleus intenses des contours sont comme des lignes de tramway, des crêtes de couleur correspondant aux contours des figures, créant une structure physique ou un relief qui, bien qu'en contradiction avec la profondeur de champ, engendre une illusion qui a pour effet de renforcer celle-ci.

La méthode caractéristique préconisait que l'on peignît les lumières avec de la pâte, les ombres ou les contours des formes avec une couleur fluide pour produire un relief mimétique de la réalité. La méthode de Cézanne (comme celle de Renoir) est donc en opposition avec la "manière" traditionnelle. Elle est plus proche des modes de représentation des formes de l'époque qui précède la Renaissance ; c'est-à-dire avant que la lumière et l'ombre ne soient imitées par les peintres ; les régions les plus proches du spectateur étaient peintes en tons pâles, les régions éloignées devenaient progressivement plus sombres. C'est l'une des raisons pour lesquelles les artistes indépendants qui rompaient avec le clair-obscur traditionnel étaient dénigrés et qualifiés de "primitifs", par quoi il fallait entendre "primitifs italiens". Le travail de ces derniers était généralement considéré comme plat, et dépourvu d'un illusionnisme satisfaisant. Ils avaient évité, comme les Impressionnistes, l'utilisation de noir pour les ombres, parce que celui-ci souillait la pureté des couleurs. Au lieu de cela, les primitifs italiens avaient gradué leurs couleurs à la détrempe avec du blanc, jusqu'à pleine saturation de la couleur pour suggérer la forme. La méthode de Cézanne n'est pas étrangère à cette utilisation de la couleur, bien que le matériel et la facture soient tout à fait différents.

La composition de Cézanne pour *Les*

Le groupe de nus féminins partiellement drapés, à une échelle monumentale, est classique, bien que le sujet rompe avec la tradition que l'artiste redéfinit en termes contemporains. Sa connaissance de la lumière, de la couleur et du bleu athmosphérique des paysages provençaux ont influencé ses compositions d'atelier à sujets imaginaires. Les figures sont disposées selon le principe de la frise, dans un espace parallèle au plan du tableau. Les couleurs chaudes dominent au premier plan, mais sont modifiées par les bleus.

*Grandes Baigneuses* a été qualifiée d'architecturale parce qu'elle évoque la solidité des édifices à la fois dans la simplicité monumentale des figures individuelles, dans la relation qu'elles entretiennent entre elles et dans les formes immenses des arbres, semblables à des colonnes. Cézanne a modifié sa composition, la prolongeant de 7,5 cm au bas du tableau, par de la toile qui avait été enroulée sur le chassis. En revanche, il réduisit la hauteur du tableau de la même manière. En effet, sur le bord supérieur de la toile se trouve une bande de 7,5 cm environ sur laquelle la peinture est plus fine et moins travaillée. Cette partie est habituellement cachée par le cadre. Ce glissement vers le haut permit à Cézanne de prolonger le premier plan ouvert, séparant les figures du spectateur, et de réduire l'étendue de ciel, au-dessus d'elles. Les proportions de la toile choisie pour ces grandes baigneuses et les deux autres grands tableaux du même sujet semblent confirmer la chronologie supposée de ces trois tableaux de *Grandes Baigneuses*. La première toile est de format oblong ; le format de la seconde, qui est le présent tableau, l'est un peu moins.

*Palette probable de Cézanne pour ce tableau : blanc de céruse (1), jaunes de chrome (2) ou jaunes de cadmium (3), ocre jaune (4), vermillon (5), laques d'alizarine rouges (6), bleu de cobalt (7), vert viridien (8), bleu outremer (9), vert émeraude (11), terre verte (13). Sans doute les couleurs suivantes furent-elles également utilisées : jaune de Naples (14), terre rouge (15), bleu céruléen (10) et vert de chrome (12).*

Détail grandeur nature. *Méthode laborieuse et lente. Les proportions de la figure ont été modifiées au fur et à mesure de la progression du tableau et cette jambe a été raccourcie. Le mollet est plus fin et le pied remonté de 3,75 cm. La position d'origine est trahie par les crêtes de peinture sèche. La lumière s'arrête et réfléchit en ces endroits de la surface vernie. Au bord inférieur des drapés, dans l'angle inférieur gauche, le fond blanc* — valeur la plus pâle — *apparaît intact. Les régions supérieure et inférieure gauches sont finement travaillées à la peinture opaque, comme le drapé.*

*Il reste environ 7,5 cm d'une toile partiellement peinte que l'artiste décida d'exclure de sa composition, dissimulée sous le cadre. Le fond blanc luit à travers les taches de couleur finement appliquées.*

*La forme incomplète d'un chien, que caresse une main inachevée, domine le centre du premier plan, à côté d'une nature morte de fruits qui évoque le* Déjeuner sur l'herbe *de Manet (1863) et les études de fruits de l'artiste. Au-dessus du chien, de nouvelles modifications ont été apportées.*

*Dans les régions peintes finement, le fond apparaît encore, ajoutant de la lumière. Les variations dans l'application de peinture sont apparentes. Les régions sombres attestent un travail réitéré et contrastent avec les régions aux nuances pâles finement appliquées.*

1890
1905

# André Derain

*Portrait de Matisse*
Huile sur toile apprêtée couleur
café au lait très clair (recto seulement)
46 cm x 35 cm

Né en 1880 à Chatou, l'une des anciennes villégiatures privilégiées des Impressionnistes près de Bougival, André Derain a commencé à peindre à l'âge de 15 ans. En 1898, il suivit à Paris les cours de nus d'après nature de l'Académie Camillo, où enseignait le peintre symboliste Eugène Carrière (1849-1906) ; il y rencontra deux futurs peintres fauves : Henri Matisse et Jean Puy (1876-1960). En juin 1900, dans un train de banlieue, Derain fit la connaissance de Maurice de Vlaminck (1876-1958), son voisin à Chatou. Les deux jeunes artistes se lièrent immédiatement d'amitié et s'installèrent dans un atelier commun. Vlaminck allait également devenir un peintre fauve. En 1901, à l'importante exposition de tableaux de Van Gogh, dont l'influence sur les Fauves fut considérable, Derain présenta Vlaminck à Matisse.

1905 fut une année décisive dans l'évolution du style fauve et c'est à l'exposition historique des artistes indépendants qui eut lieu en septembre, appelée Salon d'Automne, que le titre de "Fauve" fut formulé pour la première fois. Au cours de l'été précédent, Matisse et Derain avaient travaillé ensemble dans le Midi, à Collioure, ce petit port de la Méditerranée "découvert" par Signac en 1887.

La relation Derain-Matisse est célébrée en deux portraits datant de 1905, portraits qui soulignent également les différences entre les styles et les objectifs des deux artistes. Dans son étude de Matisse, la touche de Derain atteste la dette de l'artiste à Van Gogh, qu'il admirait profondément. En 1902, un an après avoir vu l'exposition de l'artiste hollandais, Derain écrivait en substance que Van Gogh offrait moins de cohésion d'ensemble qu'une certaine unité d'esprit. La touche de Derain rappelle les touches hachurées parallèles de Van Gogh, en particulier dans le traitement de la barbe de son modèle.

Cependant, dans la couleur, Derain doit allégeance à Gauguin dont l'œuvre l'avait attiré au cours de ce même été, lorsque lui et Matisse avaient rendu visite à Daniel de Monfried pour voir sa collection de tableaux de Gauguin. Les ors brûlés, les verts vifs et les rouges brique des tableaux de la dernière période tahitienne de Gauguin sont à la base de la palette de Derain dans son portrait de Matisse. A l'exception du bleu de cobalt et du blanc de la chemise, toutes les teintes sont obtenues par le mélange de deux ou plusieurs couleurs qui se traduisent par une harmonie sourde comparable à celle que l'on rencontre chez Gauguin. A l'intérieur des grandes taches de couleur, les nuances de Derain sont variées mais dans l'ensemble le tableau se donne comme une série d'aplats de couleur. Bien que la touche de Gauguin ait eu plus de délicatesse et de finesse que la touche vigoureuse de Derain, il y a des similitudes techniques remarquables entre cette œuvre de Derain et le travail de Gauguin.

Il semble même que Derain ait recherché l'analogie avec Gauguin en choisissant une toile grenue mais à texture moins grossière que le jute propre à Gauguin. L'artiste fauve choisit un apprêt couleur de café qu'il appliqua probablement lui-même car il est moins dense et moins opaque que les fonds commerciaux habituels et ne couvre qu'un côté de la toile, indiquant que celle-ci fut apprêtée après avoir été tendue. Ce fond, qui protège la toile tout en lui donnant la couleur d'une toile non apprêtée est un autre exemple de l'utilisation que faisait Gauguin des surfaces de toile brute. Sa couleur unifie les couleurs de la couche de peinture, atténuant les tons et complétant les nuances sourdes à la manière du jute chez Gauguin. Les couleurs mélangées et cassées, les tons moyens dans l'ensemble, le fond sombre du tableau de Derain offrent un contraste frappant avec la luminosité brillante de son homologue par Matisse. Le portrait par Derain a également une solidité descriptive qui n'existe pas dans le tableau de Matisse.

L'application en couches relativement lisses de couleurs pures en aplat chez Derain — jaunes orangés et verts jaunâtres — à l'arrière-plan de la composition, poussent la tête du sujet vers l'avant, l'inclinant vers le spectateur. Il se distingue par la texture du tableau de Matisse, dont l'ensemble est traité par touches de couleur plus ouvertes, semblables à des blocs. La description d'un éclairage identifiable, dans des couleurs encore voisines de celles des ombres et des lumières naturelles rehaussent fortement les deux tiers droits du visage et du cou. Le contraste dominant entre le vert viridien et le côté du visage ombré de blanc, complète les orangés rosés du visage. Ainsi, outre l'interaction surprenante des couleurs, se dégage un sentiment de forme sculptée grâce au jeu spécifique des ombres et des lumières.

Les premiers contours de la forme furent probablement posés avec un bleu de Prusse foncé, dilué à la térébenthine et appliqué, encore fluide, à l'aide d'un pinceau de martre. L'artiste a posé côte à côte les couleurs fraîches *(alla prima),* les travaillant là où cela était nécessaire et laissant les marques de chaque coup de pinceau bien apparentes. Des pinceaux en soies de porc ont été utilisés avec de la couleur appliquée en couches épaisses et opaques d'une façon générale. Le mélange de vert viridien sombre et de bleu de cobalt utilisé pour les ombres de la barbe est la seule région du tableau où la couleur

*Derain et Matisse travaillèrent ensemble à Collioure au cours de l'été de 1905, à l'époque où ce portrait et le portrait de Derain par Matisse furent exécutés. Matisse apparaît comme intensément introspectif dans cette étude dynamique. Son regard est dirigé vers l'extérieur, mais n'est pas concentré sur les yeux du spectateur. L'angle formé par la tête légèrement inclinée vers l'avant et placée assez près du bord supérieur de la toile, souligne cette disposition d'esprit. Une retombée de lumière et d'ombres contrastées accentue les formes solides de la tête. Les lumières sont traitées en roses orangés chauds, les tons sombres en verts froids. La peinture est appliquée* alla prima, *en larges touches épaisses, rapides et audacieuses. Le fond couleur de café transparaît activement parmi les couleurs cassées qui dominent le tableau. La forme oblongue de la tête et de la barbe est bien adaptée au format 8 paysage vertical (46 x 32,5 cm), choisi par Derain.*

*L'arrière-plan contribue à mettre la tête en valeur. La peinture est plus lisse et plus régulière, avec des mélanges de jaunes orangés et de verts jaunes effectués au pinceau directement sur la couleur sourde du fond. Le ton moyen du fond neutralise la luminosité des couleurs tout en les unifiant. La texture grenue de la toile demeure apparente là où la peinture est finement appliquée et où des couleurs plus épaisses sont étirées. Huile ou térébenthine mélangée, probablement ajoutées aux couleurs de l'arrière-plan.*

soit translucide. Les autres couleurs de la palette sont ici le vermillon, la laque rouge, les jaunes et probablement des cadmiums introduits dans des mélanges. Une touche de 2,5 cm de violet de cobalt mélangée à du blanc forme un contraste livide avec les verts environnants, à la gauche des narines du modèle. Les dimensions des pinceaux utilisés sont faciles à identifier grâce aux touches individuelles de couleur. Ils sont dans l'ensemble à tête ronde, entièrement plats, leur largeur est comprise entre 6 mm (dans la barbe) et 1,25 cm, voire 1,9 cm (dans la chemise et à l'arrière-plan).

En 1907, Derain commença à renoncer aux couleurs brillantes du Fauvisme et, ultérieurement, sous l'influence du Cubisme, il retourna à une palette de tons plus sombres, dominée par les couleurs de terre. Derain fit en 1904 la connaissance d'Apollinaire (1880-1918) qui, à propos de la période fauve de Derain, devait parler de "truculence juvénile" ; s'agissant de l'œuvre postérieure, il évoqua la sobriété de ses tableaux.

*Blanc de céruse (1), jaunes de chrome ou cadmium (2, 3), vermillon (5), laque d'alizarine rouge (6), violet (7) et bleu de cobalt (8), bleu de Prusse (9), et vert viridien (10). Sans doute ocre jaune (4).*

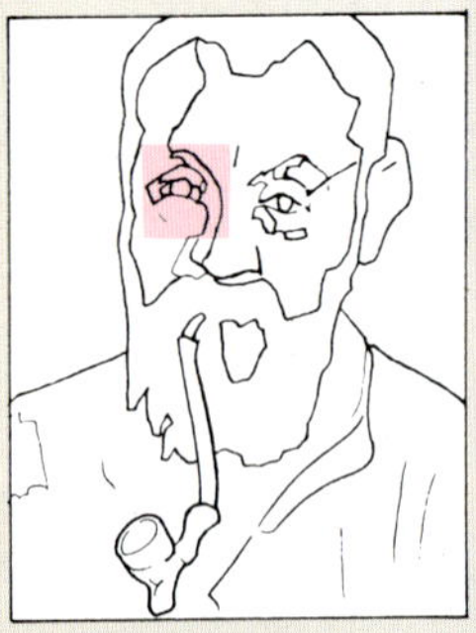

*Le visage est réduit à des traits de couleurs simplifiés. Touches larges et isolées pour les paupières, le front et le nez. Les lunettes sont suggérées par une ou deux touches orangées.*

Roses pâles et orangés mélangés appliqués épais dans des rehauts

Mélanges frais sur frais, orangé, jaune et vert, pour l'arrière-plan

Touche de violet cobalt surprenante ; avec du blanc, anime les teintes environnantes

Vert viridien et bleu de Cobalt mélangés

Fond café nu parmi les touches bleu pâle

Blanc mélangé au bleu de cobalt.

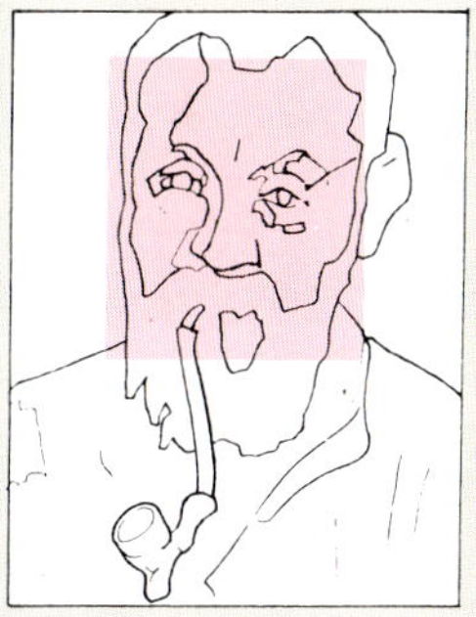

Détail grandeur nature.
*Les couleurs de la couche de peinture sont presque toutes entièrement opaques ; l'addition de blanc donnant une luminosité subtile. Les contours finement dilués furent appliqués pour créer la figure et celle-ci fut alors exécutée sans sous-couche, en touches de peinture empâtées. Malgré le dynamisme du pinceau quasiment autonome par endroits (comme dans la barbe), celui-ci est d'une façon générale encore descriptif, suivant et sculptant le modelé du visage composé essentiellement de vert viridien et de blanc. Les rosés et les orangés étendus de blanc correspondent au côté clair du visage, avec une touche de vermillon au-dessous des yeux. Les couleurs sont toutes appliquées frais sur frais.*

*Un seul et vaste tracé de rouge pour la tige de la pipe. Les bleus pâles de la chemise sont appliqués par touches qui délimitent la forme de la pipe. Le fond café transparaît.*

# Henri Matisse

*Portrait de Derain*
(1905)
Huile sur toile apprêtée au recto
39,3 cm x 28 cm

Henri Matisse est né en Picardie en 1869. Il n'est venu que tard à la peinture (1890), après avoir commencé une carrière d'avocat. De 1895 à 1897, il fréquenta l'atelier de Gustave Moreau (1826-1898), peintre symboliste dont l'amour de la couleur eut une influence importante sur lui. A la mort de Moreau, Matisse quitta l'atelier. Il voyagea dans le Midi en 1898 et, en 1899, travailla dans l'atelier indépendant du peintre symboliste Eugène Carrière (1849-1906) où il fit la connaissance de Derain. En 1904, il entreprit de travailler régulièrement dans le Midi, peignant cette année-là avec Signac qui vivait à Saint-Tropez. Les débuts de la carrière de peintre de Matisse sont caractérisés par des innovations audacieuses suivies de longues périodes de réévaluation et de consolidation. Son apprentissage, ainsi qu'il l'appelait dura plus qu'il n'était habituel pour l'époque et ne s'acheva réellement qu'avec sa première composition d'imagination importante : *Luxe, calme, et volupté.* Ce tableau, peint en 1904-1905, et dont la facture était issue du pointillisme tardif de Signac, fut exposé au Salon des Indépendants au printemps de 1905, où il fut du reste acheté par Signac.

Contrairement à l'opposition de couleurs essentiellement naturaliste du jaune-bleu/violet, caractéristique de la palette impressionniste, Matisse commença à exploiter l'opposition plus abstraite, et simultanément plus vibrante du rouge/vert. Comme le rouge et le vert sont les plus proches des couleurs complémentaires, elles engendrent une impression d'éblouissement qui émet sa propre lumière sans pour autant imiter directement les effets naturels de la lumière. Ainsi les propriétés de la couleur, l'interaction des couleurs ainsi que leur faculté d'engendrer de la lumière sont-elles à la base du travail de Matisse.

*Palette probable de Matisse pour ce tableau : blanc de céruse (1), jaune de chrome (2), orange de cadmium (3), vermillon (4), laque d'alizarine écarlate (5), bleu de cobalt (6), vert viridien (7).*

A l'époque où Matisse exécuta ce portrait de Derain, il avait abandonné la touche pointilliste de Signac. Cette méthode avait rempli sa fonction chez l'artiste, ouvrant la voie à un traitement plus directement pictural de la couleur pure. Lorsque des touches cassées de couleur apparaissent entre les grandes régions en aplats monochromes dans l'œuvre fauve de Matisse, elles le font pour souligner des correspondances chromatiques intuitives et non pas pour se conformer à un système.

Le fond blanc, appliqué en couche peu épaisse au recto seulement de cette toile relativement fine et de poids moyen était déjà détérioré par l'abrasion de la surface lorsque Matisse commença à y travailler, sans doute à la suite de frottements accidentels survenus pendant le transport. La luminosité de la surface s'en trouve légèrement réduite. Néanmoins le blanc du fond ne manque pas d'accroître la luminosité générale du tableau.

La touche de Matisse dans le traitement de la chemise évoque la touche de Van Gogh. Elle demeure toutefois bien moins ostentatoire et manque de cette charge affective inhérente à la facture de Van Gogh. Ailleurs dans le tableau, la touche de Matisse est caractérisée par une maladresse non délibérée, elle évite par son immédiateté la description raffinée, surtout lorsqu'on la compare au *Portrait de Matisse* par Derain. Ainsi la touche de Matisse prend-t-elle son autonomie au lieu de jouer un rôle illusionniste. A l'arrière-plan une application hâtive, par frottement, de la couleur est utilisée tandis que sur la tête, des touches brusques en pleine pâte rivalisent avec des lignes sinueuses et longues — comme dans l'application à grands coups de brosse de laque rouge prémélangée à du blanc sur le chapeau de Derain.

Aucune source de lumière identifiable ne tombe sur le visage, traité par couples de couleurs largement complémentaires et contrastant avec l'arrière-plan. Le rouge orangé du visage contraste avec le bleu de cobalt et le blanc du fond à droite, tandis que le mélange de vert viridien et de blanc sur la gauche contraste avec le mélange de laque rouge et de blanc, qui contient probablement aussi une touche de vermillon pour le chapeau. Ce rouge contraste également avec le vert viridien des cheveux et la teinte de vert posée à côté de l'oreille et sur le cou.

Le col jaune pâle de la chemise crée le tiers inférieur du cercle de couleur extérieur vert-bleu-jaune. Cependant, à l'exception du monogramme violet de cobalt, il n'y a pas de contrepartie violette contrastée pour le jaune qui se comporte comme un faire-valoir subtil des nuances scintillantes de la moitié supérieure du tableau, attirant l'at-

*La tête de Derain par Matisse est plus audacieuse que son homologue par Derain, tant par la couleur, la lumière que la facture. A la place d'une couleur neutre pour le fond, Matisse a choisi un blanc brillant appliqué en fine couche. Ceci fut assurément accidentel. Le blanc souligne la luminosité éclatante des taches de couleur et transparaît souvent entre ces dernières. La palette est extrêmement limitée, avec des couleurs pratiquement pures, sauf le blanc, qui forment des couples complémentaires. L'éclairage semble provenir de l'intérieur en raison du rôle de faire-valoir réciproque que jouent les couleurs complémentaires entre elles. Le vert viridien tirant sur le bleu utilisé pour le fond à gauche, pour les cheveux, le côté gauche du visage et la bande de chemise, contraste avec le rouge bleuté de la laque écarlate du chapeau. Les rouges-orangés du visage sont animés par le mélange de bleu de cobalt et de blanc utilisé pour les contours fluides et pour l'arrière-plan à droite. La touche de Matisse atteste une irrévérence pour les modes picturaux traditionnellement admis.*

*Touches vigoureuses de jaune de chrome et de blanc, de blanc et de bleu, rayonnant depuis le col de la chemise et suggérant la forme au-dessous. Le fond blanc tacheté et raturé est visible.*

Légère craquelure de l'empâtement de vert

Le vert viridien pur laisse transparaître l'effet tacheté et la texture de la toile

Bleu et rouge frais sur frais

Mélange pâle de vert viridien et de blanc modifiant l'orangé

Contours bleu de cobalt et blanc dilués

La surface frottée révèle des taches sombres de toile brute

Monogramme violet de cobalt barbouillé

*Couleurs prémélangées et posées frais sur frais, selon les indications initiales limitées de la figure, exécutées avec une pâte diluée de bleu.*

tention sur le sujet principal : la tête. La touche solide de vert qui suit la courbe du cou plonge verticalement vers le bas de la chemise, rend ambiguë la forme de la figure et ancre solidement la tête sur les épaules. Les contours de la figure furent appliqués avec une pâte fluide à l'aide d'un pinceau en poils de martre et d'un bleu de cobalt clair, proche de la couleur du fond dans la partie droite. Le bleu du menton et du cou relie le rouge orangé et le bleu du fond, tout comme le vert viridien saturé de la moustache et des cheveux établit le lien avec le vert de la partie gauche du fond. La lumière dans la peinture de Matisse provient de l'intérieur, de ses oppositions soigneusement calculées de couleur pure et brillante.

Le tableau fut exécuté *alla prima* (couleurs fraîches sur couleurs fraîches), les mélanges de peinture étant effectués sur la toile. Les nuances roses utilisées d'abord pour le côté gauche du cou furent ensuite ajustées à leur contraire complémentaire de vert, changement motivé non pas tant par les exigences du naturalisme que pour la cohésion interne du tableau. Ce type de modification, où des ajustements de couleurs furent effectués en cours d'exécution, pour moduler ou corriger les harmonies ou contrastes correspondants, est tout à fait caractéristique de l'œuvre de Matisse.

L'élaboration d'une peinture de Matisse est donc un procédé dialectique dans lequel les éléments chromatiques particuliers sont constamment réévalués, les uns par rapport aux autres et par rapport à l'ensemble de la surface peinte, jusqu'à ce qu'une cohésion interne satisfaisante soit obtenue.

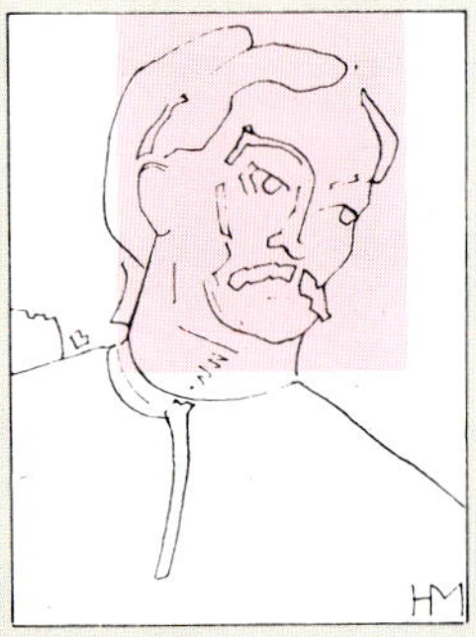

Détail grandeur nature.
*On observe ici le riche empâtement des couleurs appliquées frais sur frais. Le jaunissement et l'encrassement du vernis sont apparents à proximité des crêtes de la peinture, dans le blanc des yeux, le cou et les rehauts du front.*

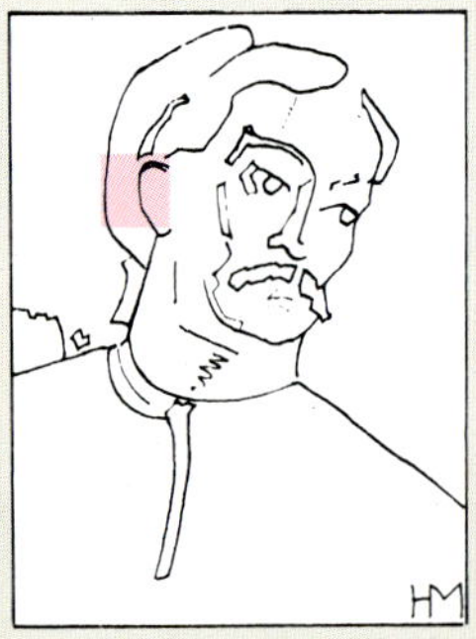

*Contours dessinés sur fond blanc à l'aide d'un mélange dilué de bleu de cobalt et de blanc. Mélange vert viridien et blanc appliqué à grands coups pour le fond. Rouges et roses enfermés dans le chapeau et l'oreille.*

# Chronologie

1840 1841 1842 1843 1844 1845 1846 1847 1848 1849

**Gustave Courbet**
1819 naît à Ornans ; 1839 arrive à Paris
1844 1re exposition au Salon
1849

**Edgar Degas**
1834 naît à Paris
1845 entre au lycée Louis-le-Grand

**Edouard Manet**
1832 naît à Paris

**Camille Pissarro**
1830 naît à Saint-Thomas, Antilles danoises
1842 pensionnaire à Passy
1847 entre dans l'af

**Pierre-Auguste Renoir**
1840 naît à Limoges
1844 sa famille arrive à Paris

**Claude Monet**
1840 naît à Paris ; enfance au Havre

**Jean-François Millet**
1814 naît à Gruchy, Normandie
1844-46 style pompier
1848 *Les Va*
1849

**Paul Cézanne**
1839 naît à Aix-en-Provence

**Alfred Sisley**
1839 naît à Paris

**Gustave Caille**
1848 naît à P

**Berthe Morisot**
1841 naît à Bourges

**Mary Cassatt**
1844 naît à Allegheny, Pennsylvanie, USA

**Paul Gaugui**
1848 naît à P

1841 : Naissance de Frédéric Bazille, peintre réaliste français,
1844 : Eugène Boudin rencontre des artiste
184
1847 : Couture ;
184

1840 : Naissance d'Emile Zola
1845 : Balzac *Les Paysans*
1842 : Annonce sur le contraste des couleurs
1843 : Naissance d'Henry James

1844 : F.G. Keller (1816-1895) invente le pa
1840 : le vert viridien est commercialisé
1840-43 : les jaunes de cadmium sont commercialis
1841 : le peintre américain John Goffe Rand fait breveter les premie

1848 : révol
1848 : publi
1844 : le traité de Tanger met un terme à la g
1843 : *Le Bal des Anglais*, premier "night club" ouve

50 1851 1852 1853 1854 1855 1856 1857 1858 1859 1860 1861 1862 1863 1864 1865 1866 1867 1868 1869

édaille d'or 3e classe du Salon pour *Après dîner à Ornans* — 1860 travaille à Honfleur — 1866 *La Remise des chevreuils*
849-50 *L'Enterrement à Ornans* — 1855 peint et expose *L'Atelier* avec d'autres tab. — 1862 ouvre un atelier

1853 copies au Louvre ; études de droit — 1859-60 *La Famille Bellelli* — au Salon
1855-56 brèves études aux Beaux-Arts — 1862 renc. Manet — 1865 expose une scène de course

850 élève de Couture aux Beaux-Arts — 1856 copie les Maîtres Anciens au Louvre — 1862 *Concert aux Tuileries*
1859 *Le Buveur d'absinthe* refusé au Salon — 1865 *Olympia* exposée au Salon

1852-54 vit au Vénézuela — 1856-60 travaille près de Paris — 1861 rencontre Cézanne — 1867 *L'Hermitage à Pontoise*
miliale à Saint-Thomas — 1855 retour à Paris — 1859 paysage exposé au Salon : rencontre Monet

1856-57 apprend la peinture sur porcelaine — 1862 entre aux Beaux-Arts — 1867 *Portrait de Bazille*
1864 travaille avec Monet, Bazille et Sisley

1856-57 caricatures — 1860 travaille à l'Académie Suisse — 1865 peint avec Courbet à Trouville
1858 rencontre Boudin — 1862 entre chez Gleyre — *La Grenouillère* 1869

1857 *Les Glaneuses* exposé au Salon — 1868 *Automne* et *Meules* version pastel
uitte Paris pour Barbizon — 1859 *L'Angelus* exposé en 1865 — achevée ; version huile commencée

1855 collégien à Aix — 1861 études interrompues ; à Paris rencontre Pissarro
1858-59 étudie le droit mais veut devenir peintre

1857 part à Londres se préparer à une carrière commerciale — 1866 1ers tableaux au Salon
1862 entre dans l'atelier de Charles Gleyre, Paris

service militaire et études de droit 1868
licencié en droit 1869

1855 vit à Paris — 1861 peint avec Corot — 1864 2 paysages au Salon
1856-57 étudie avec un élève d'Ingres et Delacroix — amitié avec Degas 1868

1851 la famille vient s'installer à Paris — 1861-65 Académie des Beaux-Arts de Pennsylvanie
1855 visite l'Exposition Universelle de Paris — 1866-70 en Europe

**Paul Signac**
1863 naît à Paris

**Georges Seurat**
1859 naît à Paris

**Vincent Van Gogh**
1853 naît dans le Brabant Septentrional, Hollande — 1857 naissance de son frère Théo — entre à La Haye dans la Sté de courtiers en art Goupil & Cie en 1869

t à Lima, Pérou — 1856 école à Orléans — 1865 marine marchande — marine militaire 1868

**Henri de Toulouse-Lautrec**
1864 naît à Albi

**Henri Matisse** 1869 naît au Cateau

i des Impressionnistes
**Emile Bernard,** peintre, membre fondateur de l'Ecole de Pont-Aven, naît en 1868
Barbizon — 1852 : Corot expose son premier tableau de plein-air
1862 : Sarah Bernhardt à la Comédie-Française
orot expose — 1855 : Whistler arrive à Paris — 1861 : *Tannhaüser* de Wagner fait scandale à Paris
omains de la décadence — 1857 : *Les Fleurs du Mal* — 1862 : naissance de Claude Debussy
emière œuvre de Théodore Rousseau admise au Salon depuis 1836 — 1862 : exposition internationale de Londres
850 : Naissance de Guy de Maupassant — 1857 : Daubigny reçoit la Légion d'honneur
1854 : Naissance d'Arthur Rimbaud — 1861 : Charles Garnier dessine l'Opéra de Paris
1856-57 : *Madame Bovary* de Flaubert — 1863 : Baudelaire publie ; *Peintre de la vie moderne*
1856-57 : Duranty publie la revue *Le Réalisme* — 1863 : *Le Bain Turc* d'Ingres
1851 : Exposition Universelle de Londres — échec du projet de Monet pour instaurer une alternative au Salon 1867
1855 : A l'Exposition Universelle de Paris, tableaux d'Ingres, Delacroix et Rousseau
1856 : introduction du magenta — 1860-62 : apparition de la photographie instantanée
850 : vert de cobalt commercialisé — 1850-60 : la lumière artificielle au magnésium sur piles pour la photographie est mise au point
base de pulpe de bois — 1856 : introduction des teintes à l'aniline — laque d'alizarine rouge 1868
1855-60 : popularisation des jumelles
850 : les tubes de peinture coûtent 10 centimes de plus en France — 1859 : violet de cobalt — 1862 : le vert à l'oxyde de chrome est commercialisé
bes de couleur — **1854 : peinture à l'huile est commercialisée** — 1860 : bleu céraléen — 1863 : exposition du *Salon des Refusés*
1852 : Second Empire — 1860 : Abraham Lincoln Président des Etats-Unis — 1867 : Maximilien exécuté au Mexique
1853 : le baron Hausmann entreprend la reconstruction de Paris — 1862 : Nobel utilise la nitroglycérine comme explosif
Paris et ailleurs dans le monde — 1856 : naissance de Sigmund Freud, autrichien, fondateur de la psychanalyse
*Manifeste Communiste* de Marx et Engels — 1859 : Charles Darwin (1809-1882) — *L'Origine des Espèces* — 1867 : Zola : *Thérèse Raquin*
Maroc — 1853 : Guerre Crimée — 1856 : traité occidental entre l'Amérique et le Japon — 1863 : les Français s'emparent de Mexico
Paris — 1852 : Louis-Napoléon se proclame lui-même empereur — 1861-65 : guerre de Sécession — 1865 : Lincoln est assassiné

1870 1871 1872 1873 1874 1875 1876 1877 1878 1879 1880 1881 1882 1883 1884 1885 1886 1887 1888 1889

**Gustave Courbet** 1872 exil en Suisse meurt en 1877
1871 président de la Commission artistique de la Commune

**Edgar Degas** 1872 à La Nouvelle-Orléans 1876 24 tableaux à la 2e exposition des Impressionnistes 1885 rencontre Gauguin à Dieppe
1870 affaiblissement de son œil droit 1879 *Portrait de Duranty* 1886 exposé à New York ;

**Edouard Manet** 1873 vend 29 tab à Durand-Ruel 1878 *Paveurs dans la rue de Berne* 1884 exposition commémorative et vente d
1870 Garde national 1874 travaille à Argenteuil avec Monet et Renoir meurt en 1883

**Camille Pissarro** 1872-73 peint avec Cézanne à Pontoise et Auvers 1879 *Madame Pissarro cousant* 1886 adopte le pointillisme
1870 fuit à Londres avec sa famille en raison de la guerre 1883 exposition chez Durand-Ruel 1888

**Pierre-Auguste Renoir** 1874 *La Parisienne* et 6 tableaux à la 1re expo. des Impressionnistes 1882 *Rochers escarpés à l'Estaque*
1881 visite Alger et l'Italie

**Claude Monet** 1872 s'installe à Argenteuil 1877 commence ses *Gare Saint-Lazare* 1883 s'installe à Giverny
1870-71 Londres et la Hollande 1875 vente aux enchères organisée par les Impr. 1881 Poissy 1884 peint dans le Midi 1888 *Antib*

**Jean-François Millet** meurt en 1875 1881 publication de sa biographie par Sensier

**Paul Cézanne** 1873 *La Maison du pendu* 1878-79 *Montagnes vues de l'Estaque* 1886 rompt avec Zola aprè
1874 3 tableaux à l'exposition des Impressionnistes 1882 travaille avec Renoir à La Roche-Guyon

**Alfred Sisley** 1872 tableaux acquis par Durand-Ruel 1877 *Bateaux sur la Seine* 1881 exposition individuelle à *La Vie Moderne*
1875 s'installe à Marly-le-Roi 1880-82 vit à Veneux-Nadon près de Moret-sur-Loing 188

**Gustave Caillebotte** 1872-73 fréquente les Beaux-Arts 1879 25 tableaux 4e expo. des Impressionnistes 1886 *Jardin au*
1870 mobilisé 1874 rencontre Degas 1877 étude pour *Paris, jour de pluie* 1883 quitte la vie parisienne et se retire près

**Berthe Morisot** 1872 visite l'Espagne 1876 2e expo. des Impressionnistes 1882 *Femme et enfant dans le Jardin à Bougival* 1887 participe à une
1874 9 tableaux. 1ere expo. des Impressionnistes 1885 visite la Hollande

**Mary Cassatt** 1872-73 voyages d'études en Europe ; s'installe enfin à Paris 1882 *Femme en noir* 1886 participe à la 8e expo. des Impressionnistes
1870 rentre à Philadelphie 1877 Degas l'invite à se joindre au groupe des Impressionnistes

**Paul Signac** 1880-85 travaille sous l'influence des Impressionnistes 188
1884 co-fondateur des Indépendants

**Georges Seurat** 1874 1ers dessins 1877-79 fréquente les Beaux-Arts 1883-84 *Une Baignade à Asnières,* 1re grande compo à l'h
1875 école municipale de peinture — 1876 lit *Grammaire de l'art du dessin* 1886 *La Grande Jatte*

**Vincent Van Gogh** 1873 muté à Londres 1880 débuts de peintre 1885 *Mangeurs de pommes de terre. Pêchers en fleurs* en 1889 m
1875 muté à Paris 1876 congédié ; retour à Londres ; il est enseignant en

**Paul Gauguin** 1871-72 chez un agent de change 1879 sculpture à la 4e expo. des Impres. 1885 rencontre et conflits avec Deg
1876 achète des Impressionnistes 1881 8 œuvres à la 6e expo. des Impres. 1888 Pont-A

**Henri de Toulouse-Lautrec** 1884 vit et travaille à Montmartre
1886 fréquente l'atelier

**Derain**
1880 naît à Chatou

**Henri Matisse** 1887-89 étudie le dr

1871 : naissance de Paul Valéry
1870 : *L'Atelier* de Fantin-Latour
1872 : *Whistler Mère de l'artiste*
1871-93 : *Les Rougon-Macquart* d'Emile Zola
1870 : Mort de Bazille
1874 : 1ere expo. des Impres.
1876 : Naissance de Maurice de Vlaminck
1876 : expo. Universelle Philadelphie
1876 : 2e expo. des Impres.
1878 : expo. Univ. Paris
1876 : *L'Après-midi d'un faune*
1877 : 3e expo. des Impres.
1879 : *Maison de Poupée* Ibsen
1879 : 4e expo. des Impres.
1880 : *Contes* de Maupassant
1880 : 5e expo. des Impres.
1881 : Naissance à Malaga de Pablo Picasso
1882 : Naissance de Georges Braque
1881 : Durand-Ruel continue à acheter des œuvres impressionnistes
1881 : *Le Chat Noir,* premier cabaret ouvert à Paris
1881 : 6e expo. des Impres.
1882 : 7e expo. des Impres.
1883 : expo. Univ. à Amsterdam
1883 : mort Wagner
1884 : création du Salon des Indépendants
1885 : création des Dîners impres.
1886 : *Manifeste symbolis*
1886 : *Les Illuminations* Rir
1886 : Durand-Ruel expose
1886 : 8e expo.
1888 : Gusta
188

1870-72 : premières expériences de photographie en couleur
1873 : premières photographies en couleur réussies
1879 : Ogden Rood publie *Modern Chromatics (Couleurs modernes)*
1880-83 : le verre remplace le vernis pour protéger les tableaux
1886 : Georges Eastman me
1887-1890 : E. Muybridge
1888 : Geor
1887 : Goodwin inve
188

1873 : les Allemands quittent la France
1871 : réunification de l'Allemagne par Bismarck
1880 : la France a déjà 26 000 km de chemin de fer
1880 : fondation du parti socialiste français
1879 : naissance d'Albert Einstein, physicien allemand
188
1871 : insurrection à Paris. Proclamation de la Troisième République. Siège de Paris par les Prussiens. Le gouvernement de la Commune siège deux mois
1874-80 : crise économique sur le marché de l'art
1883 : la France gagne le contrôle de la Tunisie
1870-71 : guerre franco-prussienne. Napoléon capitule à Sedan.
1880 : la France annexe Tahiti
1881 : Paris compte 2,2 millions d'hab.
1886 : les familles Bonapart

90 | 1891 | 1892 | 1893 | 1894 | 1895 | 1896 | 1897 | 1898 | 1899 | 1900 | 1901 | 1902 | 1903 | 1904 | 1905 | 1906 | 1907 | 1908 | 1909

1892 exposition chez Durand-Ruel — **Edgar Degas**
*Portrait d'Hélène Rouart* — 1895-1905 études de danseuses russes au pastel — meurt en 1917
...n atelier

1890 abandonne le pointillisme — 1896 à Rouen
*Cueillette des pommes* — 1898 Matisse lui offre son atelier. Meurt en 1903

1896 *La Famille Renoir* — 1900 aggravation de ses rhumatismes — **Pierre Auguste Renoir**
...s *Grandes Baigneuses* — 1903 s'installe à Cagnes — meurt en 1919

1890 premières "séries" : *Meules de foin* et *Peupliers* — 1898 61 tableaux exposés chez Petit — 1903 nouvelle série de *Nymphéas* — **Claude Monet**
1892 commence la série des *Cathédrales de Rouen* — Sa vue baisse ; visite Venise en 1908 — meurt en 1926

...blication du *Chef-d'œuvre ;* octobre – hérite à la mort de son père — 1898-1904 *Les Grandes Baigneuses* — meurt
1890 expose à Bruxelles — 1895 sur le conseil de Pissarro, Vollard expose 150 de ses tableaux — en 1906

1893 expose chez Théo Van Gogh à Paris ;
...nstalle à Moret — peint série *Eglise de Moret* — meurt en 1899

...*tit-Gennevilliers-Les Roses*
...'Argenteuil — meurt en 1894

...xposition interna-...onale chez Petit — **Berthe Morisot** meurt en 1895

1893 expose chez Durand-Ruel — 1898 premier retour aux USA — 1904 reçoit la Légion d'honneur — **Mary Cassatt**
1890 voit les estampes japonaises exposées à l'Ecole des Beaux-Arts — 1901 voyage en Italie — meurt en 1926

...z Van Gogh à Arles — 1893 achète une maison à Saint-Tropez ; la ville devient un foyer artistique — **Paul Signac**
1890 voyage en Italie ; devient membre du groupe belge des *XX* — meurt en 1935

meurt
...a 1891

1891-93 vit à Tahiti — 1894 retour à Paris — 1897 *Te Reroia* — 1901-1903 aux
...uis Arles, avec Van Gogh — 1895-1901 vit à Tahiti — îles Marquises jusqu'à sa mort

1891 1[res] affiches pour le Moulin-Rouge — meurt
...e Cormon — 1892 1[res] litho en couleur — *En Cab particulier* 1899 — en 1901

1890 veut devenir ingénieur — 1899 rencontre Matisse chez Carrière — 1905 *Portrait de Matisse* — **Derain**
1900 rencontre Vlaminck — 1904-05 peint avec Vlaminck — meurt en 1954

1890 devient peintre ; étudie à l'Académie Julian — 1901 expose avec les Indépendants — 1905 *Portrait de Derain* — **Matisse**
1895-97 fréquente les Beaux-Arts — forge le mot "Cubisme" 1908 — meurt en 1954

Moréas
1893 mort de Maupassant
1896 : mort de Verlaine
1900 : expo. Univ. de Paris
1[ères] toiles abstraites de Kandisky 1909
1893 : L'Art Nouveau se répand en Europe
1902-05 : Période bleue de Picasso
1898 : Mort de Moreau
1905-06 : Période rose de Picasso
1893 : exposition Universelle à Chicago
1903 : *Les Ambassadeurs* de Henry James
...iffel (1832-1923) dessine la tour Eiffel
1896 : Mort de Boudin
1900 : *Interprétation des rêves* Freud
1905 : Baptême des "Fauves"
1898 : mort de Mallarmé
1905 : *Manifeste futuriste* Marinetti
...s Impres. à New York
1900 : mort de Nietzsche
*L'Oiseau de feu*, monté à Paris, 1909
...xposition Universelle de Paris
1896 : mort de E. de Goncourt
première bande dessinée humoristique 1907
...es Impressionnistes
1895 : première projection d'un film à Paris
1904 : mort de Fantin-Latour
1891 : mort de Rimbaud
1903 : mort de Whistler
mort de Tolstoï, 1910
1903 : mort de Tchékhov
1894 : Louis Lumière invente le cinématographe
...u point un papier photographique émulsionné
...mort de Chevreul
1896 : nouvelle disparition des preuves de l'innocence d'Alfred Dreyfus
Louis Lumière met au point un procédé de photo couleur utilisant un écran à 3 couleurs, 1907
...ublie des photographies de personnages en mouvement
...astman perfectionne la camera Kodak
commercialisation du rouge de cadmium, 1910
... pellicule en celluloïd
1893 : scandale du Canal de Panama. Procès à Paris
1906 : Dreyfus réhabilité
...xposition Universelle de Paris
1898 : Zola publie *J'accuse*
1904 : séparation de l'Eglise et de l'Etat
1895 : Freud : *Etude de l'Hystérie*
1899-1902 : guerre des Boers
1903 : Edouard VII se rend en France
1898 : inauguration du métropolitain à Paris
Louis Blériot traverse la Manche, 1909
...d'Orléans bannies de France
1894 : début de l'Affaire Dreyfus
1901 : mort de la Reine Victoria

# Glossaire

**Académique** (peinture). Peinture conforme aux normes officielles édictées par l'Académie. Fondée vers 1640, inspirée du style de la peinture italienne, l'Académie contrôlait l'Ecole des Beaux-Arts. Entre autres le contrôle des Prix de Rome et autres récompenses, ainsi que les expositions officielles ou Salons. L'Académie était un organisme conservateur prônant un style et une méthode basés sur les principes classiques.

**Alla Prima.** Expression italienne désignant une peinture exécutée uniquement frais sur frais et ordinairement, mais pas nécessairement, en une seule séance. Utilisée principalement pour la peinture à l'huile.

**Ambiante** (lumière). Largement parlant, il s'agit de la lumière diffusée et réfléchie qui baigne l'ambiance extérieure.

**Apprêt.** On désigne ainsi la ou les couches dont on enduit le support pour le préparer à recevoir la peinture. Dans la peinture à l'huile, un enduit à la colle était ordinairement suivi d'une, deux, ou parfois trois couches d'une peinture opaque à base d'huile ; les fonds absorbants, faits de craie et de colle, communément utilisés à l'époque de la peinture à la détrempe, furent remis en valeur au début du XIX<sup>e</sup> siècle, en particulier par les Néo-Impressionnistes. La plupart des artistes, à cette époque, se servaient de toiles préparées par les marchands.

**Atelier.** Le mot a deux significations. En première acceptation, il désigne le local où des maîtres fournissent aux élèves qui ont choisi de travailler avec lui, un local et des modèles. D'autre part, il désigne simplement l'endroit où les artistes travaillent. Au XIXe siècle, la plupart des ateliers d'artistes étaient spécialement aménagés, avec de hauts plafonds et une pleine lumière du nord, celle que préféraient la plupart des peintres académiques. Les peintres démunis de ressources se contentaient souvent de mansardes qui, quoique petites, avaient souvent un bon éclairage, et étaient peu coûteuses.

**Blanc, Charles.** Historien et théoricien d'art. En 1867, il publia *Grammaire et Arts du dessin.* Administrateur de l'Ecole des Beaux-Arts, il était spécialisé dans l'art de la Renaissance. Son influence fut importante sur de jeunes artistes, dont Seurat. Politiquement, il était socialiste utopique, ce qui a pu attirer les Néo-Impressionnistes radicaux.

**Bouvier P.L.** Peintre d'origine suisse. Il publia en 1827 un *Manuel des jeunes artistes et amateurs de peinture* qui renferme des informations capitales sur la technique artistique et les matériaux en usage au début du XIXe siècle.

**Brossée** (peinture). **Traînées.** On indique ainsi le mouvement d'une brosse de soies de porc dures, chargée de couleur, à travers une surface sèche et rugueuse. La rugosité peut provenir de la texture de la toile à grains apprêtée, ou d'irrégularités provoquées par de précédentes charges de peinture qui ont séché. Dès lors, la peinture fraîche prend seulement sur les parties proéminentes de la surface sèche, et laisse visibles les couleurs de la couche précédente, donnant l'impression de vibration de couleur.

**Chargée** (peinture). On dit d'un tableau qu'il est chargé quand il est peint épais, souvent avec un lourd empâtement. Un pinceau chargé est un pinceau chargé de peinture à sa pleine capacité.

**Clair-obscur.** En peinture et en dessin, le clair-obscur désigne le rendu des formes par un contraste équilibré de la lumière et de l'ombre qui sert à donner un relief aux formes et une illusion d'espace et de profondeur à la composition. Cette technique adoptée à la Renaissance, fut perfectionnée par Léonard de Vinci (1452-1519). Au début du XIXe siècle les peintres académiques français se préoccupaient de la manière de traduire les subtiles graduations de tons entre la grande lumière et l'ombre profonde. Dans l'idéal, les lumières étaient opaques et les ombres représentées par des couleurs transparentes. A cette époque, le clair-obscur n'était pas simplement un "expédient" technique, mais concrétisait un idéal universel de vérité et de beauté dans l'art.

**Composition.** La composition est le dessin, ou l'arrangement des lignes, des masses de lumière et d'ombre, et de couleurs, pour former un ensemble cohérent sur la surface du tableau.

**Contour.** Alors que la silhouette d'un modèle est simplement une ligne fictive qui en suit l'extérieur, le contour comprend des lignes ou traits à l'intérieur du modèle, suggérant une qualité tri-dimensionnelle.

**Contre-jour.** Etymologiquement "contre le jour", comme le nom l'indique, c'est une source lumineuse située derrière le modèle. Il contribue à projeter le sujet dans la silhouette créant de forts contrastes entre la lumière et l'ombre, principalement avec une gamme très limitée de demi-tons. Cet éclairage était utilisé par Degas pour obtenir un effet théâtral dans la *Femme à la fenêtre* (vers 1872).

**Couche de peinture.** Désigne la ou les couches de peinture appliquées par le peintre pendant l'exécution de son travail. Ce terme ne comprend pas la couche d'apprêt ni la couche finale, éventuelle, de vernis.

**Couleurs** (température des). Référence à l'identification des couleurs, par rapport à la chaleur ou au froid. En termes larges, les couleurs sur la moitié bleue du cercle chromatique sont dites froides, celles qui figurent sur la moitié rouge sont dites chaudes. A l'intérieur de cette discrimination, un rouge, rouge garance par exemple, est dit froid par rapport à un rouge comme le vermillon, parce que le garance tend vers une teinte bleu-violet, tandis que le vermillon tend vers l'orange, autre couleur chaude.

**Couleurs complémentaires.** Ce sont des couleurs opposées l'une à l'autre sur le cercle chromatique — rouge et vert ; jaune et violet ; bleu et orange. Quand ces deux couleurs sont placées côte à côte — spécialement quand elles sont d'une très proche valeur de tonalité — elles se renforcent mutuellement et semblent osciller, quand l'œil cherche à identifier les deux couleurs. Un contraste complémentaire ou simultané de tonalités existe entre les noirs ou gris et les blancs. Quand elles sont juxtaposées, ces teintes apparaissent respectivement plus sombres ou plus claires quand elles se rejoignent. La base scientifique de ce phénomène, précédemment observé empiriquement, fut posée par Chevreul en 1830.

**Couleur locale.** Vraie couleur d'un objet vu sous une lumière naturelle neutre. Elle se distingue de la couleur apparente d'un objet modifié par une lumière colorée, par exemple l'éclairage rougeoyant du soleil couchant, ou la lumière colorée, réfléchie par un autre objet.

**Croquis.** Dessin libre et imaginaire jeté rapidement, dans lequel l'artiste joue avec des poses pour des modèles ou des ensembles, ou les incorpore parfois dans les esquisses.

**Demi-teintes.** Ce sont les graduations de tonalité, en peinture ou en dessin qui séparaient les lumières les plus fortes des ombres les plus épaisses. Elles ont pour but d'adoucir le passage de la lumière au noir, créant une réelle illusion de relief sur les formes et proposant les objets solides dans un "espace réel".

**De Piles Roger.** Important théoricien de l'art au XVIIe siècle. Il publia plusieurs volumes sur la théorie et la pratique de l'art. Entre autres, les *Premiers éléments de la peinture pratique* donnent des informations très intéressantes sur la peinture en France à cette époque.

**Diluant.** Liquide employé pour diluer ou délayer la peinture. Le diluant le plus communément employé pour la peinture à l'huile est l'essence de térébenthine ; pour l'aquarelle, c'est l'eau.

**Diluée** (Couleur). Couleur dans laquelle l'huile, ou le contenu gras a été réduit, ordinairement par des moyens indirects, telle que la dilution de la peinture dans de l'essence de térébenthine. Selon le principe, en peinture à l'huile, de gras sur dilué, l'application de la peinture sur la toile devait commencer par le dilué et devenir progressivement plus épaisse ou plus huileuse à chaque couche successive. Degas et Toulouse-

Lautrec, par exemple, pour diluer leurs peintures, les rendre rapides à sécher et d'aspect mat, les disposaient, avant de s'en servir, sur du papier buvard pour éliminer l'excès d'huile. Ils les délayaient ensuite avec de l'essence de térébenthine, avant de les appliquer directement sur le support, sous la forme d'un badigeon coloré. C'était la peinture à l'essence. D'autres, comme Monet et probablement Pissarro, dégraissaient leurs peintures comme le faisait Degas, mais l'utilisaient sans la diluer, en pâte assez dure, pour renforcer les effets crayeux et brossés de leur peinture.

**Ebauche.** C'est un premier tracé de peinture, léger, des masses de lumière et d'ombre, et des demi-teintes du sujet, qui forment la base pour l'exécution définitive. L'ébauche doit être complèment sèche, puis frottée, avant que commence le travail final. L'ébauche académique était normalement exécutée en couleurs de terres sombres, des bruns profonds aux ivoires pâles. La première était ordinairement transparente, la dernière toujours opaque. Les artistes d'avant-garde, comme les Impressionnistes, évitaient l'ébauche sombre, et commençaient leur travail dans des couleurs brillantes, en rapport avec la couleur du sujet et de l'endroit qu'ils avaient choisis.

**Eclairage de côté.** C'est la lumière qui tombe en travers sur un objet de droite à gauche ou de gauche à droite. Elle rehausse la sensation de la forme en donnant des surfaces équilibrées de lumière et d'ombre. Entrecoupées des graduations de demi-teintes, ce type d'éclairage avait la faveur des peintres académiques, parce qu'il faisait ressortir le modelé des formes.

**Eclairage de face.** C'est la lumière qui tombe directement sur le sujet, venant de derrière l'artiste. Bien que certains écrivains du XIX^e^ siècle aient attribué la généralisation de ce procédé aux Impressionnistes, il avait été utilisé avant eux par Ingres et Manet. L'éclairage de face, comme le gris clair, supprime les contrastes extérieurs de tonalité, parce que les ombres des objets sont rejetées derrière lui, hors de la vue de l'artiste. L'éclairage de face est l'éclairage le plus lumineux et le plus brillant, parce que le maximum de lumière est réfléchi de toute la surface dans l'œil du spectateur. Comme les ombres ne sont pas visibles sous ce type d'éclairage, les formes sont aplanies. L'éclairage de côté, au contraire, accentue le modelé des formes. Le contre-jour est l'opposé de l'éclairage de face.

**Empâtements.** Appelés parfois "impastos." Couches épaisses de peinture. Peut s'appliquer également à une couche épaisse, laissant apparentes les traces de pinceau, pour la distinguer d'une surface peinte plane, douce, soigneusement mélangée.

**Espace pictural.** L'espace pictural est l'illusion d'espace créée "à l'intérieur" de la peinture pour suggérer espace réel et profondeur. Cela peut même inclure l'illusion de la continuation de l'espace réel du spectateur dans l'espace construit de la peinture.

**Esquisse.** Composition dessinée ou peinte qui concrétisait la première inspiration de l'artiste, pour l'exécution finale. Dans le processus de la peinture académique, l'esquisse peinte était normalement précédée d'esquisses dessinées et, quand il passait à l'exécution, l'artiste faisait suivre l'esquisse peinte d'études, soigneusement dessinées et peintes d'après nature, des éléments séparés de la composition. Le schéma de la composition était reporté sur la toile finale, et commençait alors le travail méticuleux de l'exécution finale de la toile. L'esquisse ne requérait pas un travail soigneusement fini, mais on y recherchait davantage la spontanéité et l'originalité. En 1816, un concours d'esquisses peintes fut institué à l'École des Beaux-Arts, comme composante du concours pour le Prix de Rome.

**Etude.** Dans la peinture académique de portrait, l'esquisse était une étape très libre et spontanée, et les études étaient, sous la forme de dessin ou de peinture, des éléments de la composition, lentement et soigneusement exécutées, dans les conditions d'éclairage de l'atelier. Au contraire, dans la peinture de plein air, l'étude était une étape de travail plus libre où était saisie la réponse de l'artiste à l'influence de la nature. L'étude de paysage était exécutée en plein air, et la rapidité était indispensable pour capter les changements rapides et éphémères de lumière que l'artiste voulait traduire dans sa peinture. Dans la peinture de paysage académique, ces petites études d'après nature constituaient le matériel brut, le vocabulaire visuel qui aidait la mémoire de l'artiste, quand il entreprenait en studio son travail définitif.

**Frottis.** Application mince d'une couleur opaque sur une couche précédente ou sur le fond pour en modifier la couleur. Bien que cette couche soit opaque, elle est si mince qu'elle est, en fait, transparente et la couleur sous-jacente est perçue comme à travers un voile. Elle est appliquée ordinairement avec un pinceau en soies de porc, d'un coup irrégulier, laissant perceptible l'irrégularité de la couleur et la trace du pinceau.

**Glacis.** Le glacis est le passage d'une couche mince d'une couleur transparente, riche en huile, sur des couleurs sèches, pour les enrichir et les unifier. En règle générale ce procédé est associé à la peinture académique, et n'était pas utilisé par les Impressionnistes. Le glaçage était le stade final de l'exécution du tableau : comme le glacis est riche en huile, on ne pouvait y ajouter aucune peinture plus légère sans risque pour la durée du tableau. Ceci est d'ailleurs conforme à la règle traditionnelle : gras sur maigre.

**Gouache.** Peinture à l'eau opaque. Elle est constituée des mêmes éléments que la peinture d'aquarelle transparente, mais avec addition de craie. Les couleurs sont, de ce fait, moins saturées. A cause de son opacité, la gouache reflète plus de lumière que l'aquarelle sur papier blanc d'une plus grand luminosité. On utilise habituellement une solution de gomme arabique comme liant pour l'aquarelle ; on emploie également d'autres ingrédients, comme l'eau sucrée, pour donner de la souplesse, un agent humidifiant pour unifier le "débit" de la couleur sur les surfaces, ou la glycérine. Le miel était utilisé parfois comme agent humidifiant pour les couleurs d'aquarelle ou de gouache.

**Grasses** (Peintures). Peintures qui contiennent le maximum possible d'huile, même dans une proportion supérieure à celle de leur fabrication première. La règle de base est gras sur maigre. Ceci veut dire qu'une peinture à un taux d'huile élevé ne doit être appliquée que tardivement dans le cours du travail.

**Gris clair.** Terme utilisé fréquemment au XIX^e^ siècle pour qualifier une qualité particulière de lumière. C'est le type de lumière égale, neutre, produite par ciel brillant mais couvert, sous la lumière directe et donc sans ombres. Sous cette lumière, les tons sont de valeurs très proches, sans excès de lumière et d'obscurité, et les couleurs ont un maximum de pureté et ne subissent aucune modification. C'est le genre d'éclairage que préféraient les Impressionnistes.

**Gris optiques.** Les gris optiques sont obtenus par l'usage d'un léger voile adoucissant d'une couleur opaque pâle sur une touche sèche, plus sombre. Cette dernière reste visible, mais est transformée en un grisâtre froid par le pâle voile de couleur qui la recouvre. Un mince voile translucide d'une touche sombre sur une couleur sèche pâle crée optiquement des effets de chaud.

**Hachures.** Terme utilisé normalement en dessin pour indiquer l'utilisation de lignes ou coups de pinceau parallèles, généralement très proches les uns des autres, pour évoquer des demi-teintes ou des ombres ; le terme est aussi utilisé occasionnellement pour désigner, dans une peinture, des coups de pinceau parallèles et séparés.

**Huiles siccatives.** Ce sont des huiles qui ont la propriété de former une pellicule solide, élastique, quand elles sont exposées à l'air en couche mince. Les huiles siccatives les plus employées en peinture étaient l'huile de lin, l'huile de noix, l'huile d'œillette. L'huile d'olive et l'huile d'amande ne sont pas siccatives.

**Impression.** Dans leurs études de paysages d'après nature, les artistes du

XIXe siècle essayaient d'enregistrer leur première "impression" de la scène, des effets fugaces de la lumière et de la couleur en plein air. L'impression est à la fois le choc de la scène sur l'artiste et la peinture qui reproduit cette expérience. Les Impressionnistes s'attachaient à retenir dans leur peinture cette qualité de la première, immédiate impression, même dans les tableaux qui n'étaient pas exécutés "spontanément", d'une seule pose. Leur souci était double : exprimer l'apparence de la spontanéité, en trouvant un langage visuel matérialisant cette idée, d'autre part la peinture spontanée en soi. Méthode difficile à appliquer en raison de la méthode laborieuse de la peinture à l'huile. Ce nom leur fut donné par le journaliste Leroy, du *Charivari,* d'après une toile de Manet intitulée *Impression, soleil levant,* lors de la première exposition d'un groupe de peintres indépendants, en marge du Salon officiel, chez le photographe Nadar.

**Indépendants.** Terme générique utilisé pour désigner, alors, les artistes plus ou moins novateurs, par leur style ou leurs procédés, qui rejettent l'enseignement et les normes académiques imposés aux peintres du XIXe siècle. Monet, par exemple, était un Indépendant, à l'instar de son maître, Thomas Couture.

**Liant.** La substance employée pour lier les particules pigmentées et leur donner une consistance propre à leur emploi en peinture. L'huile est le pigment utilisé pour la peinture à l'huile, la gomme arabique pour l'aquarelle et la gouache. Le liant aide également la peinture à adhérer au support en séchant. Il peut également désigner la substance — ou le mélange de substances — avec laquelle l'artiste modifie la consistance originelle de la peinture pendant son travail. Renoir, par exemple, utilisait un mélange d'huile de lin et d'essence de térébenthine. Une troisième acception, d'un usage plus général, est le type de peinture dans lequel est exécuté un tableau. La plupart des Impressionnistes utilisaient l'huile comme liant.

**Lumières.** Ce sont les parties, dans la lumière ou le dessin, directement éclairées par la tombée de la lumière. Elles sont normalement rendues en peinture par des empâtements opaques ivoire ou blanc cassé.

**Modelé.** En peinture ou en dessin, le modelé signifie la représentation d'un objet sous trois dimensions. La représentation d'une chute de lumière et d'ombre qui "modèle" l'objet est couramment utilisée pour en renforcer l'effet. Les Impressionnistes utilisaient souvent des contrastes de couleur ou de teintes chaudes et froides pour suggérer les trois dimensions, en opposition aux contrastes de tons lumière et ombre, associés au modelé académique.

**Moulages.** Copies en plâtre d'objets divers. Traditionnellement, les étudiants des Beaux-Arts font des dessins de moulages. A l'Ecole des Beaux-Arts, les moulages étaient ceux de chefs-d'œuvre antérieurs ou de la sculpture antique. Le but était double : apprendre à l'œil de l'élève à apprécier la beauté idéale, et le former à l'art du dessin. Comme la plupart des moulages sont plus ou moins blancs, ils présentent à l'élève un solide sans couleur, sur lequel jouent les lumières et les ombres. Les moulages servaient aux étudiants, avant d'aborder le travail sur modèle vivant, à leur inculquer une connaissance de la tonalité dans le dessin, essentielle avant d'aborder la couleur.

**Néo-classicisme.** Nom donné à un mouvement artistique qui débuta à Rome au milieu du XVIIIe siècle et se répandit rapidement dans toute l'Europe. Son but était de faire revivre l'art de l'Antiquité. A la différence des tentatives précédentes de retour à l'art classique, les artistes avaient à leur disposition des spécimens de l'art antique. Le travail archéologique, depuis le milieu du XVIIIe siècle, par exemple à Pompéi et Herculanum, avait permis de mettre en évidence ce qu'était vraiment l'art ancien. La sculpture et les hauts-reliefs ou bas-reliefs avaient mieux survécu que la peinture, aussi la peinture des néo-classiques s'appuyait-elle davantage sur des exemples de sculpture. Transposé en peinture, cela donnait souvent un espace pictural plat et une distribution des personnages rappelant les frises. Personnages et gestes étaient souvent statiques, dans des attitudes figées, et le modelé des chairs rappelait souvent celui de la pierre sculptée. Chez les Néo-Classiques, la couleur était limitée, et la composition équilibrée et symétrique. Le trait et l'habileté du dessin étaient importants et l'on souhaitait un haut degré de finition avec un imperceptible travail de pinceau. Le peintre Jacques-Louis David (1748-1825) est reconnu comme le plus pur représentant de cette école.

**Noirs.** Ce sont les parties de la peinture qui ne reçoivent plus la lumière. Traditionnellement ils étaient rendus par des terres de couleur, transparentes, en couches minces. Quand ils étaient traités avec un pinceau chargé et une peinture opaque, les peintures ajoutaient, pour donner de la profondeur au noir et donner une illusion de recul dans la peinture, des glacis transparents de teintes noires. Il est en effet difficile de donner une illusion de recul avec une couleur opaque, mais une teinte noire transparente se prête bien à un sentiment de profondeur dans la peinture.

**Opaque.** Une surface ou une couleur opaque sont plus ou moins impénétrables aux rayons de lumière, qui sont réfléchis vers l'œil. Certains pigments sont par nature opaques dans un liant à l'huile. Parmi eux certaines terres de couleur et le blanc de céruse, reconnu pour son excellent pouvoir couvrant.

**Palette.** La palette désigne à la fois la surface plate sur laquelle l'artiste dépose et mélange ses couleurs, et la disposition particulière ou le choix des couleurs qu'il utilise pour un travail déterminé. Plus généralement, le terme de palette est utilisé comme référence à un rangement des couleurs spécifique à un artiste ou à une école. Cela peut signifier par exemple, la palette dite "prismatique" associée aux Néo-Impressionnistes et la palette "limitée", à laquelle on se référait dans les discussions sur la peinture impressionniste.

**Pastel.** Un pastel est un bâtonnet de couleur fait d'un mélange de pigments pulvérisés et de colle ou gomme suffisant pour retenir les particules. Ils peuvent être de teintes variées, depuis la couleur pure la plus profonde, en une gamme de tonalités d'une pâleur croissante, par l'addition de craie blanche. Comme ils ne contiennent virtuellement pas de liant, les pastels sont très poudreux et adhérent à peine au support sur lequel ils sont appliqués. Le papier est le support le plus communément utilisé. Aussi, les travaux exécutés au pastel sont fragiles et doivent être fixés par une pulvérisation de fixatif. Celui-ci peut être une dissolution d'une petite quantité de résine dans un solvant volatile, comme l'alcool. Comme les pastels ne contiennent pas de liant, ils ont un maximum d'opacité, et sont les plus réfléchissants pour la lumière de tous les matériaux de couleur.

**Peinture frais sur frais** (ou demi-frais). C'est l'application d'une couleur sur ou dans une autre avant que celle-ci soit sèche. Cette peinture "frais sur frais", ou le "barbouillage" de couleurs fraîches dans d'autres, peut créer par endroits des mélanges à la surface de la peinture ; ce terme n'est pas nécessairement synonyme de peinture *"alla prima"*. Le traitement "frais sur frais" peut être appliqué en même temps que des techniques "frais sur sec" pour des œuvres dont la réalisation s'étend sur une longue période.

**Peinture frais sur sec** (ou gras sur maigre). La peinture à l'huile "frais sur sec" signifie que la couleur est appliquée sur une peinture que l'on a laissé sécher auparavant — là où les surfaces sèches sont traitées avec une technique vigoureuse ou empâtée, il en résulte souvent des traînées, surtout si la peinture est très consistante.

**Pigments.** Ce sont les poudres avec lesquelles sont faites les couleurs. Les pigments sont insolubles dans le liant liquide avec lequel ils sont combinés, et ils produisent leur effet de couleur lorsqu'ils sont répandus sur une surface. Les teintures, couleurs solubles, communiquent leur pouvoir colorant par imprégnation avec le liant. Les laques de couleur sont des pigments obtenus par précipitation d'une teinture sur une base inerte, sans couleur. Les principaux pigments sont organiques ou inorganiques. Les pigments organiques appartiennent à la division des composants chimiques, tels ceux basés sur le carbone, l'hydrogène, l'azote ou le soufre. Les pigments organiques proviennent principalement de sources végétales ou ont été réalisés par synthèse. Ils ont tendance à être moins stables et plus éphémères que les pigments inorganiques. Ceux-ci proviennent de minéraux ou de minerais, se trouvent dans la nature ou sont réalisés synthétiquement.

**Plan pictural.** Plan occupé par la surface du tableau.

**Réfléchie** (lumière, couleur). La lumière réfléchie est celle qui est renvoyée par une surface, c'est donc une lumière indirecte. Quand cette surface est colorée, la lumière blanche est teintée par la couleur de tout objet sur lequel tombe la lumière. Au XIX^e^ siècle, les murs des ateliers étaient souvent recouverts d'une couleur assourdie, pour empêcher la lumière réfléchie qui trouble les demi-teintes et les ombres. De même, le bleu du ciel, le vert des arbres ou le rouge des bâtiments, visibles à travers les fenêtres de l'atelier, pourraient nuancer la lumière tombant sur le modèle. Les artistes académiques, en particulier, essayaient d'éviter ce type de couleur réfléchie, fluctuante et modifiant les couleurs du modèle. Au contraire, les peintres impressionnistes recherchaient souvent ces effets conjugués de la lumière réfléchie et de la couleur, parce que c'étaient les effets qui se trouvent naturellement à l'extérieur. La suppression de ces effets donne à la peinture en atelier un aspect artificiel, statique, dépourvu de vie.

**Salon.** C'est l'exposition officielle, instituée en 1667 par l'Académie, pour permettre aux artistes de montrer leurs œuvres à leur avantage. L'appellation vient du *Salon Carré,* au Louvre, où se tenaient primitivement les expositions. En 1831, le Salon était devenu annuel. En 1848, il n'y eut pas de jury d'admission. En 1863, les artistes refusés par le jury du Salon organisèrent le *Salon des refusés.* L'hostilité du public et de la critique ne servit pas la cause des nombreux artistes indépendants, comme Manet, qui y exposaient. Le caractère réactionnaire du Salon officiel académique, suscita la naissance d'expositions dissidentes, comme celles du groupe impressionniste, dont la première eut lieu en 1874, et le *Salon des Artistes Indépendants* en 1884.

**Saturation.** Se rapporte au degré d'intensité ou à la vivacité d'une couleur. Pleine saturation est l'indication d'absence de blanc ou d'agents neutralisants ou ternissants. En peinture à l'huile, la pleine saturation désigne la richesse de la couleur telle qu'elle sort du tube. Une couleur non saturée tend vers une tonalité gris pâle.

**Sauce.** Appellation communément employée au XIX^e^ siècle d'une couleur fluide, diluée, utilisée ordinairement au stade de l'ébauche. La sauce est, normalement, un mélange sombre, brun-rouge, transparent auquel a été ajoutée de l'essence de térébenthine et souvent, aussi, une huile siccative réduite, huile de lin par exemple, séchant relativement rapidement. Le même terme, dans la seconde moitié du XIX^e^ siècle, était employé pour désigner les peintures à dominante de riches bruns rouges, comme si elles étaient peintes "au jus". La sauce noire était dangereuse techniquement, car elle contenait souvent du bitume, et les peintres indépendants lui préféraient les teintes opaques, pâles.

**Structure d'une peinture sur toile.** La structure traditionnelle d'une peinture à l'huile se compose d'une série de couches. En les étudiant à partir de la surface, elle comprend d'abord une application de vernis ; un glacis coloré ; une couche peinte de particules de pigments dilués dans l'huile ; l'apprêt ou préparation ; une couche de colle, et finalement la toile. Les différentes applications à l'intérieur de la couche de peinture peuvent être clairement distinguées d'après la manière de procéder. Cependant usant des techniques "frais sur frais" ou "alla prima" les Impressionnistes ont souvent travaillé de façon moins conventionnelle : les applications séparées de couleurs sont indiscernables. Ils n'aimaient pas vernir leurs peintures. Monet, Cézanne, Renoir et Pissarro sont les plus connus pour leur "anti-académisme", leurs méthodes anti-conventionnelles.

**Le support.** Le support est la surface sur laquelle le tableau est exécuté. Les supports les plus communs en France au XIX^e^ siècle pour la peinture de chevalet étaient la toile, le panneau de bois, le carton et le papier. La toile — généralement du lin — était normalement étirée sur des cadres de bois ou "chassis" afin de la rendre suffisamment rigide pour être peinte. Le papier pouvait être cloué sur une planche ou un carton pendant le travail, et ensuite collé ou "déposé" sur une toile ou un panneau pour le conserver.

**Surface colorée.** C'est la couleur visible sur la surface des objets, en opposition à la couleur impalpable (rivière par exemple).

**La transparence.** La transparence, le contraire de l'opacité, est l'aptitude d'une couleur à transmettre la lumière. Une couleur transparente est claire et limpide comme le verre, l'eau, ou une glace. Ces couleurs, comme les laques rouges, l'outremer, ou le vert viridien avec un liant à l'huile peuvent être effectivement utilisées pour donner un glacis. Leur application produit un effet optique de fusion de la couleur des glacis avec la couche de peinture du dessous. Les couleurs transparentes étaient rarement employées par les Impressionnistes qui ajoutaient généralement du blanc à leurs couleurs pour les rendre opaques, réfléchissantes, et obtenir ainsi une bonne image visuelle des effets de lumière dans l'atmosphère.

**Tonalité.** Se rapporte au plus ou moins de clarté ou d'obscurité d'une couleur sur une échelle allant du blanc au noir. La position de la valeur tonale d'une couleur sur une échelle tonale est indiquée en degrés allant de la lumière la plus claire jusqu'à l'obscurité la plus sombre. Une teinte claire est une couleur dominée par la présence de blanc.

**Travail d'après nature.** Travail exécuté directement d'après le sujet choisi, devant un modèle vivant ou réel dans le monde réel. C'est le contraire des sujets sortis de l'imagination de l'artiste, sans la présence directe d'un modèle, ou d'un travail exécuté d'après une autre œuvre d'art. Si l'on se réfère aux Impressionnistes, le travail d'après nature signifie souvent que le travail est en fait en extérieur ou "en plein air", en opposition aux paysages peints en atelier.

**Le vernis.** Le vernis est une résine en solution dans un solvant volatile qui, lorsqu'il est appliqué en couche mince sur une surface, sèche en donnant un film dur, glacé et normalement transparent. Le vernis est habituellement la couche finale ajoutée pour protéger une peinture à l'huile de la poussière et de la pollution atmosphérique. Durant les années 1880, beaucoup d'artistes préféraient mettre leur peinture sous verre plutôt que de vernir. Le verre protégeait la peinture, tout en évitant dans l'immédiat l'obscurcissement, et à long terme le jaunissement résultant de l'application de vernis sur une surface peinte. Cela évitait aussi que leur couche de peinture intentionnellement mate ne se transforme en une surface brillante.

**Vibert, Jéhan-Georges.** Bien que peu connu comme peintre, Vibert entreprit d'importantes recherches sur les matériaux et les méthodes des artistes, anciens ou modernes, qui firent l'objet d'une série d'entretiens à l'Ecole des Beaux-Arts probablement à la fin des années 1880. Au début des années 1880, il publia un volume sur ses recherches *La Science de la Peinture,* document inestimable sur les techniques de peinture dans la période impressionniste. Vibert réalisa quelques-uns de ses propres matériaux, y compris un fond spécial à base de craie et de colle à la caséine, utilisé pour la peinture *a tempera* sur panneau, qui fut commercialisé par les célèbres marchands de couleurs français Lefranc & Cie.

# Index

# Crédits photographiques

**H** haut
**B** bas
**G** gauche
**D** droit

**Page 8-9** Musée du Louvre, Paris/photo Hubert Josse ; **10** Dordrechts Museum, Dordrecht ; **11** Museum of Fine Arts, Boston ; **12-13** A. Callen ; **14,15** Musée du Louvre, Paris/photo Hubert Josse ; **17** The Trustees, The Wallace Collection, London ; **18,19** Musée du Louvre, Paris/photo Hubert Josse ; **20** Collection Lefranc-Bourgeois, Le Mans ; **21** The Philipps Collection, Washington ; **22,23,24** Courtauld Institute of Art, London ; **25** Home House Society Trustees/Courtauld Institute Galleries, London ; **26** Musée du Louvre, Paris/photo Hubert Josse ; **27** Victoria and Albert Museum/Crown copyright reserved ; **28,29,30** Musée du Jeu de Paume, Paris/photo Hubert Josse ; **31** Trustees of the British Museum, London ; **32h** Metropolitan Museum of Art, New York/Bequest of Mrs H.O. Havemeyer, 1929 ; **32b** Nationalmuseum, Stockholm ; **33** Metropolitan Museum of Art, New York ; **34** Southampton Art Gallery ; **35-37** Musée du Louvre, Paris/photo Hubert Josse ; **39-41** Musée du Jeu de Paume, Paris/photo Hubert Josse ; **43-45** National Gallery, London/photo Mike Fear ; **47-49** Wallraf-Richartz Museum, Cologne ; **50** M. Marc Havel, Paris ; **51-53** Musée du Jeu de Paume, Paris/photo Hubert Josse ; **55-57** National Gallery, London/photo Mike Fear ; **60-61** National Gallery, London ; **61d** M. Marc Havel, Paris ; **62** National Gallery, London/photo Mike Fear ; **63** Home House Society Trustees, Courtauld Institute Galleries, London ; **64h** photo Ray Gardner ; **64b** Metropolitan Museum of Art/gift of M. & Mme Henry Ittleson, Jr., 1964 ; ; **65** Musée du Jeu de Paume, Paris/Photo Hubert Josse ; **66** Fitzwilliam Museum, Cambridge ; **67** Neue Pinakothek, Munich/photo Bavaria Verlag ; **69h-71** Metropolitan Museum of Art, Bequest of Lillian S. Timken, 1959 ; **69b** photo A. Callen ; **73-75** Musée du Jeu de Paume, Paris/photo Hubert Josse ; **77-79** National Museum of Wales, Cardiff/photo Mike Fear ; **81-83** Home House Society Trustees/Courtauld Institute Galleries, London ; **85-87** Musée du Jeu de Paume, Paris/photo Hubert Josse ; **89,90h,b1,91h** Ashmolean Museum, Oxford ; **90h** Home House Society Trustees/Courtauld Institute Galleries, London ; **91b** Musée du Jeu de Paume, Paris/photo Hubert Josse ; **93-95** Chicago Art Institute ; **97-99** Fitzwilliam Museum, Cambridge/Reproduced by kind permission of the Trustees of the Lord Butler of Saffron Waldon, K.G., P.C., C.H., F.R.S.L. ; **101,102h,103** The Burrell Collection, Glasgow Museum and Art Galleries, ; **102b** Metropolitan Museum of Art, Rogers Fund, 1918 ; **104** National Gallery of Art, Washington ; **105** The Burell Collection, Glasgow Museum and Art Galleries ; **106** Wads worth Atheneum, Hartford, Connecticut ; **107** Ohara Museum of Art, Kuranshiki, Japan ; **108** Metropolitan Museum of Art/gift of Mrs Gardner Cassatt ; **109h** photo Ray Gardner ; **109b** Minneapolis Institute of Arts/William H. Dunwoody Fund ; **111h** Home House Society Trustees/Courtauld Institute Galleries, London ; **111b** Trustees of the British Museum/photo Eileen Tweedy ; **112** Tate Gallery, London/photo Mike Fear ; **113** Mary Evans Picture Library ; **115,116h,1,117** National Museum of Wales, Cardiff/photo Mike Fear ; **116d** Courtauld Institute Galleries ; **119-121** Museum of Fine Arts, Boston ; **123-125** National Museum of Wales, Cardiff/photo Mike Fear ; **126-129** Birmingham Museum and Art Galerie/photo Mike Fear ; **130-133** National Gallery, London/photo Mike Fear ; **135-137** Collection State Museum Kröller Müller, Otterlo, The Netherlands ; **139-141** Museum of Fine Arts, Dallas ; **143-145** Home House Society Trustees/Courtauld Institute Galleries, London ; **147,148,149bd** Collection State Museum Kröller Müller, Otterlo, The Netherlands, ; **149h,bg** Yale University Art Gallery ; **150** Tate Gallery, London/photo Mike Fear ; **151** National Museum Vincent van Gogh, Amsterdam ; **152** National Gallery of Scotland, Edinburgh ; **153h** Statens Museum for Kunst, Copenhagen/photo Hans Peterson ; **153b** Museum Folkwang, Essen ; **154** Musée de Grenoble/photo Ifot, Grenoble ; **155** Private Collection, Switzerland ; **156** Metropolitan Museum of Art, New York/H.O. Havemeyer Collection ; **157** National Gallery, London ; **159-169** Home House Society Trustees/Courtauld Institute Galleries, London ; **171-173** National Gallery, London/photo Mike Fear ; **175-181** Tate Gallery, London/photo Mike Fear.